Antony C. Sutton

Wall Street und die Bolschewistische Revolution

Antony C. Sutton
(1925-2002)

In Großbritannien geborener amerikanischer Wirtschaftswissenschaftler und Essayist, von 1968 bis 1973 Stanford Fellow an der Hoover Institution. Er lehrte Wirtschaftswissenschaften an der UCLA. Er studierte in London, Göttingen und an der UCLA und promovierte in Naturwissenschaften an der Universität Southampton (England).

Wall Street und die bolschewistische Revolution

Wall Street and the bolshevik revolution
Erstmals veröffentlicht von New Rochelle, NY:
Arlington House - 1974

Übersetzt und herausgegeben von Omnia Veritas Limited

www.omnia-veritas.com

© Omnia Veritas Ltd - 2025

VORWORT **13**

KAPITEL I **15**

DIE AKTEURE AUF DER REVOLUTIONÄREN BÜHNE 15

KAPITEL II **21**

TROTZKI VERLÄSST NEW YORK, UM DIE REVOLUTION ZU VOLLENDEN 21
Woodrow Wilson und ein Reisepass für Trotzki 26
Dokumente der kanadischen Regierung über Trotzkis Freilassung 29
Der kanadische Militärgeheimdienst sieht Trotzki 35
Trotzkis Absichten und Ziele 39

KAPITEL III **44**

LENIN UND DIE DEUTSCHE HILFE FÜR DIE BOLSCHEWISTISCHE REVOLUTION 44
Die Sisson-Dokumente 48
Das Tauziehen in Washington 51

KAPITEL IV **56**

WALL STREET UND WELTREVOLUTION 56
Amerikanische Bankiers und zaristische Kredite 61
Wie können wir diese Kabel und die beteiligten Parteien beurteilen?
.... 67
Olof Aschberg in der bolschewistischen Revolution 69
NYA Banken und Guaranty Trust schließen sich der Ruskombank an
.... 72
*Guaranty Trust und deutsche Spionage in den Vereinigten Staaten,
1914-1917* 77
Die Stiftung Garanty - Minotto-Caillaux-Fäden 81

KAPITEL V **86**

DIE MISSION DES AMERIKANISCHEN ROTEN KREUZES IN RUSSLAND - 1917 86
Mission des Amerikanischen Roten Kreuzes in Russland, 1917 88
Die Mission des Amerikanischen Roten Kreuzes in Russland 1917. 90
Mission des Amerikanischen Roten Kreuzes in Rumänien 96
Thompson in Kerenskis Russland 100
Thompson gibt den Bolschewiken 1 Million Dollar 100
Der sozialistische Bergbauförderer Raymond Robins 102
Das Internationale Rote Kreuz und die Revolution 105

KAPITEL VI **108**

KONSOLIDIERUNG UND EXPORT DER REVOLUTION 108

Eine Konsultation mit Lloyd George 111
Thompson kehrt in die Vereinigten Staaten zurück 120
Die inoffiziellen Botschafterinnen und Botschafter: Robins, Lockhart und Sadoul 122
Die Revolution exportieren: Jacob H. Rubin 128
Der Export der Revolution: Robert Minor 130

KAPITEL VII **140**

DIE BOLSCHEWIKEN KEHREN NACH NEW YORK ZURÜCK 140
Eine Razzia im sowjetischen Büro in New York 141
Unternehmensverbündete für das sowjetische Büro 148
Europäische Bankiers unterstützen die Bolschewiki 151

KAPITEL VIII **155**

120 BROADWAY, NEW YORK CITY 155
Amerikanische Internationale Gesellschaft 158
Der Einfluss der amerikanischen Internationale auf die Revolution 164
Die Federal Reserve Bank von New York 169
Amerikanisch-Russisches Industrie-Syndikat Inc. 170
John Reed: Revolutionär des Establishments 171
John Reed und das Metropolitan Magazine 173

KAPITEL IX **181**

GUARANTY TRUST GEHT NACH RUSSLAND 181
Wall Street kommt Professor Lomonossoff zu Hilfe 182
Die Bühne ist für die kommerzielle Nutzung von Russland 193
Deutschland und die Vereinigten Staaten kämpfen um das Russlandgeschäft 196
Sowjetisches Gold und amerikanische Banken 199
Max May von Guaranty Trust wird Direktor der Ruskombank 202

KAPITEL X **205**

J.P. MORGAN HILFT DER ANDEREN SEITE EIN WENIG 205
Gründung der Vereinigten Amerikaner zur Bekämpfung des Kommunismus 206
United Americans enthüllt "Erstaunliche Enthüllungen" über Reds 207
Schlussfolgerungen zu den Vereinigten Amerikanern 208
Morgan und Rockefeller helfen Koltschak 209

KAPITEL XI **213**

    DIE ALLIANZ VON BANKERN UND REVOLUTION 213

        Die vorgelegten Beweise: eine Zusammenfassung........................ 213

        Die Erklärung für die unheilige Allianz... 217

        Der Marburger Plan... 220

ANHANG I **227**

    DIREKTOREN DER WICHTIGSTEN BANKEN, FIRMEN UND INSTITUTIONEN, DIE IN DIESEM BUCH ERWÄHNT WERDEN (STAND 1917-1918)................................ 227

ANHANG II **232**

    DIE JÜDISCHE VERSCHWÖRUNGSTHEORIE DER BOLSCHEWISTISCHEN REVOLUTION 232

ANHANG III **239**

    AUSGEWÄHLTE DOKUMENTE AUS REGIERUNGSAKTEN DER VEREINIGTEN STAATEN UND GROSSBRITANNIENS 239

ANDERE TITEL..**265**

An die unbekannten russischen Libertären, auch bekannt als Grüne, die 1919 sowohl die Roten als auch die Weißen bekämpften, um ein freies und freiwilliges Russland zu erlangen.

Vorwort

Seit den frühen 1920er Jahren haben zahlreiche Pamphlete und Artikel, ja sogar einige Bücher versucht, eine Verbindung zwischen "internationalen Bankiers" und "bolschewistischen Revolutionären" herzustellen. Selten wurden diese Versuche durch stichhaltige Beweise gestützt, und nie wurden solche Versuche im Rahmen einer wissenschaftlichen Methodik argumentiert. Tatsächlich waren einige der "Beweise", die bei diesen Bemühungen verwendet wurden, gefälscht, einige waren irrelevant, vieles kann nicht überprüft werden. Die Untersuchung des Themas durch akademische Autoren wurde eifrig vermieden; wahrscheinlich, weil die Hypothese gegen die saubere Dichotomie von Kapitalisten und Kommunisten verstößt (und jeder weiß natürlich, dass dies erbitterte Feinde sind). Und weil vieles, was geschrieben wurde, ans Absurde grenzt, könnte ein guter akademischer Ruf leicht an den Untiefen der Lächerlichkeit scheitern. Grund genug, das Thema zu meiden.

Glücklicherweise enthält das State Department Decimal File, insbesondere der Abschnitt 861.00, eine umfangreiche Dokumentation über die vermutete Verbindung. Wenn die Beweise in diesen offiziellen Papieren mit nicht-offiziellen Beweisen aus Biografien, persönlichen Papieren und konventionellen Geschichten zusammengeführt werden, ergibt sich eine wirklich faszinierende Geschichte.

Wir stellen fest, dass es eine Verbindung zwischen *einigen* internationalen New Yorker Bankiers und *vielen* Revolutionären, einschließlich Bolschewiken, gab. Diese Herren aus dem Bankwesen - die hier identifiziert werden - hatten ein finanzielles Interesse am Erfolg der bolschewistischen Revolution und setzten sich dafür ein. Wer, warum - und für wie viel - ist die Geschichte in diesem Buch.

März 1974
Antony C. Sutton

Kapitel I

Die Akteure auf der revolutionären Bühne

> *Sehr geehrter Herr Präsident: Ich sympathisiere mit der sowjetischen Regierungsform, die für das russische Volk am besten geeignet ist...*
> Brief an Präsident Woodrow Wilson (17. Oktober 1918) von William Lawrence Saunders, Vorsitzender der Ingersoll-Rand Corp., Direktor der American International Corp. und stellvertretender Vorsitzender der Federal Reserve Bank of New York.

Das Titelbild dieses Buches wurde vom Karikaturisten Robert Minor 1911 für den *St. Louis Post-Dispatch* gezeichnet. Minor war ein talentierter Künstler und Schriftsteller, der sich auch als bolschewistischer Revolutionär betätigte, 1915 in Russland wegen angeblicher Subversion verhaftet wurde und später von prominenten Wall-Street-Finanziers Geld erhielt. Molls Karikatur zeigt einen bärtigen, strahlenden Karl Marx, der in der Wall Street steht, den *Sozialismus* unter den Arm geklemmt, und die Glückwünsche von Finanzgrößen wie J.P. Morgan, Morgans Partner George W. Perkins, einem selbstgefälligen John D. Rockefeller, John D. Ryan von der National City Bank und Teddy Roosevelt - deutlich erkennbar an seinen berühmten Zähnen - im Hintergrund entgegennimmt. Die Wall Street ist mit roten Fahnen geschmückt. Die jubelnde Menge und die in der Luft schwebenden Hüte lassen vermuten, dass Karl Marx im New Yorker Finanzdistrikt ein ziemlich beliebter Typ gewesen sein muss.

Hat Robert Minor geträumt? Im Gegenteil, wir werden sehen, dass Minor auf festem Boden stand, als er ein enthusiastisches Bündnis zwischen der Wall Street und dem marxistischen Sozialismus darstellte. Die Figuren in Minors Karikatur - Karl Marx (der die zukünftigen Revolutionäre Lenin und Trotzki symbolisiert), J. P. Morgan, John D. Rockefeller - und in der Tat Robert Minor selbst, sind auch prominente Figuren in diesem Buch.

Die Widersprüche, die Minor mit seiner Karikatur andeutet, wurden unter unter den Teppich der Geschichte gekehrt, weil sie nicht in das akzeptierte konzeptionelle Spektrum der politischen Linken und der politischen Rechten passen. Die Bolschewiki stehen am linken Ende des politischen Spektrums und die Wall-Street-Finanziers am rechten Ende; *daher, so* die implizite Schlussfolgerung, haben die beiden Gruppen nichts gemeinsam und jede Allianz zwischen ihnen ist absurd. Faktoren, die diesem sauberen konzeptionellen Arrangement widersprechen, werden gewöhnlich als bizarre Beobachtungen oder bedauerliche Irrtümer abgetan. Die moderne Geschichte weist eine solche eingebaute Dualität auf, und wenn zu viele unbequeme Fakten abgelehnt und unter den Teppich gekehrt wurden, handelt es sich mit Sicherheit um eine ungenaue Geschichte.

Andererseits ist festzustellen, dass sowohl die extreme Rechte als auch die extreme Linke des herkömmlichen politischen Spektrums absolut kollektivistisch sind. Sowohl der nationale Sozialist (z. B. der Faschist) als auch der internationale Sozialist (z. B. der Kommunist) empfehlen totalitäre politisch-ökonomische Systeme, die auf nackter, uneingeschränkter politischer Macht und individuellem Zwang beruhen. Beide Systeme erfordern eine Monopolkontrolle der Gesellschaft. Während die Monopolkontrolle über die Industrie einst das Ziel von J. P. Morgan und J. D. Rockefeller war, erkannte man im späten neunzehnten Jahrhundert in den inneren Kreisen der Wall Street, dass der effizienteste Weg zur Erlangung eines unangefochtenen Monopols darin bestand, "politisch" zu werden und die Gesellschaft dazu zu bringen, für die Monopolisten zu arbeiten - im Namen des öffentlichen Wohls und des öffentlichen Interesses. Diese Strategie wurde 1906 von Frederick C. Howe in seinen *Bekenntnissen eines Monopolisten* ausführlich beschrieben.[1] Howe ist übrigens auch eine Figur in der

---

[1] "Dies sind die Regeln des Großkapitals. Sie haben die Lehren unserer Eltern verdrängt und lassen sich auf eine einfache Maxime reduzieren: Besorge dir ein

Geschichte der bolschewistischen Revolution.

Eine alternative konzeptionelle Verpackung politischer Ideen und politisch-ökonomischer Systeme wäre daher eine Rangfolge zwischen dem Grad der individuellen Freiheit und dem Grad der zentralisierten politischen Kontrolle. In einer solchen Reihenfolge liegen der korporative Wohlfahrtsstaat und der Sozialismus am gleichen Ende des Spektrums. Wir sehen also, dass die Versuche einer Monopolkontrolle der Gesellschaft unterschiedliche Bezeichnungen haben können, obwohl sie gemeinsame Merkmale aufweisen.

Ein Hindernis für ein reifes Verständnis der jüngsten Geschichte ist daher die Vorstellung, dass alle Kapitalisten die erbitterten und unbeirrbaren Feinde aller Marxisten und Sozialisten sind. Diese irrtümliche Vorstellung stammt von Karl Marx und war zweifellos für seine Zwecke nützlich. In Wirklichkeit ist die Idee Unsinn. Es gibt ein andauerndes, wenn auch verborgenes Bündnis zwischen den internationalen politischen Kapitalisten und den internationalen revolutionären Sozialisten - zu deren beiderseitigem Vorteil. Dieses Bündnis ist weitgehend unbemerkt geblieben, weil Historiker - mit einigen bemerkenswerten Ausnahmen - eine unbewusste marxistische Voreingenommenheit haben und daher von der Unmöglichkeit eines solchen Bündnisses überzeugt sind. Der aufgeschlossene Leser sollte sich zwei Hinweise vor Augen halten: Monopolkapitalisten sind die erbitterten Feinde der Laissez-faire-Unternehmer; und angesichts der Schwächen der sozialistischen Zentralplanung ist der totalitäre sozialistische Staat ein perfekter gefangener Markt für Monopolkapitalisten, wenn ein Bündnis mit den sozialistischen Machthabern geschlossen werden kann. Nehmen wir an - und das ist nur eine Hypothese -, dass die amerikanischen Monopolkapitalisten in der Lage wären, ein geplantes sozialistisches Russland auf den Status einer gefangenen technischen Kolonie zu reduzieren? Wäre dies nicht die logische

---

Monopol; lass die Gesellschaft für dich arbeiten: und denke daran, dass das beste aller Geschäfte die Politik ist, denn ein gesetzlicher Zuschuss, eine Konzession, eine Subvention oder eine Steuerbefreiung ist mehr wert als eine Kimberly- oder Comstock-Lode, da ihre Ausbeutung keine Arbeit erfordert, weder geistige noch körperliche" (Chicago: Public Publishing, 1906), S. 157.

internationalistische Fortsetzung der Morgan-Eisenbahnmonopole und des Rockefeller-Erdöltrusts aus dem späten neunzehnten Jahrhundert?

Abgesehen von Gabriel Kolko, Murray Rothbard und den Revisionisten haben die Historiker nicht auf eine solche Kombination von Ereignissen geachtet. Von wenigen Ausnahmen abgesehen, wurde die historische Berichterstattung in eine Dichotomie von Kapitalisten und Sozialisten gezwungen. George Kennans monumentale und lesenswerte Studie über die Russische Revolution hält konsequent an dieser Fiktion einer Wall-Street-Bolschewiken-Dichotomie fest[2]. *Russia Leaves the War* enthält einen einzigen beiläufigen Hinweis auf die Firma J.P. Morgan und überhaupt keinen Hinweis auf die Guaranty Trust Company. Beide Organisationen werden jedoch in den Akten des Außenministeriums, auf die in diesem Buch häufig Bezug genommen wird, an prominenter Stelle erwähnt, und beide sind Teil des Kerns der hier vorgelegten Beweise. Weder der bekennende "bolschewistische Bankier" Olof Aschberg noch die Nya Banken in Stockholm werden bei Kennan erwähnt, obwohl beide eine zentrale Rolle bei der Finanzierung der Bolschewiki spielten. Darüber hinaus ist Kennan in geringfügigen, aber entscheidenden Umständen, die zumindest für *unsere* Argumentation entscheidend sind, sachlich falsch. Zum Beispiel zitiert Kennan den Direktor der Federal Reserve Bank, William Boyce Thompson, der Russland am 27. November 1917 verließ. Dieses Abreisedatum würde es für Thompson physisch unmöglich machen, am 2. Dezember 1917 in Petrograd zu sein, um eine telegrafische Anfrage über 1 Million Dollar an Morgan in New York zu übermitteln. Tatsächlich verließ Thompson Petrograd am 4. Dezember 1918, zwei Tage nachdem er das Telegramm nach New York geschickt hatte. Andererseits stellt Kennan fest, dass Trotzki am 30. November 1917 eine Rede vor dem Petrograder Sowjet hielt, in der er bemerkte: "Heute hatte ich hier im Smolny-Institut zwei Amerikaner, die eng mit amerikanischen kapitalistischen Elementen verbunden waren." Kennan zufolge ist

---

[2] George F. Kennan, *Russia Leaves the War* (New York: Atheneum, 1967); und *Decision to Intervene, Soviet-American Relations, 1917-1920* (Princeton, N.J.: Princeton University Press, 1958).

es "schwer vorstellbar", wer diese beiden Amerikaner "gewesen sein könnten, wenn nicht Robins und Gumberg". Aber Alexander Gumberg war ein Russe, kein Amerikaner. Da sich Thompson am 30. November 1917 noch in Russland aufhielt, waren die beiden Amerikaner, die Trotzki besuchten, höchstwahrscheinlich Raymond Robins, ein Bergbauförderer, der zum Wohltäter wurde, und Thompson von der Federal Reserve Bank of New York.

Die Bolschewisierung der Wall Street war in gut informierten Kreisen bereits 1919 bekannt. Der Finanzjournalist Barron zeichnete 1919 ein Gespräch mit dem Ölmagnaten E. H. Doheny auf und nannte ausdrücklich drei prominente Finanziers, William Boyce Thompson, Thomas Lamont und Charles R. Crane: An Bord der S.S. Aquitania, Freitagabend, 1. Februar 1919.

Ich verbrachte den Abend mit den Dohenys in ihrer Suite. Mr. Doheny sagte: Wenn Sie an die Demokratie glauben, können Sie nicht an den Sozialismus glauben. Der Sozialismus ist das Gift, das die Demokratie zerstört. Demokratie bedeutet Chancen für alle. Der Sozialismus gibt die Hoffnung vor, dass ein Mensch aufhören kann zu arbeiten und es ihm besser geht. Der Bolschewismus ist die wahre Frucht des Sozialismus, und wenn Sie die interessante Aussage vor dem Senatsausschuss Mitte Januar lesen, die all diese Pazifisten und Friedensstifter als Sympathisanten der Deutschen, Sozialisten und Bolschewiken entlarvt, werden Sie sehen, dass die Mehrheit der College-Professoren in den Vereinigten Staaten Sozialismus und Bolschewismus lehrt und dass zweiundfünfzig College-Professoren in den so genannten Friedenskomitees in 1914 waren. Präsident Eliot von Harvard lehrt Bolschewismus. Die schlimmsten Bolschewisten in den Vereinigten Staaten sind nicht nur College-Professoren, zu denen auch Präsident Wilson gehört, sondern auch Kapitalisten und die Ehefrauen von Kapitalisten, die beide nicht zu wissen scheinen, wovon sie reden. William Boyce Thompson lehrt Bolschewismus, und er könnte Lamont von J.P. Morgan & Company noch bekehren. Vanderlip ist ein Bolschewist, ebenso Charles R. Crane. Viele Frauen schließen sich der Bewegung an, und weder sie noch ihre Ehemänner wissen, was sie ist oder wohin sie führt. Henry Ford ist ein anderer, ebenso wie die meisten der hundert Historiker, die Wilson in der törichten Vorstellung mit ins Ausland genommen hat, dass die Geschichte der Jugend die richtige Abgrenzung von Ethnien, Völkern und Nationen in geographischer

Hinsicht beibringen kann.[3]

Kurz gesagt, dies ist eine Geschichte der bolschewistischen Revolution und ihrer Folgen, aber eine Geschichte, die von der üblichen konzeptionellen Zwangsjacke des Gegensatzes zwischen Kapitalisten und Kommunisten abweicht. Unsere Geschichte postuliert eine Partnerschaft zwischen dem internationalen Monopolkapitalismus und dem internationalen revolutionären Sozialismus zum gegenseitigen Nutzen. Die letzten menschlichen Kosten dieser Allianz sind auf die Schultern des einzelnen Russen und des einzelnen Amerikaners gefallen. Das Unternehmertum ist in Verruf geraten, und die Welt wurde durch diese monopolistischen Manöver in der Welt der Politik und der Revolution zu einer ineffizienten sozialistischen Planung getrieben.

Dies ist auch eine Geschichte, die den Verrat der russischen Revolution widerspiegelt. Die Zaren und ihr korruptes politisches System wurden vertrieben, nur um durch die neuen Machthaber eines anderen korrupten politischen Systems ersetzt zu werden. Wo die Vereinigten Staaten ihren beherrschenden Einfluß hätten geltend machen können, um ein freies Rußland herbeizuführen, beugten sie sich den Ambitionen einiger weniger Wall-Street-Finanziers, die für ihre eigenen Zwecke ein zentralisiertes zaristisches Rußland oder ein zentralisiertes marxistisches Rußland akzeptieren konnten, nicht aber ein dezentralisiertes freies Rußland. Die Gründe für diese Behauptungen werden sich zeigen, wenn wir die zugrundeliegende und bisher unerzählte Geschichte der Russischen Revolution und ihrer Nachwirkungen erforschen.[4]

---

[3] Arthur Pound und Samuel Taylor Moore, *They Told Barron* (New York: Harper & Brothers, 1930), S. 13-14.

[4] Es gibt eine parallele, ebenfalls unbekannte Geschichte in Bezug auf die Makhanovite-Bewegung, die im Bürgerkrieg von 1919-20 sowohl die "Weißen" als auch die "Roten" bekämpfte (siehe Voline, *The Unknown Revolution* [New York: Libertarian Book Club, 1953]). Es gab auch die "Grüne" Bewegung, die sowohl die Weißen als auch die Roten bekämpfte. Der Autor hat in keiner Geschichte der bolschewistischen Revolution auch nur eine einzige Erwähnung der Grünen4 gefunden. Dabei war die Grüne Armee mindestens 700.000 Mann stark!

Kapitel II

Trotzki verlässt New York, um die Revolution zu vollenden

> *Sie werden eine Revolution erleben, eine schreckliche Revolution. Wie sie verläuft, wird stark davon abhängen, was Herr Rockefeller Herrn Hague zu tun auffordert. Herr Rockefeller ist ein Symbol für die amerikanische herrschende Klasse und Herr Hague ist ein Symbol für ihre politischen Werkzeuge.*
> Leo Trotzki, in New York Times, 13. Dezember 1938.
> (Hague war ein Politiker aus New Jersey)

Im Jahr 1916, dem Jahr vor der Russischen Revolution, wurde der Internationalist Leo Trotzki aus Frankreich ausgewiesen, offiziell wegen seiner Teilnahme an der Zimmerwalder Konferenz, aber zweifellos auch wegen aufrührerischer Artikel, die er für die in Paris gedruckte russischsprachige Zeitung *Nashe Slovo* geschrieben hatte. Im September 1916 wurde Trotzki von der französischen Polizei höflich über die spanische Grenze eskortiert. Einige Tage später verhaftete die Madrider Polizei den Internationalisten und brachte ihn in einer "erstklassigen Zelle" gegen eine Gebühr von eineinhalb Peseten pro Tag unter. Anschließend wurde Trotzki nach Cádiz und dann nach Barcelona gebracht, um schließlich an Bord des Dampfers *Monserrat* der Spanischen Transatlantikgesellschaft gebracht zu werden. Trotzki und seine Familie überquerten den Atlantik und landeten am 13. Januar 1917 in New York.

Auch andere Trotzkisten fanden ihren Weg nach Westen über den Atlantik. Eine trotzkistische Gruppe erlangte sogar so viel unmittelbaren Einfluss in Mexiko, dass sie die Verfassung von Querétaro für die revolutionäre Carranza-Regierung von 1917 schrieb, was Mexiko die zweifelhafte Ehre einbrachte, die erste

Regierung der Welt zu sein, die eine Verfassung nach sowjetischem Vorbild verabschiedete.

Wie konnte Trotzki, der nur Deutsch und Russisch konnte, im kapitalistischen Amerika überleben? In seiner Autobiografie *Mein Leben heißt es*: "Mein einziger Beruf in New York war der eines revolutionären Sozialisten". Mit anderen Worten: Trotzki schrieb gelegentlich Artikel für *Novy Mir*, die russische sozialistische Zeitschrift in New York. Wir wissen jedoch, dass die Wohnung der Familie Trotzki in New York über einen Kühlschrank und ein Telefon verfügte, und dass die Familie nach Trotzkis Angaben gelegentlich mit einer Limousine mit Chauffeur reiste. Diese Lebensweise verwirrte die beiden jungen Trotzkijs. Wenn sie in eine Teestube gingen, fragten die Jungen ihre Mutter besorgt: "Warum kommt der Chauffeur nicht herein?"[5] Der stilvolle Lebensstandard steht auch im Widerspruch zu Trotzkis angegebenem Einkommen. Die einzigen Gelder, die Trotzki in den Jahren 1916 und 1917 erhalten haben will, sind 310 Dollar, und, so Trotzki, "ich habe die 310 Dollar unter fünf Emigranten verteilt, die nach Russland zurückkehrten." Doch Trotzki hatte eine Zelle erster Klasse in Spanien bezahlt, die Familie Trotzki war quer durch Europa in die Vereinigten Staaten gereist, sie hatte eine ausgezeichnete Wohnung in New York erworben - wobei sie die Miete drei Monate im Voraus bezahlte - und sie konnte eine Limousine mit Chauffeur benutzen. All das mit dem Verdienst eines verarmten Revolutionärs für ein paar Artikel für die russischsprachige Zeitung *Nashe* Slovo in Paris und *Novy Mir* in New York mit geringer Auflage!

Joseph Nedava schätzt Trotzkis Einkommen 1917 auf 12,00 $ pro Woche, "ergänzt durch einige Vortragshonorare".[6] Trotzki hielt sich 1917 drei Monate lang, von Januar bis März, in New York auf, so dass sich sein Einkommen aus *Novy Mir* auf 144,00 $ und, sagen wir, weitere 100,00 $ an Vortragshonoraren beläuft, also insgesamt 244,00 $. Von diesen 244,00 $ konnte Trotzki 310,00 $ an seine Freunde verschenken, die Wohnung in New York bezahlen, für

---

[5] Leon Trotsky, *My Life* (New York: Scribner's, 1930), Kap. 22.

[6] Joseph Nedava, *Trotsky and the Jews* (Philadelphia: Jewish Publication Society of America, 1972), S. 163.

seine Familie sorgen - und die 10.000 $ auftreiben, die ihm im April 1917 von den kanadischen Behörden in Halifax abgenommen worden waren. Trotzki behauptet, dass diejenigen, die behaupteten, er habe andere Einkommensquellen, "Verleumder" seien, die "dumme Verleumdungen" und "Lügen" verbreiteten, aber solange Trotzki nicht auf der Rennbahn von Jamaika mit Pferden spielte, ist das nicht möglich. Offensichtlich hatte Trotzki eine nicht gemeldete Einkommensquelle.

Was war das für eine Quelle? In *The Road to Safety* schreibt der Autor Arthur Willert, dass Trotzki seinen Lebensunterhalt als Elektriker für die Fox Film Studios verdiente. Andere Autoren haben andere Berufe angeführt, aber es gibt keinen Beweis dafür, dass Trotzki sich gegen Bezahlung anders als durch Schreiben und Reden beschäftigte.

Die meisten Untersuchungen konzentrierten sich auf die nachweisbare Tatsache, dass Trotzki, als er 1917 New York in Richtung Petrograd verließ, um die bolschewistische Phase der Revolution zu organisieren, 10.000 Dollar mit sich führte. Im Jahr 1919 untersuchte der Overman-Ausschuss des US-Senats die bolschewistische Propaganda und das deutsche Geld in den Vereinigten Staaten und kam dabei zufällig auf die Quelle von Trotzkis 10.000 Dollar zu sprechen. Die Befragung von Oberst Hurban, Attaché der tschechischen Gesandtschaft in Washington, durch den Overman-Ausschuss ergab Folgendes:

COL. HURBAN: Trotzki hat vielleicht Geld von Deutschland genommen, aber Trotzki wird es leugnen. Lenin würde es nicht leugnen. Miliukov bewies, dass er 10.000 Dollar von einigen Deutschen erhielt, während er in Amerika war. Miliukow hatte den Beweis, aber er leugnete ihn. Trotzki tat es, obwohl Miliukow den Beweis hatte.

SENATOR OVERMAN: Es wurde behauptet, dass Trotzki hier 10.000 Dollar erhalten hat.

COL. HURBAN: Ich weiß nicht mehr, wie viel es war, aber ich weiß, dass es eine Frage zwischen ihm und Miliukov war.

SENATOR OVERMAN: Miliukov hat es bewiesen, nicht wahr?

COL. HURBAN: Ja, Sir.

SENATOR OVERMAN: Wissen Sie, woher er es hat?

COL. HURBAN: Ich erinnere mich, dass es 10.000 Dollar waren, aber das spielt keine Rolle. Ich werde über ihre Propaganda sprechen. Die deutsche Regierung kannte Russland besser als jeder andere, und sie wusste, dass sie mit Hilfe dieser Leute die russische Armee vernichten konnte.

(Um 17.45 Uhr vertagte sich der Unterausschuss auf morgen, Mittwoch, den 19. Februar, um 10.30 Uhr)[7]

Es ist recht bemerkenswert, dass der Ausschuss sich abrupt vertagte, bevor die *Quelle* von Trotzkis Geldern in das Senatsprotokoll aufgenommen werden konnte. Als die Befragung am nächsten Tag wieder aufgenommen wurde, waren Trotzki und seine 10.000 Dollar für den Overman-Ausschuss nicht mehr von Interesse. Wir werden später Beweise für die Finanzierung deutscher und revolutionärer Aktivitäten in den Vereinigten Staaten durch New Yorker Finanzhäuser entwickeln; die Herkunft von Trotzkis 10.000 Dollar wird dann ins Blickfeld rücken.

Ein Betrag von 10.000 Dollar deutscher Herkunft wird auch in dem offiziellen britischen Telegramm an die kanadischen Marinebehörden in Halifax erwähnt, die darum baten, dass Trotzki und seine Gruppe, die auf dem Weg zur Revolution waren, von der S.S. *Kristianiafjord* abgeholt werden sollten (siehe Seite 28). Aus einem Bericht des britischen Directorate of Intelligence[8] erfahren wir auch, dass Gregory Weinstein, der 1919 ein prominentes Mitglied des sowjetischen Büros in New York werden sollte, in New York Gelder für Trotzki sammelte. Diese Gelder stammten aus Deutschland und wurden über die *Volks-zeitung,* eine deutsche Tageszeitung in New York, die von der deutschen Regierung subventioniert wurde, weitergeleitet.

Obwohl Trotzkis Gelder offiziell als deutsche Gelder angegeben

---

[7] Vereinigte Staaten, Senat, *Brauerei- und Alkoholinteressen und deutsche und bolschewistische Propaganda* (Unterausschuss für Justiz), 65. Kongo, 1919.

[8] Special Report No. 5, *The Russian Soviet Bureau in the United States,* 14. Juli 1919, Scotland House, London S.W.I. Kopie in U.S. State Dept. Decimal File, 316-23-1145.

werden, war Trotzki unmittelbar vor seiner Abreise aus New York nach Russland und zur Revolution aktiv in der amerikanischen Politik tätig. Am 5. März 1917 titelten die amerikanischen Zeitungen über die zunehmende Möglichkeit eines Krieges mit Deutschland; am selben Abend schlug Trotzki auf der Versammlung der New York County Socialist Party eine Resolution vor, "in der sich die Sozialisten verpflichten, im Falle eines Krieges mit Deutschland Streiks zu fördern und sich der Rekrutierung zu widersetzen."[9] Leon Trotzki wurde von der *New York Times* als "ein russischer Revolutionär im Exil" bezeichnet. Louis C. Fraina, der die Trotzki-Resolution mitunterstützte, schrieb später - unter einem Pseudonym - ein unkritisches Buch über das Morgan-Finanzimperium mit dem Titel *House of Morgan*.[10] Der Trotzki-Fraina-Vorschlag wurde von der Morris-Hillquit-Fraktion abgelehnt, und die Sozialistische Partei stimmte anschließend gegen die Resolution.[11]

Mehr als eine Woche später, am 16. März, zum Zeitpunkt der Absetzung des Zaren, wurde Leo Trotzki in den Büros von *Novy Mir* interviewt. Das Interview enthielt eine prophetische Aussage über die russische Revolution:

> *"... dass das Komitee, das an die Stelle des abgesetzten Ministeriums in Russland getreten ist, weder die Interessen noch die Ziele der Revolutionäre vertritt, dass es wahrscheinlich nur von kurzer Dauer sein und zugunsten von Männern zurücktreten wird, die mit größerer Sicherheit die Demokratisierung Russlands*

---

[9] *New York Times*, 5. März 1917.

[10] Lewis Corey, House of Morgan: A Social Biography of the Masters of Money (New York: G. W. Watt, 1930).

[11] Morris Hillquit. (ehemals Hillkowitz) war Verteidiger von Johann Most im Zusammenhang mit der Ermordung von Präsident McKinley gewesen und hatte 1917 die New York Socialist Party angeführt. In den 1920er Jahren etablierte sich Hillquit in der New Yorker Bankenwelt, indem er Direktor und Anwalt der International Union Bank wurde. Unter Präsident Franklin D. Roosevelt half Hillquit bei der Ausarbeitung der NRA-Kodizes für die Bekleidungsindustrie.

vorantreiben werden."[12]

Die "Männer, die mit größerer Sicherheit die Demokratisierung Russlands vorantreiben würden", d. h. die Menschewiki und die Bolschewiki, befanden sich zu diesem Zeitpunkt im Ausland im Exil und mussten erst nach Russland zurückkehren. Das provisorische "Komitee" wurde daher als "Provisorische Regierung" bezeichnet, eine Bezeichnung, die wohlgemerkt von Beginn der Revolution im März an verwendet wurde und von den Historikern nicht erst im Nachhinein verwendet wird.

Woodrow Wilson und ein Reisepass für Trotzki

Präsident Woodrow Wilson war die gute Fee, die Trotzki mit einem Pass versorgte, damit er nach Russland zurückkehren konnte, um die Revolution "weiterzuführen". Dieser amerikanische Pass wurde von einer russischen Einreiseerlaubnis und einem britischen Transitvisum begleitet. Jennings C. Wise, in *Woodrow Wilson: Disciple of Revolution,* die treffende Bemerkung: "Historiker dürfen nie vergessen, dass Woodrow Wilson trotz der Bemühungen der britischen Polizei es Leo Trotzki ermöglichte, mit einem amerikanischen Pass nach Russland einzureisen."

Präsident Wilson ermöglichte Trotzki die Einreise nach Russland, während gleichzeitig vorsichtige Bürokraten des Außenministeriums, die über die Einreise solcher Revolutionäre nach Russland besorgt waren, einseitig versuchten, die Passverfahren zu verschärfen. Die Stockholmer Gesandtschaft telegrafierte dem Außenministerium am 13. Juni 1917, kurz *nachdem* Trotzki die finnisch-russische Grenze überquert hatte: "Die Gesandtschaft informierte vertraulich die russischen, englischen und französischen Passämter an der russischen Grenze in Tornea, die durch die Passage verdächtiger Personen mit amerikanischen Pässen erheblich beunruhigt sind."[13]

---

[12] *New York Times,* 16. März 1917.

[13] Dezimaldatei des US-Außenministeriums, 316-85-1002.

Auf dieses Telegramm antwortete das Außenministerium noch am selben Tag: "Das Ministerium wendet bei der Ausstellung von Pässen für Russland besondere Sorgfalt an"; außerdem genehmigte das Ministerium Ausgaben der Gesandtschaft zur Einrichtung eines Passkontrollbüros in Stockholm und zur Einstellung eines "absolut zuverlässigen amerikanischen Staatsbürgers" für die Kontrollarbeit.[14] Aber der Vogel hatte sich aus dem Staub gemacht. Der Menschewik Trotzki und Lenins Bolschewiki waren bereits in Russland und bereiteten sich darauf vor, die Revolution "weiterzuführen". Das aufgestellte Passnetz fing nur noch mehr legitime Vögel ein. So wurde beispielsweise am 26. Juni 1917 Herman Bernstein, ein angesehener New Yorker Zeitungsmann, der auf dem Weg nach Petrograd war, um den *New York Herald* zu vertreten, an der Grenze aufgehalten und die Einreise nach Russland verweigert. Etwas verspätet ersuchte die russische Botschaft in Washington Mitte August 1917 das Außenministerium (und das Außenministerium stimmte zu), "die Einreise von Kriminellen und Anarchisten nach Russland zu verhindern... von denen sich einige bereits nach Russland begeben haben."[15]

Als die S.S. *Kristianiafjord* am 26. März 1917 New York verließ, befand sich Trotzki aufgrund der Vorzugsbehandlung für ihn an Bord und besaß einen US-Pass - und zwar in Gesellschaft anderer trotzkistischer Revolutionäre, Wall-Street-Finanziers, amerikanischer Kommunisten und anderer interessanter Personen, von denen nur wenige aus legitimen Gründen an Bord gegangen waren. Diese bunte Mischung von Passagieren wurde von Lincoln Steffens, dem amerikanischen Kommunisten, beschrieben:

> *Die Passagierliste war lang und geheimnisvoll. Trotzki war im Zwischendeck mit einer Gruppe von Revolutionären; in meiner Kabine war ein japanischer Revolutionär. Es gab eine Menge Holländer, die von Java nach Hause eilten, die einzigen Unschuldigen an Bord. Der Rest waren Kriegsbotschafter, zwei von der*

---

[14] Ebd.

[15] Ebd., 861.111/315.

Wall Street nach Deutschland.[16]

Lincoln Steffens war auf ausdrückliche Einladung von Charles Richard Crane, einem Gönner und ehemaligen Vorsitzenden des Finanzausschusses der Demokratischen Partei, auf dem Weg nach Russland. Charles Crane, Vizepräsident der Crane Company, hatte die Westinghouse Company in Rußland organisiert, war Mitglied der Root-Mission in Rußland und hatte zwischen 1890 und 1930 nicht weniger als dreiundzwanzig Besuche in Rußland gemacht. Richard Crane, sein Sohn, war vertraulicher Assistent des damaligen Außenministers Robert Lansing. Nach Ansicht des ehemaligen Botschafters in Deutschland William Dodd hat Crane "viel dazu beigetragen, die Kerenski-Revolution herbeizuführen, die den Weg zum Kommunismus ebnete."[17] Und so sind Steffens' Bemerkungen in seinem Tagebuch über Gespräche an Bord der S.S. *Kristianiafjord* höchst relevant:"... alle sind sich einig, daß die Revolution nur in ihrer ersten Phase ist, daß sie wachsen muß. Der Kranich und die russischen Radikalen auf dem Schiff glauben, dass wir in Petrograd sein werden, um die Revolution zu starten.[18]

Crane kehrte in die Vereinigten Staaten zurück, als die bolschewistische Revolution (d. h. "die Re-Revolution") abgeschlossen war, und erhielt, obwohl er ein Privatmann war, aus erster Hand Berichte über die Fortschritte der bolschewistischen Revolution, sobald Kabel im Außenministerium eingingen. Ein Memorandum vom 11. Dezember 1917 trägt zum Beispiel den Titel "Kopie des Berichts über den Aufstand der Maximalisten für Mr. Crane". Es stammt von Maddin Summers, dem US-Generalkonsul in Moskau, und das Begleitschreiben von Summers lautet auszugsweise:

---

[16] Lincoln Steffens, *Autobiographie* (New York: Harcourt, Brace, 1931), S. 764. Steffens war der "Vermittler" für Crane und Woodrow Wilson.

[17] William Edward Dodd, *Ambassador Dodd's Diary, 1933-1938* (New York: Harcourt, Brace, 1941), S. 42-43.

[18] Lincoln Steffens, *Die Briefe von Lincoln Steffens* (New York: Harcourt, Brace, 1941), S. 396.

> *Ich beehre mich, Ihnen eine Kopie desselben [obigen Berichts] beizufügen, mit der Bitte, ihn zur vertraulichen Information von Mr. Charles R. Crane zu versenden. Ich gehe davon aus, dass das Ministerium keine Einwände dagegen hat, dass Mr. Crane den Bericht sieht.[19]*

Kurzum, es ergibt sich das unwahrscheinliche und rätselhafte Bild, dass Charles Crane, ein Freund und Förderer von Woodrow Wilson und ein prominenter Finanzier und Politiker, eine bekannte Rolle in der "ersten" Revolution spielte und Mitte 1917 in Begleitung des amerikanischen Kommunisten Lincoln Steffens, der sowohl mit Woodrow Wilson als auch mit Trotzki in Kontakt stand, nach Russland reiste. Letzterer wiederum hatte einen auf Anweisung Wilsons ausgestellten Reisepass und 10.000 Dollar aus angeblichen deutschen Quellen bei sich. Nach seiner Rückkehr in die USA nach der "Re-Revolution" erhielt Crane Zugang zu offiziellen Dokumenten über die Konsolidierung des bolschewistischen Regimes: Dies ist ein Muster ineinandergreifender - wenn auch rätselhafter - Ereignisse, das eine weitere Untersuchung rechtfertigt und eine Verbindung zwischen dem Finanzier Crane und dem Revolutionär Trotzki vermuten lässt, auch wenn dies noch nicht bewiesen werden kann.

Dokumente der kanadischen Regierung über Trotzkis Freilassung[20]

Die Dokumente über Trotzkis kurzen Aufenthalt in kanadischem Gewahrsam sind nun freigegeben und in den kanadischen Regierungsarchiven verfügbar. Diesen Archiven zufolge wurde Trotzki am 3. April 1917 von kanadischem und britischem Marinepersonal von der S.S. *Kristianiafjord* in Halifax, Neuschottland, abgeholt, als deutscher Kriegsgefangener geführt und in der Internierungsstation für deutsche Gefangene in Amherst, Neuschottland, interniert. Frau Trotzki, die beiden Trotzkijungen

---

[19] Dezimaldatei des US-Außenministeriums, 861.00/1026.

[20] Dieser Abschnitt basiert auf Aufzeichnungen der kanadischen Regierung.

und fünf weitere Männer, die als "russische Sozialisten" bezeichnet wurden, wurden ebenfalls abgeholt und interniert. Ihre Namen sind in den kanadischen Akten verzeichnet als: Nickita Muchin, Leiba Fisheleff, Konstantin Romanchanco, Gregor Teheodnovski, Gerchon Melintchansky und Leon Bronstein Trotsky (alle Schreibweisen aus kanadischen Originaldokumenten).

Das Formular LB-l der kanadischen Armee mit der Seriennummer 1098 (einschließlich Daumenabdrücke) wurde für Trotzki mit folgender Beschreibung ausgefüllt: "37 Jahre alt, politischer Exilant, Berufsjournalist, geboren in Gromskty, Chuson, Russland, russischer Staatsbürger". Das Formular wurde von Leo Trotzki unterzeichnet, sein vollständiger Name lautete Leon Bromstein *(sic)* Trotzki.

Die Trotzki-Gruppe wurde von der S.S. *Kristianiafjord* aufgrund offizieller Anweisungen entfernt, die mit einem Telegramm vom 29. März 1917, London, vermutlich von der Admiralität an den Marinekontrolloffizier, Halifax, übermittelt wurden. Das Telegramm meldete, dass sich die Trotzki-Gruppe auf der *"Christianiafjord" (sic)* befand und "von Bord genommen und bis zum Erhalt von Anweisungen zurückgehalten" werden sollte. Der Grund, der dem Marinekontrolloffizier in Halifax genannt wurde, war, dass "es sich um russische Sozialisten handelt, die auslaufen, um eine Revolution gegen die gegenwärtige russische Regierung anzuzetteln, für die Trotzki angeblich 10.000 Dollar von Sozialisten und Deutschen gezeichnet hat."

Am 1. April 1917 sandte der Kontrolloffizier der Marine, Kapitän O. M. Makins, ein vertrauliches Memorandum an den kommandierenden General in Halifax, in dem er mitteilte, dass er "alle russischen Passagiere" an Bord der S.S. *Kristianiafjord* überprüft und sechs Männer in der zweiten Klasse gefunden habe: "Sie sind alle bekennende Sozialisten, und obwohl sie den Wunsch bekunden, der neuen russischen Regierung zu helfen, könnten sie durchaus mit deutschen Sozialisten in Amerika im Bunde stehen und der Regierung in Rußland gerade jetzt ein großes Hindernis sein." Kapitän Makins fügte hinzu, dass er die Gruppe sowie Trotzkis Frau und zwei Söhne abführen werde, um sie in Halifax zu internieren. Eine Kopie dieses Berichts wurde am 2. April 1917 von Halifax an den Chef des Generalstabs in Ottawa weitergeleitet.

Das nächste Dokument in den kanadischen Akten ist vom 7. April datiert, vom Chef des Generalstabs, Ottawa, an den Direktor der Internierungsoperationen, und bestätigt ein früheres Schreiben (nicht in den Akten) über die Internierung russischer Sozialisten in Amherst, Nova Scotia: ".... in diesem Zusammenhang muss ich Ihnen mitteilen, dass ich gestern ein langes Telegramm vom russischen Generalkonsul in MONTREAL erhalten habe, in dem gegen die Verhaftung dieser Männer protestiert wird, da sie im Besitz von Pässen sind, die vom russischen Generalkonsul in NEW YORK, USA, ausgestellt wurden."

In der Antwort auf dieses Telegramm aus Montreal hieß es, die Männer seien "wegen des Verdachts, Deutsche zu sein", interniert und würden erst nach einem eindeutigen Nachweis ihrer Staatsangehörigkeit und ihrer Loyalität gegenüber den Alliierten freigelassen werden. In den kanadischen Akten finden sich keine Telegramme des russischen Generalkonsuls in New York, und es ist bekannt, dass dieses Büro russischen Exilanten nur ungern russische Pässe ausstellte. In den Akten *findet* sich jedoch ein Telegramm des New Yorker Anwalts N. Aleinikoff an R. M. Coulter, den damaligen stellvertretenden Generalpostmeister Kanadas. Das Büro des Generalpostmeisters in Kanada hatte weder mit der Internierung von Kriegsgefangenen noch mit militärischen Aktivitäten zu tun. Dieses Telegramm hatte daher den Charakter einer persönlichen, nicht offiziellen Intervention. Es lautet wie folgt:

DR. R. M. COULTER, Postmaster Genl. OTTAWA Russische politische Exilanten, die nach Russland zurückkehren, werden im Halifax internierten Amherst-Lager festgehalten. Bitte untersuchen Sie die Gründe für die Inhaftierung und teilen Sie die Namen aller Inhaftierten mit. Ich vertraue darauf, dass Sie sich als Verfechter der Freiheit für sie einsetzen werden. Bitte überweisen Sie das Geld. NICHOLAS ALEINIKOFF

Am 11. April schrieb Coulter an Aleinikoff: "Telegramm erhalten. Ich schreibe Ihnen heute Nachmittag. Sie sollten es morgen Abend erhalten. R. M. Coulter." Dieses Telegramm wurde von der Canadian Pacific Railway Telegraph versandt, aber dem kanadischen Postamt in Rechnung gestellt. Normalerweise würde ein privates Geschäftstelegramm dem Empfänger in Rechnung gestellt werden, und dies war kein offizielles Geschäft. Der

Folgebrief von Coulter an Aleinikoff ist interessant, denn nachdem er bestätigt hat, dass die Trotzki-Party in Amherst stattfand, heißt es darin, dass sie der Propaganda gegen die derzeitige russische Regierung verdächtigt werden und "angeblich Agenten Deutschlands sind." Coulter fügt dann hinzu: "... sie sind nicht das, was sie vorgeben zu sein"; die Trotzki-Gruppe wird "... nicht von Kanada, sondern von den kaiserlichen Behörden festgehalten." Nachdem Aleinikoff versichert hat, dass man sich um die Inhaftierten kümmern werde, fügt Coulter hinzu, dass alle Informationen "zu ihren Gunsten" an die Militärbehörden weitergeleitet würden. Der allgemeine Eindruck des Briefes ist, dass Coulter zwar Sympathien hegt und sich der prodeutschen Verbindungen Trotzkis bewusst ist, aber nicht bereit ist, sich einzumischen. Am 11. April schickte Arthur Wolf, 134 East Broadway, New York, ein Telegramm an Coulter. Dieses Telegramm wurde zwar von New York aus abgeschickt, aber nach seiner Bestätigung auch dem kanadischen Postamt in Rechnung gestellt.

Coulters Reaktionen spiegeln jedoch mehr wider als die distanzierte Sympathie, die in seinem Brief an Aleinikoff zum Ausdruck kommt. Sie müssen im Lichte der Tatsache betrachtet werden, dass diese Briefe im Namen Trotzkis von zwei in New York City ansässigen Amerikanern kamen und eine kanadische oder kaiserliche militärische Angelegenheit von internationaler Bedeutung betrafen. Außerdem war Coulter als stellvertretender Generalpostmeister ein kanadischer Regierungsbeamter von einigem Rang. Überlegen Sie doch einmal, was mit jemandem geschehen würde, der sich in ähnlicher Weise in die Angelegenheiten der Vereinigten Staaten einmischt! In der Trotzki-Affäre korrespondierten zwei in den USA ansässige Personen mit dem stellvertretenden kanadischen Generalpostmeister, um sich für einen inhaftierten russischen Revolutionär einzusetzen.

Auch Coulters weiteres Vorgehen lässt auf mehr als nur ein zufälliges Eingreifen schließen. Nachdem Coulter die Telegramme von Aleinikoff und Wolf zur Kenntnis genommen hatte, schrieb er an Generalmajor Willoughby Gwatkin vom Ministerium für Miliz und Verteidigung in Ottawa - ein Mann mit großem Einfluss im kanadischen Militär - und fügte Kopien der Telegramme von Aleinikoff und Wolf bei:

> *Diese Männer waren Russland gegenüber feindselig eingestellt, weil die Juden so behandelt wurden, und sind jetzt, soweit ich weiß, stark für die derzeitige Regierung. Beide sind verantwortungsbewusste Männer. Beide sind angesehene Männer, und ich sende ihre Telegramme an Sie, damit Sie sie bei den englischen Behörden vertreten können, wenn Sie es für klug halten.*

Offensichtlich weiß Coulter sehr viel über Aleinikoff und Wolf - oder deutet an, dass er es weiß. Sein Brief war im Grunde ein Leumundszeugnis und zielte auf die Wurzel des Internierungsproblems - London. Gwatkin war in London gut bekannt und wurde vom Kriegsministerium in London an Kanada ausgeliehen ( ).[21]

Aleinikoff schickte daraufhin einen Brief an Coulter, in dem er ihm herzlichst für Ihr Interesse am Schicksal der russischen Exilanten dankte... Sie kennen mich, geschätzter Dr. Coulter, und Sie kennen auch meine Hingabe für die Sache der russischen Freiheit... Glücklicherweise kenne ich Herrn Trotzki, Herrn Melnichahnsky und Herrn Chudnowsky... sehr gut.

Am Rande sei bemerkt, dass Aleinikoff, wenn er Trotzki "intim" kannte, wahrscheinlich auch wusste, dass Trotzki seine Absicht erklärt hatte, nach Russland zurückzukehren, um die Provisorische Regierung zu stürzen und die "Re-Revolution" einzuleiten. Nach Erhalt von Aleinikoffs Brief leitete Coulter ihn sofort (am 16. April) an Generalmajor Gwatkin weiter und fügte hinzu, dass er Aleinikoff "im Zusammenhang mit der Tätigkeit des Ministeriums in Bezug auf US-Papiere in russischer Sprache" kennen gelernt habe und dass Aleinikoff "auf der gleichen Linie wie Herr Wolf... arbeite, der ein entkommener Gefangener aus Sibirien war."

Zuvor, am 14. April, schickte Gwatkin ein Memorandum an seinen Marinekollegen im Kanadischen Interministeriellen

---

[21] Gwatkins Memoranden in den kanadischen Regierungsakten sind nicht unterzeichnet, sondern mit einem kryptischen Zeichen oder Symbol versehen. Das Zeichen wurde als das von Gwatkin identifiziert, weil ein Gwatkin-Brief (der vom 21. April) mit diesem kryptischen Zeichen anerkannt wurde.

Militärausschuss, in dem er wiederholte, dass es sich bei den Internierten um russische Sozialisten handele, die *"10.000 Dollar von Sozialisten und Deutschen gezeichnet"* hätten. Im abschließenden Absatz heißt es: *"Auf der* anderen Seite gibt es diejenigen, die erklären, dass ein Akt der selbstherrlichen Ungerechtigkeit begangen worden ist." Am 16. April nahm Vizeadmiral C. E. Kingsmill, der Leiter des Marinedienstes, die Intervention Gwatkins für bare Münze. In einem Schreiben an Kapitän Makins, den Marinekontrolloffizier in Halifax, erklärte er: "Die Milizbehörden bitten darum, dass eine Entscheidung über ihre (d.h. der sechs Russen) Beseitigung beschleunigt werden möge. Eine Kopie dieser Anweisung wurde an Gwatkin weitergeleitet, der seinerseits den stellvertretenden Generalpostmeister Coulter informierte. Drei Tage später übte Gwatkin Druck aus. In einem Memorandum vom 20. April an den Marinesekretär schrieb er: "Können Sie bitte mitteilen, ob das Marinekontrollamt eine Entscheidung getroffen hat oder nicht?"

Am selben Tag (20. April) schrieb Kapitän Makins an Admiral Kingsmill und erläuterte seine Gründe für die Entfernung Trotzkis; er lehnte es ab, sich zu einer Entscheidung drängen zu lassen, und erklärte: "Ich werde der Admiralität telegrafieren und sie darüber informieren, dass die Milizbehörden um eine baldige Entscheidung über ihre Beseitigung bitten." Am nächsten Tag, dem 21. April, schrieb Gwatkin jedoch an Coulter: "Unsere Freunde, die russischen Sozialisten, sollen freigelassen werden, und es werden Vorkehrungen für ihre Überfahrt nach Europa getroffen." Der Befehl an Makins zur Freilassung Trotzkis stammte von der Admiralität in London. Coulter bestätigte die Information, "die unsere New Yorker Korrespondenten sehr erfreuen wird".

Während wir einerseits feststellen können, dass Coulter und Gwatkin intensiv an der Freilassung von Trotzki interessiert waren, wissen wir andererseits nicht, warum. Weder der stellvertretende Generalpostmeister Coulter noch Generalmajor Gwatkin hatten in ihrer Laufbahn etwas zu bieten, das den Drang zur Freilassung des Menschewiken Leo Trotzki erklären würde.

Dr. Robert Miller Coulter war ein Arzt schottischer und irischer Eltern, ein Liberaler, ein Freimaurer und ein Odd Fellow. Er wurde 1897 zum stellvertretenden Generalpostmeister von Kanada ernannt. Berühmtheit erlangte er lediglich als Delegierter zum Weltpostverein 1906 und als Delegierter für das Projekt "All Red" in Neuseeland und Australien 1908. All Red" hatte nichts mit roten Revolutionären zu tun, sondern war lediglich ein Plan für rein rote oder rein britische Schnelldampfer zwischen Großbritannien, Kanada und Australien.

Generalmajor Willoughby Gwatkin entstammte einer langen britischen Militärtradition (Cambridge und dann Staff College). Er war ein Spezialist für Mobilisierung und diente von 1905 bis 1918 in Kanada. Angesichts der Dokumente in den kanadischen Akten können wir nur zu dem Schluss kommen, dass ihre Intervention zugunsten Trotzkis ein Rätsel ist.

Der kanadische Militärgeheimdienst sieht Trotzki

Wir können uns dem Fall der Freilassung Trotzkis aus einem anderen Blickwinkel nähern: Der kanadische Geheimdienst. Oberstleutnant John Bayne MacLean, ein prominenter kanadischer Verleger und Geschäftsmann, Gründer und Präsident der MacLean Publishing Company, Toronto, betrieb zahlreiche kanadische Fachzeitschriften, darunter die *Financial Post*. MacLean war auch lange Zeit mit dem Geheimdienst der kanadischen Armee verbunden.[22]

1918 schrieb Colonel MacLean für sein eigenes Magazin *MacLean's* einen Artikel mit dem Titel "Warum haben wir Trotzki ziehen lassen? Wie Kanada eine Gelegenheit verpasste, den Krieg zu verkürzen".[23] Der Artikel enthielt ausführliche und ungewöhnliche Informationen über Leo Trotzki, obwohl sich die letzte Hälfte des Artikels in die Leere verirrt und über kaum verwandte Themen berichtet. Wir haben zwei Hinweise auf die Echtheit der Informationen. Erstens war Colonel MacLean ein

---

[22] H.J. Morgan, *Canadian Men and Women of the Times*, 1912, 2 Bände (Toronto: W. Briggs, 1898-1912).

[23] Juni 1919, S. 66a-666. Die Toronto Public Library verfügt über ein Exemplar; die Ausgabe von *MacLean's*, in der der Artikel von Colonel MacLean erschien, ist nicht leicht zu finden und wird im Folgenden kurz zusammengefasst.

integrer Mann mit ausgezeichneten Verbindungen zum kanadischen Geheimdienst. Zweitens bestätigen Regierungsunterlagen, die seither von Kanada, Großbritannien und den Vereinigten Staaten freigegeben wurden, MacLeans Aussage in hohem Maße. Einige Aussagen MacLeans müssen noch bestätigt werden, aber die in den frühen 1970er Jahren verfügbaren Informationen stehen nicht unbedingt im Widerspruch zu Colonel MacLeans Artikel.

MacLeans einleitendes Argument ist, dass "einige kanadische Politiker oder Beamte hauptverantwortlich für die Verlängerung des Krieges [des Ersten Weltkrieges], für die großen Verluste an Menschenleben, die Wunden und Leiden des Winters 1917 und die großen Truppenbewegungen von 1918 waren".

Außerdem, so MacLean, taten diese Personen (im Jahr 1919) alles, um zu verhindern, dass das Parlament und das kanadische Volk die entsprechenden Fakten erfuhren. Offizielle Berichte, darunter auch die von Sir Douglas Haig, zeigen, dass der Krieg ohne den russischen Bruch im Jahr 1917 ein Jahr früher zu Ende gewesen wäre und dass "der Hauptverantwortliche für die Abtrünnigkeit Russlands Trotzki war, der auf deutsche Anweisung hin handelte."

Wer war Trotzki? MacLean zufolge war Trotzki kein Russe, sondern ein Deutscher. So seltsam diese Behauptung auch erscheinen mag, sie deckt sich mit anderen Geheimdienstinformationen: nämlich dass Trotzki besser Deutsch als Russisch sprach und dass er der russische Geschäftsführer des deutschen "Black Bond" war. Laut MacLean war Trotzki im August 1914 "ostentativ" aus Berlin ausgewiesen worden[24]; er kam schließlich in den Vereinigten Staaten an, wo er russische Revolutionäre sowie Revolutionäre in Westkanada organisierte, die "größtenteils Deutsche und Österreicher waren, die als Russen reisten." MacLean fährt fort:

Ursprünglich fanden die Briten durch russische Partner heraus, dass Kerenski,[25] Lenin und einige kleinere

---

[24] Siehe auch Trotzki, *Mein Leben*, S. 236.

[25] Siehe Anhang 3.

> *Führer praktisch schon 1915 im Sold der Deutschen standen, und sie deckten 1916 die Verbindungen zu Trotzki auf, der damals in New York lebte. Von diesem Zeitpunkt an wurde er vom Bombenkommando genau beobachtet. Zu Beginn des Jahres 1916 segelte ein deutscher Beamter nach New York. Beamte des britischen Geheimdienstes begleiteten ihn. Er wurde in Halifax aufgehalten, aber auf ihre Anweisung hin wurde er mit einer ausführlichen Entschuldigung für die notwendige Verzögerung weitergereicht. Nach vielen Manövern kam er in einem schmutzigen kleinen Zeitungsbüro in den Slums an und fand dort Trotzki, dem er wichtige Anweisungen überbrachte. Von Juni 1916 an, bis sie ihn an die Briten weitergaben, verlor das New Yorker Bombenkommando nie den Kontakt zu Trotzki. Sie fanden heraus, dass sein richtiger Name Braunstein war und dass er ein Deutscher und kein Russe war.[26]*

Solche deutschen Aktivitäten in neutralen Ländern werden in einem Bericht des State Department (316-9-764-9) bestätigt, in dem die Organisation russischer Flüchtlinge für revolutionäre Zwecke beschrieben wird.

MacLean führt weiter aus, dass Trotzki und vier Mitarbeiter auf der "S.S. *Christiania*" *(sic)* segelten und sich am 3. April bei "Captain Making" *(sic)* meldeten und in Halifax unter der Leitung von Leutnant Jones von Bord genommen wurden. (Tatsächlich wurde eine Gruppe von neun Personen, darunter sechs Männer, von der S.S. *Kristianiafjord abgeholt.* Der Name des Marinekontrolloffiziers in Halifax war Kapitän O. M. Makins, R.N. Der Name des Offiziers, der die Trotzki-Gruppe vom Schiff holte, steht nicht in den kanadischen Regierungsdokumenten; Trotzki sagte, es sei "Machen" gewesen.) MacLean zufolge stammte Trotzkis Geld wiederum "aus deutschen Quellen in New York".

---

[26] Nach seinen eigenen Angaben kam Trotzki erst im Januar 1917 in den USA an. Trotzkis richtiger Name war Bronstein; er erfand den Namen "Trotzki". "Bronstein" ist deutsch und "Trotzki" ist eher polnisch als russisch. Sein Vorname wird gewöhnlich als "Leon" angegeben; Trotzkis erstes Buch, das in Genf veröffentlicht wurde, trägt jedoch die Initialen "N" und nicht "L".

Außerdem: Im Allgemeinen wird erklärt, dass die Freilassung auf Ersuchen Kerenskis erfolgte, aber Monate vorher meldeten britische Offiziere und ein Kanadier, der in Russland diente und der russischen Sprache mächtig war, London und Washington, dass Kerenski in deutschen Diensten stand.[27]

Trotzki wurde "auf Ersuchen der britischen Botschaft in Washington freigelassen... [die] auf Ersuchen des US-Außenministeriums handelte, das für jemand anderen handelte." Kanadische Beamte "wurden angewiesen, die Presse darüber zu informieren, dass Trotzki ein amerikanischer Staatsbürger war, der mit einem amerikanischen Pass reiste, und dass seine Freilassung speziell vom Washingtoner Außenministerium gefordert wurde." Außerdem, schreibt MacLean, hatte Trotzki in Ottawa "einen starken Einfluss im Untergrund und hat ihn immer noch. Dort war seine Macht so groß, dass Befehle erteilt wurden, dass er in jeder Hinsicht berücksichtigt werden müsse."

Das Thema von MacLeans Bericht ist ganz offensichtlich, dass Trotzki intime Beziehungen zum deutschen Generalstab hatte und wahrscheinlich für diesen arbeitete. Während solche Beziehungen in Bezug auf Lenin nachgewiesen wurden - insofern, als Lenin von den Deutschen subventioniert und seine Rückkehr nach Russland erleichtert wurde - scheint es sicher, dass Trotzki in ähnlicher Weise unterstützt wurde. Die 10.000 Dollar, die Trotzki in New York zur Verfügung gestellt wurden, stammten aus deutschen Quellen, und ein kürzlich freigegebenes Dokument in den Akten des US-Außenministeriums lautet wie folgt:

> *9. März 1918 an: Amerikanischer Konsul, Wladiwostok*
> *von Polk, amtierender Außenminister, Washington D.C.*
> *Zu Ihrer vertraulichen Information und sofortigen*
> *Beachtung: Nachfolgend der Inhalt der Nachricht vom*
> *12. Januar von Von Schanz von der Deutschen*
> *Reichsbank an Trotzki, Zitat Consent Reichsbank zur*
> *Bewilligung von fünf Millionen Rubel aus dem*

---

[27] Siehe Anhang 3; dieses Dokument wurde 1971 vom britischen Außenministerium beschafft, war MacLean aber offensichtlich bekannt.

> *Kreditgeneralstab für die Entsendung des stellvertretenden Marineoberkommissars Kudrisheff nach Fernost.*

Diese Nachricht lässt auf eine Verbindung zwischen Trotzki und den Deutschen im Januar 1918 schließen, einer Zeit, in der Trotzki ein Bündnis mit dem Westen vorschlug. Das Außenministerium gibt die Herkunft des Telegramms nicht an, sondern nur, dass es vom Stab der Kriegsakademie stammte. Das Außenministerium behandelte die Nachricht als authentisch und handelte auf der Grundlage der angenommenen Authentizität. Dies steht im Einklang mit dem allgemeinen Thema des Artikels von Colonel MacLean.

Trotzkis Absichten und Ziele

Daraus ergibt sich die folgende Abfolge der Ereignisse: Trotzki reiste von New York nach Petrograd mit einem Pass, der durch die Intervention von Woodrow Wilson bereitgestellt wurde, und mit der erklärten Absicht, die Revolution "voranzutreiben". Die britische Regierung war die unmittelbare Quelle für Trotzkis Freilassung aus kanadischem Gewahrsam im April 1917, aber es kann durchaus "Druck" gegeben haben. Lincoln Steffens, ein amerikanischer Kommunist, fungierte als Bindeglied zwischen Wilson und Charles R. Crane sowie zwischen Crane und Trotzki. Obwohl Crane keine offizielle Position innehatte, war sein Sohn Richard vertraulicher Assistent von Außenminister Robert Lansing, und Crane senior erhielt prompte und detaillierte Berichte über die Fortschritte der bolschewistischen Revolution. Darüber hinaus sagte Botschafter William Dodd (US-Botschafter in Deutschland während der Hitler-Ära), dass Crane eine aktive Rolle in der Kerenski-Phase der Revolution spielte; die Steffens-Briefe bestätigen, dass Crane die Kerenski-Phase nur als einen Schritt in einer fortlaufenden Revolution betrachtete.

Der interessante Punkt ist jedoch nicht so sehr die Kommunikation zwischen so unterschiedlichen Personen wie Crane, Steffens, Trotzki und Woodrow Wilson, sondern vielmehr die Tatsache, dass zumindest ein gewisses Maß an Übereinstimmung in Bezug auf das zu befolgende Verfahren bestand - d. h. die provisorische Regierung wurde als "provisorisch" angesehen, und die "Re-Revolution" sollte folgen.

Auf der anderen Seite sollte man bei der Interpretation von Trotzkis Absichten vorsichtig sein: Er war ein Meister des Doppelspiels. Offizielle Dokumente belegen eindeutig widersprüchliche Handlungen. So erhielt die Abteilung für fernöstliche Angelegenheiten im US-Außenministerium am 23. März 1918 zwei Berichte, die von Trotzki stammten; der eine steht im Widerspruch zum anderen. Der eine Bericht, datiert auf den 20. März und aus Moskau, stammte aus der russischen Zeitung *Russkoe Slovo*. Der Bericht zitierte ein Interview mit Trotzki, in dem dieser erklärte, dass ein Bündnis mit den Vereinigten Staaten unmöglich sei:

> *Das Sowjetrussland kann sich nicht... mit dem kapitalistischen Amerika verbünden, denn das wäre ein Verrat Es ist möglich, dass die Amerikaner eine solche Annäherung an uns suchen, getrieben von ihrem Antagonismus gegenüber Japan, aber in jedem Fall kann von einem Bündnis von uns mit einer bürgerlichen Nation, gleich welcher Art, keine Rede sein.*[28]

Der andere Bericht, der ebenfalls aus Moskau stammt, ist eine Nachricht von Botschafter Francis vom 17. März 1918, drei Tage zuvor: "Trotzki bittet um fünf amerikanische Offiziere als Inspektoren der Armee, die für die Verteidigung organisiert wird, und bittet auch um Eisenbahner und Ausrüstung."[29]

Dieses Ersuchen an die USA ist natürlich unvereinbar mit der Ablehnung eines "Bündnisses".

Bevor wir uns von Trotzki verabschieden, sollten die stalinistischen Schauprozesse der 1930er Jahre erwähnt werden, insbesondere die Anklagen und der Prozess gegen den "Antisowjetischen Block der Rechten und Trotzkisten" von 1938. Diese erzwungenen Parodien der Justiz, die im Westen fast einhellig abgelehnt werden, können Aufschluss über Trotzkis Absichten geben.

---

[28] Dezimaldatei des US-Außenministeriums, 861.00/1351.

[29] Dezimaldatei des US-Außenministeriums, 861.00/1341.

Der Kernpunkt der stalinistischen Anschuldigung war, dass Trotzkisten bezahlte Agenten des internationalen Kapitalismus waren. K. G. Rakovsky, einer der Angeklagten von 1938, sagte oder wurde dazu veranlasst, zu sagen: "Wir waren die Vorhut der ausländischen Aggression, des internationalen Faschismus, und zwar nicht nur in der UdSSR, sondern auch in Spanien, China, in der ganzen Welt." Das Resümee des "Gerichts" enthält die Aussage: "Es gibt keinen einzigen Mann auf der Welt, der so viel Leid und Unglück über die Menschen gebracht hat wie Trotzki. Er ist der schändlichste Agent des Faschismus..."[30]

Auch wenn es sich hierbei nur um verbale Beleidigungen handeln mag, die unter den internationalen Kommunisten der 1930er und 40er Jahre routinemäßig gehandelt wurden, ist es doch bemerkenswert, dass die hinter der Selbstanklage stehenden Argumente mit den in diesem Kapitel aufgeführten Beweisen übereinstimmen. Und wie wir später sehen werden, war Trotzki in der Lage, Unterstützung unter den internationalen Kapitalisten zu gewinnen, die übrigens auch Anhänger von Mussolini und Hitler waren.[31]

Solange wir alle internationalen Revolutionäre und alle internationalen Kapitalisten als unerbittliche Feinde betrachten, übersehen wir einen entscheidenden Punkt - nämlich dass es tatsächlich eine gewisse operative Zusammenarbeit zwischen den internationalen Kapitalisten, einschließlich der Faschisten, gegeben hat. Und es gibt keinen a priori Grund, warum wir Trotzki als Teil dieses Bündnisses ablehnen sollten.

Diese vorsichtige, begrenzte Neubewertung wird deutlich, wenn wir uns die Geschichte von Michael Gruzenberg ansehen, dem wichtigsten bolschewistischen Agenten in Skandinavien, der unter dem Decknamen Alexander Gumberg auch ein vertraulicher Berater der Chase National Bank in New York und später von Floyd Odium

---

[30] *Bericht über das Gerichtsverfahren im Fall des antisowjetischen "Blocks der Rechten und Trotzkisten"* vor dem Militärkollegium des Obersten Gerichts der UdSSR (Moskau: Volkskommissariat für Justiz der UdSSR, 1938), S. 293.

[31] Siehe: Thomas Lamont von den Morgans war ein früher Unterstützer von Mussolini.

der Atlas Corporation war. Diese Doppelrolle war sowohl den Sowjets als auch seinen amerikanischen Arbeitgebern bekannt und wurde von ihnen akzeptiert. Die Geschichte von Gruzenberg ist ein Fall von internationaler Revolution, die mit dem internationalen Kapitalismus verbündet ist.

Die Beobachtungen von Oberst MacLean, dass Trotzki "starken Einfluss im Untergrund" hatte und dass seine "Macht so groß war, dass Befehle erteilt wurden, dass er in jeder Hinsicht berücksichtigt werden muss", stehen keineswegs im Widerspruch zu der Intervention von Coulter-Gwatkin zugunsten Trotzkis oder zu den späteren Ereignissen, den stalinistischen Anschuldigungen in den trotzkistischen Schauprozessen der 1930er Jahre. Sie sind auch nicht unvereinbar mit dem Fall Gruzenberg. Andererseits besteht die einzige bekannte direkte Verbindung zwischen Trotzki und dem internationalen Bankwesen über seinen Cousin Abram Givatovzo, der vor der russischen Revolution in Kiew und nach der Revolution in Stockholm als Privatbankier tätig war. Obwohl Givatovzo sich zum Antibolschewismus bekannte, handelte er 1918 bei Währungstransaktionen tatsächlich im Namen der Sowjets.

Ist es möglich, dass aus diesen Ereignissen ein internationales Netz gesponnen werden kann? Da ist zunächst Trotzki, ein russischer internationalistischer Revolutionär mit deutschen Verbindungen, der zwei angebliche Unterstützer der Regierung von Fürst Lemberg in Russland (Aleinikoff und Wolf, in New York lebende Russen) zu Hilfe ruft. Diese beiden bringen einen liberalen kanadischen stellvertretenden Generalpostmeister auf den Plan, der seinerseits bei einem prominenten Generalmajor der britischen Armee im kanadischen Militärstab interveniert. Dies sind alles nachweisbare Verbindungen.

Kurz gesagt, Bündnisse sind nicht immer das, was sie genannt werden oder was sie zu sein scheinen. Wir können jedoch *vermuten*, dass Trotzki, Aleinikoff, Wolf, Coulter und Gwatkin, die für ein gemeinsames, begrenztes Ziel handelten, auch ein gemeinsames, höheres Ziel als nationale Zugehörigkeit oder ein politisches Etikett hatten. Ich möchte betonen, dass es keine absoluten Beweise dafür gibt, dass dies so ist. Es ist im Moment nur eine logische Vermutung, die sich aus den Fakten ergibt. Eine Loyalität, die höher ist als die, die durch ein gemeinsames, unmittelbares Ziel entsteht, muss nicht mehr als die der Freundschaft gewesen sein, auch wenn das die Vorstellungskraft überstrapaziert, wenn wir über eine solche polyglotte Kombination nachdenken. Sie kann auch von anderen Motiven getragen worden sein. Das Bild ist noch unvollständig.

Kapitel III

Lenin und die deutsche Hilfe für die bolschewistische Revolution

> *Erst als die Bolschewiki von uns über verschiedene Kanäle und unter verschiedenen Bezeichnungen einen stetigen Strom von Geldern erhielten, waren sie in der Lage, ihr Hauptorgan Prawda aufzubauen, eine energische Propaganda zu betreiben und die ursprünglich schmale Basis ihrer Partei spürbar zu erweitern.*
>
> Von Kühlmann, Minister für Auswärtige Angelegenheiten,
> an den kaiser, 3. Dezember 1917

Im April 1917 reisten Lenin und eine Gruppe von 32 russischen Revolutionären, zumeist Bolschewiki, mit dem Zug von der Schweiz über Deutschland und Schweden nach Petrograd in Russland. Sie waren auf dem Weg, sich Leo Trotzki anzuschließen, um "die Revolution zu vollenden". Ihr Transit durch Deutschland wurde vom deutschen Generalstab genehmigt, erleichtert und finanziert. Lenins Transit nach Russland war Teil eines vom deutschen Oberkommando genehmigten Plans, der dem Kaiser offenbar nicht sofort bekannt war, um bei der Auflösung der russischen Armee zu helfen und Russland so aus dem Ersten Weltkrieg auszuschließen. Die Möglichkeit, dass sich die Bolschewiki gegen Deutschland und Europa wenden könnten, kam dem deutschen Generalstab nicht in den Sinn. Generalmajor Hoffman hat geschrieben: *"Wir* haben die Gefahr für die Menschheit, die von den Folgen dieser Reise der Bolschewiken nach

Russland ausging, weder gekannt noch vorausgesehen."[32]

Der höchste deutsche Politiker, der Lenins Reise nach Russland genehmigte, war Reichskanzler Theobald von Bethmann-Hollweg, ein Nachkomme der Frankfurter Bankiersfamilie Bethmann, die es im 19. Jahrhundert zu großem Wohlstand gebracht hatte. Bethmann-Hollweg wurde 1909 zum Bundeskanzler ernannt und war im November 1913 Gegenstand des ersten Misstrauensvotums, das der Deutsche Reichstag jemals gegen einen Bundeskanzler aussprach. Es war Bethmann-Hollweg, der 1914 der Welt erklärte, die deutsche Garantie für Belgien sei nur ein "Fetzen Papier". In anderen Kriegsfragen - wie dem uneingeschränkten U-Boot-Krieg - war Bethmann-Hollweg jedoch zwiespältig; im Januar 1917 sagte er dem Kaiser: "Ich kann Eurer Majestät weder meine Zustimmung zum uneingeschränkten U-Boot-Krieg noch meine Ablehnung geben." 1917 hatte Bethmann-Hollweg die Unterstützung des Reichstags verloren und trat zurück - jedoch nicht, bevor er den Transit der bolschewistischen Revolutionäre nach Russland genehmigt hatte. Die Transitanweisungen von Bethmann-Hollweg gingen Anfang April 1917 über den Staatssekretär Arthur Zimmermann - der Bethmann-Hollweg unmittelbar unterstellt war und mit den deutschen Ministern in Bern und Kopenhagen die alltäglichen operativen Details regelte - an den deutschen Minister in Bern. Der Kaiser selbst erfuhr von der revolutionären Bewegung erst, nachdem Lenin in Russland eingetroffen war.

Lenin selbst kannte zwar nicht die genaue Quelle der Unterstützung, wusste aber mit Sicherheit, dass die deutsche Regierung einen Teil der Mittel bereitstellte. Es gab jedoch Zwischenverbindungen zwischen dem deutschen Außenministerium und Lenin, wie das Folgende zeigt:

LENINS ÜBERSTELLUNG NACH RUSSLAND IM APRIL 1917

Endgültige Entscheidung BETHMANN-HOLLWEG

(Bundeskanzler)

---

[32] Max Hoffman, *Kriegstagebücher und andere Aufzeichnungen* (London: M. Secker, 1929), 2:177.

Vermittler I   ARTHUR ZIMMERMANN

(Staatssekretär)

Vermittler II   BROCKDORFF-RANTZAU

(Deutscher Minister in Kopenhagen)

Vermittler III   ALEXANDER ISRAEL

HELPHAND

(alias PARVUS)

Vermittler IV   JAKOB FURSTENBERG

(alias GANETSKY)

LENIN, in der Schweiz

Von Berlin aus standen Zimmermann und Bethmann-Hollweg in Verbindung mit dem deutschen Minister in Kopenhagen, Brockdorff-Rantzau. Brockdorff-Rantzau wiederum stand in Kontakt mit Alexander Israel Helphand (besser bekannt unter seinem Decknamen Parvus), der sich in Kopenhagen befand.[33] Parvus war die Verbindung zu Jacob Furstenberg, einem Polen, der aus einer wohlhabenden Familie stammte, aber besser unter seinem Decknamen Ganetsky bekannt war. Und Jacob Furstenberg war die unmittelbare Verbindung zu Lenin.

Obwohl Reichskanzler Bethmann-Hollweg die letzte Instanz für Lenins Versetzung war und Lenin sich wahrscheinlich des deutschen Ursprungs der Unterstützung bewusst war, kann Lenin nicht als deutscher Agent bezeichnet werden. Das deutsche Auswärtige Amt bewertete Lenins wahrscheinliche Aktionen in Russland als übereinstimmend mit seinen eigenen Zielen bei der Auflösung der bestehenden Machtstruktur in Russland. Doch beide Parteien verfolgten auch versteckte Ziele: Deutschland wollte vorrangig Zugang zu den Nachkriegsmärkten in Russland, und

---

[33] Z. A. B. Zeman und W. B. Scharlau, *The Merchant of Revolution... Das Leben von Alexander Israel Helphand* (Parvus), 1867-1924 (New York: Oxford University Press, 1965).

Lenin beabsichtigte die Errichtung einer marxistischen Diktatur.

Die Idee, russische Revolutionäre auf diese Weise einzusetzen, lässt sich bis ins Jahr 1915 zurückverfolgen. Am 14. August desselben Jahres schrieb Brockdorff-Rantzau dem deutschen Staatssekretär über eine Unterredung mit Helphand (Parvus) und empfahl nachdrücklich, Helphand zu beschäftigen, *"einen* außerordentlich wichtigen Mann, dessen ungewöhnliche Kräfte wir meines Erachtens für die Dauer des Krieges einsetzen *müssen...* "[34] Der Bericht enthielt auch eine Warnung: *"Es mag vielleicht* riskant sein, die Kräfte, die sich hinter Helphand verbergen, nutzen zu wollen, aber es wäre sicherlich ein Eingeständnis unserer eigenen Schwäche, wenn wir ihre Dienste aus Angst, sie nicht *lenken* zu können, ablehnen würden."[35]

Brockdorff-Rantzaus Vorstellungen von der Lenkung oder Kontrolle der Revolutionäre weisen, wie wir noch sehen werden, Parallelen zu denen der Wall-Street-Finanziers auf. Es waren J.P. Morgan und die American International Corporation, die versuchten, sowohl inländische als auch ausländische Revolutionäre in den Vereinigten Staaten für ihre eigenen Zwecke zu kontrollieren.

In einem weiteren Dokument[36] werden die von Lenin geforderten Bedingungen dargelegt, von denen der interessanteste Punkt Nummer sieben war, der "den Einzug russischer Truppen in Indien" erlaubte; dies deutet darauf hin, dass Lenin die Absicht hatte, das zaristische Expansionsprogramm fortzusetzen. Zeman berichtet auch über die Rolle von Max Warburg bei der Gründung eines russischen Verlags und verweist auf eine Vereinbarung vom 12. August 1916, in der sich der deutsche Industrielle Stinnes bereit erklärte, zwei Millionen Rubel zur Finanzierung eines Verlags in

---

[34] Z. A. B. Zeman, *Germany and the Revolution in Russia,* 1915-1918. Documents from the Archives of the German Foreign Ministry (London: Oxford University Press, 1958).

[35] Ebd.

[36] Ebd., S. 6, Dok. 6, Bericht über ein Gespräch mit dem estnischen Vermittler Keskula.

Russland beizusteuern.[37]

So verließ am 16. April 1917 ein Zug mit zweiunddreißig Personen, darunter Lenin, seine Frau Nadeschda Krupskaja, Grigori Sinowjew, Sokolnikow und Karl Radek, den Berner Hauptbahnhof auf dem Weg nach Stockholm. Als die Gruppe die russische Grenze erreichte, wurde nur Fritz Plattan und Radek die Einreise nach Russland verweigert. Dem Rest der Gruppe wurde die Einreise gestattet. Einige Monate später folgten ihnen fast 200 Menschewiki, darunter Martow und Axelrod.

Es ist erwähnenswert, dass Trotzki, der sich damals in New York aufhielt, ebenfalls über Gelder verfügte, die auf deutsche Quellen zurückzuführen waren. Außerdem spielt von Kuhlmann darauf an, dass Lenin nicht in der Lage war, die Basis seiner bolschewistischen Partei zu verbreiten, solange die Deutschen keine Mittel bereitstellten. Trotzki war ein Menschewik, der erst 1917 zum Bolschewismus übertrat. Dies deutet darauf hin, dass die deutschen Gelder möglicherweise mit Trotzkis Wechsel der Parteibezeichnung zusammenhingen.

Die Sisson-Dokumente

Anfang 1918 kaufte Edgar Sisson, der Petrograder Vertreter des U.S. Committee on Public Information, einen Stapel russischer Dokumente, die angeblich beweisen sollten, dass Trotzki, Lenin und die anderen bolschewistischen Revolutionäre nicht nur im Sold der deutschen Regierung standen, sondern auch deren Agenten waren.

Diese Dokumente, die später als "Sisson-Dokumente" bezeichnet wurden, wurden unter großer Eile und Geheimhaltung in die Vereinigten Staaten verschifft. In Washington, D.C., wurden sie dem National Board for Historical Service zur Beglaubigung vorgelegt. Zwei prominente Historiker, J. Franklin Jameson und Samuel N. Harper, bestätigten die Echtheit der Dokumente. Diese Historiker unterteilten die Sisson-Papiere in drei Gruppen. In Bezug auf Gruppe I kamen sie zu dem Schluss:

---

[37] Ebd., S. 92, Nr. 3.

> *Wir haben sie mit großer Sorgfalt allen anwendbaren Prüfungen unterzogen, an die Geschichtsstudenten gewöhnt sind, und... auf der Grundlage dieser Untersuchungen zögern wir nicht, zu erklären, dass wir keinen Grund sehen, die Echtheit oder Authentizität dieser dreiundfünfzig Dokumente anzuzweifeln.*[38]

Die Historiker waren weniger zuversichtlich, was das Material der Gruppe II betrifft. Diese Gruppe wurde nicht als reine Fälschungen abgelehnt, aber es wurde vermutet, dass es sich um Kopien von Originaldokumenten handelt. Obwohl die Historiker zu Gruppe III "keine sichere Aussage" machten, waren sie nicht bereit, die Dokumente als reine Fälschungen abzulehnen.

Die Sisson-Dokumente wurden vom Committee on Public Information veröffentlicht, dessen Vorsitzender George Creel war, ein ehemaliger Mitarbeiter der pro-bolschewistischen *Masses*. Die amerikanische Presse akzeptierte die Dokumente im Allgemeinen als authentisch. Die bemerkenswerte Ausnahme war die *New York Evening Post, die* damals Thomas W. Lamont, einem Partner der Firma Morgan, gehörte. Als nur einige wenige Teile veröffentlicht worden waren, stellte die *Post* die Echtheit aller Dokumente von in Frage.[39]

Wir wissen heute, dass die Sisson-Dokumente fast alle Fälschungen waren: nur ein oder zwei der kleineren deutschen Rundschreiben waren echt. Selbst eine beiläufige Prüfung des deutschen Briefkopfes deutet darauf hin, dass die Fälscher ungewöhnlich nachlässig waren und vielleicht für den leichtgläubigen amerikanischen Markt arbeiteten. Der deutsche Text war durchsetzt mit Begriffen, die ans Lächerliche grenzen: z. B. *Bureau* statt des deutschen Wortes *Büro; Central* für das deutsche *Zentral;* usw.

Dass es sich bei den Dokumenten um Fälschungen handelt, ist das

---

[38] U.S., Committee on Public Information, *The German-Bolshevik Conspiracy*, War Information Series, Nr. 20, Oktober 1918.

[39] *New York Evening Post*, 16. bis 18. September, 21; 4. Oktober 1918. Interessant, aber nicht beweiskräftig, ist auch, dass die Bolschewiki die Echtheit der Dokumente ebenfalls vehement anzweifelten.

Ergebnis einer ausführlichen Studie von George Kennan[40] und von Untersuchungen, die in den 1920er Jahren von der britischen Regierung durchgeführt wurden. Einige Dokumente basierten auf authentischen Informationen, und wie Kennan bemerkt, hatten diejenigen, die sie fälschten, sicherlich Zugang zu einigen ungewöhnlich guten Informationen. In den Dokumenten 1, 54, 61 und 67 wird zum Beispiel erwähnt, dass die Nya Banken in Stockholm als Durchgangsstation für bolschewistische Gelder aus Deutschland diente. Diese Leitung wurde in zuverlässigeren Quellen bestätigt. In den Dokumenten 54, 63 und 64 wird Furstenberg als Bankvermittler zwischen den Deutschen und den Bolschewisten erwähnt; Furstenbergs Name taucht auch an anderer Stelle in authentischen Dokumenten auf. In Sissons Dokument 54 wird Olof Aschberg erwähnt, und Olof Aschberg war nach eigenen Angaben der "bolschewistische Bankier". Aschberg war 1917 der Direktor der Nya Banken. Andere Dokumente in der Sisson-Reihe nennen Namen und Institutionen wie die Deutsche Naptha-Industrie-Bank, die Disconto-Gesellschaft und Max Warburg, den Hamburger Bankier, aber harte Belege sind schwer zu finden. Im Allgemeinen beruhen die Sisson-Dokumente, obwohl sie selbst regelrechte Fälschungen sind, dennoch teilweise auf allgemein authentischen Informationen.

Ein rätselhafter Aspekt im Lichte der Geschichte in diesem Buch ist, dass die Dokumente von Alexander Gumberg (alias Berg, richtiger Name Michael Gruzenberg), dem bolschewistischen Agenten in Skandinavien und späteren vertraulichen Mitarbeiter der Chase National Bank und von Floyd Odium von der Atlas Corporation, an Edgar Sisson übermittelt wurden. Die Bolschewisten hingegen lehnten das Sisson-Material strikt ab. So auch John Reed, der amerikanische Vertreter in der Exekutive der Dritten Internationale, dessen Gehaltsscheck von der Zeitschrift *Metropolitan* stammte, die sich im Besitz von J.P. Morgan-Interessen befand.[41] Das Gleiche gilt für Thomas Lamont, den Morgan-Partner, dem die *New York*

---

[40] George F. Kennan, "The Sisson Documents", *Journal of Modern History* 27-28 (1955-56): 130-154.

[41] John Reed, *Die Sisson-Dokumente* (New York: Liberator Publishing, n.d.).

Evening Post gehörte. Es gibt mehrere mögliche Erklärungen. Wahrscheinlich waren die Verbindungen zwischen den Morgan-Interessen in New York und Agenten wie John Reed und Alexander Gumberg äußerst flexibel. *Es könnte* sich um ein Manöver von Gumberg gehandelt haben, um Sisson und Creel durch gefälschte Dokumente zu diskreditieren; vielleicht arbeitete Gumberg aber auch in seinem eigenen Interesse.

Die Sisson-Dokumente "beweisen" eine ausschließliche deutsche Beteiligung an den Bolschewiken. Sie wurden auch benutzt, um eine jüdisch-bolschewistische Verschwörungstheorie nach dem Vorbild der Protokolle von Zion zu "beweisen". 1918 wollte die US-Regierung die amerikanische Meinung hinter einem unpopulären Krieg mit Deutschland vereinen, und die Sisson-Dokumente "bewiesen" auf dramatische Weise die exklusive Komplizenschaft Deutschlands mit den Bolschewisten. Die Dokumente dienten auch dazu, die Öffentlichkeit von den Ereignissen, die in diesem Buch beschrieben werden, fernzuhalten.

Das Tauziehen in Washington[42]

Eine Durchsicht der Dokumente in der Dezimaldatei des Außenministeriums legt nahe, dass das Außenministerium und Botschafter Francis in Petrograd recht gut über die Absichten und Fortschritte der bolschewistischen Bewegung informiert waren. Im Sommer 1917 wollte das Außenministerium beispielsweise die Ausreise "schädlicher Personen" (d. h. zurückkehrender russischer Revolutionäre) aus den USA verhindern, konnte dies aber nicht tun, weil diese neue russische und amerikanische Pässe benutzten. Die Vorbereitungen für die bolschewistische Revolution selbst waren mindestens sechs Wochen vor ihrem Ausbruch gut bekannt. In einem Bericht in den Akten des Außenministeriums heißt es in Bezug auf die Kerenski-Truppen, es sei "zweifelhaft, ob die Regierung... [den Ausbruch unterdrücken kann". Den ganzen September und Oktober hindurch wurde über den Zerfall der

---

[42] Dieser Teil basiert auf Abschnitt 861.00 der Dezimaldatei des US-Außenministeriums, die auch als Rollen 10 und 11 der Mikrokopie 316 der National Archives verfügbar ist.

Kerenski-Regierung und über bolschewistische Vorbereitungen für einen Staatsstreich berichtet. Die britische Regierung warnte die in Russland lebenden Briten, Russland mindestens sechs Wochen vor der bolschewistischen Phase der Revolution zu verlassen.

Der erste vollständige Bericht über die Ereignisse von Anfang November erreichte Washington am 9. Dezember 1917. Dieser Bericht beschrieb den unauffälligen Charakter der Revolution selbst, erwähnte, dass General William V. Judson Trotzki einen nicht genehmigten Besuch abgestattet hatte, und wies auf die Anwesenheit von Deutschen in Smolny - dem sowjetischen Hauptquartier - hin.

Am 28. November 1917 ordnete Präsident Woodrow Wilson an, sich nicht in die bolschewistische Revolution einzumischen. Mit dieser Anweisung reagierte er offenbar auf ein Ersuchen von Botschafter Francis um eine Konferenz der Alliierten, der Großbritannien bereits zugestimmt hatte. Das Außenministerium argumentierte, dass eine solche Konferenz nicht durchführbar sei. In Paris fanden Gespräche zwischen den Alliierten und Colonel Edward M. House statt, die Woodrow Wilson als "lange und häufige Diskussionen über Russland" bezeichnete. In Bezug auf eine solche Konferenz erklärte House, England sei "passiv bereit", Frankreich "gleichgültig dagegen" und Italien "aktiv". Woodrow Wilson genehmigte kurz darauf ein von Außenminister Robert Lansing verfasstes Kabel, das finanzielle Unterstützung für die Kaledin-Bewegung vorsah (12. Dezember 1917). In Washington sickerten auch Gerüchte durch, dass "Monarchisten mit den Bolschewiken zusammenarbeiten und durch verschiedene Vorkommnisse und Umstände unterstützt werden"; dass die Smolny-Regierung absolut unter der Kontrolle des deutschen Generalstabs stehe; und Gerüchte an anderer Stelle, dass "viele oder die meisten von ihnen [d.h. Bolschewisten] aus Amerika kommen."

Im Dezember besuchte General Judson erneut Trotzki; dies wurde als ein Schritt in Richtung Anerkennung durch die USA betrachtet, obwohl ein Bericht von Botschafter Francis in Washington vom 5. Februar 1918 von einer Anerkennung abriet. In einem Memorandum, das von Basil Miles in Washington stammte, hieß es, dass "wir mit allen Behörden in Russland verhandeln sollten, einschließlich der Bolschewiki". Und am 15. Februar 1918 telegrafierte das Außenministerium an Botschafter Francis in Petrograd, dass "das Ministerium wünscht, dass Sie allmählich in etwas engerem und informellem Kontakt mit den bolschewistischen Behörden halten, und zwar über solche Kanäle, die jede offizielle Anerkennung vermeiden."

Am nächsten Tag übermittelte Außenminister Lansing dem französischen Botschafter J. J. Jusserand in Washington Folgendes: "Es wird als nicht ratsam erachtet, irgendeine Maßnahme zu ergreifen, die zum jetzigen Zeitpunkt irgendeinen der verschiedenen Teile des Volkes, die jetzt die Macht in Rußland kontrollieren, gegen sich aufbringt...".[43]

Am 20. Februar telegrafierte Botschafter Francis nach Washington, um das nahende Ende der bolschewistischen Regierung zu melden. Zwei Wochen später, am 7. März 1918, berichtete Arthur Bullard dem Obersten Haus, dass die Bolschewiki mit deutschen Geldern subventioniert wurden und dass diese Subventionierung umfangreicher war als bisher angenommen. Arthur Bullard (vom U.S. Committee on Public Information) argumentierte: *"Wir* sollten bereit sein, jeder ehrlichen nationalen Regierung zu helfen. Aber Männer, Geld oder Ausrüstung, die an die derzeitigen Machthaber Russlands geschickt werden, werden gegen die Russen mindestens genauso eingesetzt wie gegen die Deutschen."[44]

Es folgte eine weitere Nachricht von Bullard an Colonel House: "Ich rate dringend davon ab, der gegenwärtigen russischen Regierung materielle Hilfe zukommen zu lassen. Finstere Elemente in den Sowjets scheinen die Kontrolle zu erlangen."

Doch es waren einflussreiche Gegenkräfte am Werk. Bereits am 28. November 1917 kabelte Colonel House aus Paris an Präsident Woodrow Wilson, dass es "äußerst wichtig" sei, dass US-Zeitungskommentare, die dafür plädierten, "Russland als Feind zu behandeln", "unterdrückt" würden. Im nächsten Monat legte William Franklin Sands, Exekutivsekretär der von Morgan

---

[43] U.S. State Dept. Decimal File, 861.00/1117a. Die gleiche Botschaft wurde dem italienischen Botschafter übermittelt.

[44] Siehe Arthur Bullard Papiere an der Princeton University.

kontrollierten American International Corporation und ein Freund des bereits erwähnten Basil Miles, ein Memorandum vor, in dem Lenin und Trotzki als Appelle an die Massen beschrieben und die USA aufgefordert wurden, Russland anzuerkennen. Selbst der amerikanische Sozialist Walling beschwerte sich beim Außenministerium über die prosowjetische Haltung von George Creel (vom U.S. Committee on Public Information), Herbert Swope und William Boyce Thompson (von der Federal Reserve Bank of New York).

Am 17. Dezember 1917 erschien in einer Moskauer Zeitung ein Angriff auf Rotkreuz-Oberst Raymond Robins und Thompson, in dem eine Verbindung zwischen der russischen Revolution und amerikanischen Bankiers behauptet wurde:

> *Warum sind sie so an der Aufklärung interessiert? Warum wurde das Geld den sozialistischen Revolutionären gegeben und nicht den konstitutionellen Demokraten? Man könnte annehmen, dass letztere den Herzen der Bankiers näher und lieber sind.*

Der Artikel führt weiter aus, dass dies darauf zurückzuführen war, dass das amerikanische Kapital Russland als Zukunftsmarkt ansah und daher fest Fuß fassen wollte. Das Geld wurde den Revolutionären gegeben, weil die rückständigen Arbeiter und Bauern den Sozialrevolutionären vertrauten. Zum Zeitpunkt der Geldübergabe waren die Sozialrevolutionäre an der Macht, und man ging davon aus, dass sie in Russland noch einige Zeit an der Macht bleiben würden.

In einem weiteren Bericht vom 12. Dezember 1917, der Raymond Robins betrifft, wird über "Verhandlungen mit einer Gruppe amerikanischer Bankiers der Mission des Amerikanischen Roten Kreuzes" berichtet; bei den "Verhandlungen" ging es um eine Zahlung von zwei Millionen Dollar. Am 22. Januar 1918 richtete Robert L. Owen, Vorsitzender des Ausschusses für Bankwesen und Währung des US-Senats und mit den Interessen der Wall Street verbunden, ein Schreiben an Woodrow Wilson, in dem er die De-facto-Anerkennung Russlands, die Genehmigung für eine Schiffsladung mit in Russland dringend benötigten Gütern, die

Ernennung von Vertretern in Russland, um den deutschen Einfluss auszugleichen, und die Einrichtung einer Karrieredienstgruppe in Russland empfahl.

Dieser Ansatz wurde von Raymond Robins in Russland konsequent unterstützt. So wurde beispielsweise am 15. Februar 1918 in einem Telegramm von Robins in Petrograd an Davison vom Roten Kreuz in Washington (und zur Weiterleitung an William Boyce Thompson) gefordert, die bolschewistische Regierung so lange wie möglich zu unterstützen, und dass sich das neue revolutionäre Russland an die Vereinigten Staaten wenden werde, da es "mit dem deutschen Imperialismus gebrochen" habe. Robins zufolge wollten die Bolschewiki die Hilfe und Zusammenarbeit der Vereinigten Staaten zusammen mit der Reorganisation des Eisenbahnwesens, denn "durch großzügige Hilfe und technische Beratung bei der Reorganisation von Handel und Industrie kann Amerika den deutschen Handel während des Gleichgewichts des Krieges völlig ausschließen."

Kurz gesagt, das Tauziehen in Washington spiegelte einen Kampf zwischen den Diplomaten der alten Schule (wie Botschafter Francis) und den Beamten der unteren Ebenen des Ministeriums auf der einen Seite und Finanziers wie Robins, Thompson und Sands mit Verbündeten wie Lansing und Miles im Außenministerium und Senator Owen im Kongress auf der anderen Seite wider.

Kapitel IV

Wall Street und Weltrevolution

Worüber ihr Radikalen und wir, die wir gegenteilige Ansichten vertreten, unterschiedlicher Meinung sind, ist nicht so sehr der Zweck als vielmehr die Mittel, nicht so sehr das, was erreicht werden sollte, sondern wie es erreicht werden sollte und kann...
Otto H. Kahn, Direktor, American International Corp. und Partner, Kuhn, Loeb & Co., spricht vor der Liga/der Industrial Democracy, New York, 30. Dezember 1924

Vor dem Ersten Weltkrieg wurde die Finanz- und Unternehmensstruktur der Vereinigten Staaten von zwei Konglomeraten beherrscht: Standard Oil, das Rockefeller-Unternehmen, und der Morgan-Komplex, der Finanz- und Transportunternehmen umfasste. Die Rockefeller- und Morgan-Trust-Allianzen beherrschten nicht nur die Wall Street, sondern durch die Verflechtung der Direktorenposten fast das gesamte Wirtschaftsgefüge der Vereinigten Staaten.[45] Rockefeller-Interessen monopolisierten die Erdöl- und verwandte Industrien und kontrollierten den Kupfer-Trust, den Hütten-Trust und den gigantischen Tabak-Trust. Darüber hinaus besaßen sie Einfluss auf einige Morgan-Eigentümer wie die U.S. Steel Corporation sowie auf Hunderte kleinerer Industrie-Trusts, öffentlicher Dienstleistungsbetriebe, Eisenbahnen und Bankinstitute. Die National City Bank war die größte der von Standard Oil-Rockefeller beeinflussten Banken, aber die finanzielle Kontrolle erstreckte sich

---

[45] John Moody, *The Truth about the Trusts* (New York: Moody Publishing, 1904).

auch auf die United States Trust Company und die Hanover National Bank sowie auf große Lebensversicherungsgesellschaften - Equitable Life und Mutual of New York.

Die großen Morgan-Unternehmen waren in der Stahl-, Schifffahrts- und Elektroindustrie angesiedelt; dazu gehörten auch General Electric, der Kautschuk-Trust und die Eisenbahnen. Wie Rockefeller kontrollierte auch Morgan Finanzunternehmen - die National Bank of Commerce und die Chase National Bank, die New York Life Insurance und die Guaranty Trust Company. Die Namen J.P. Morgan und Guaranty Trust Company tauchen in diesem Buch wiederholt auf. Zu Beginn des zwanzigsten Jahrhunderts wurde die Guaranty Trust Company von den Harriman-Interessen dominiert. Als der ältere Harriman (Edward Henry) 1909 starb, kauften Morgan und seine Partner Guaranty Trust sowie Mutual Life und New York Life. Im Jahr 1919 erwarb Morgan auch die Kontrolle über Equitable Life, und die Guaranty Trust Company absorbierte sechs weitere kleinere Treuhandgesellschaften. Am Ende des Ersten Weltkriegs waren Guaranty Trust und Bankers Trust die beiden größten Treuhandgesellschaften in den Vereinigten Staaten, die beide von Morgan-Interessen beherrscht wurden.[46]

Amerikanische Finanziers, die mit diesen Gruppen verbunden sind, waren schon vor 1917 an der Finanzierung der Revolution beteiligt. Die Einmischung der Wall-Street-Anwaltskanzlei Sullivan & Cromwell in die Kontroverse um den Panamakanal ist in den Anhörungen des Kongresses von 1913 dokumentiert. Die Episode wird vom Kongressabgeordneten Rainey zusammengefasst:

Ich behaupte, dass die Vertreter dieser Regierung [der Vereinigten Staaten] die Revolution auf der Landenge von Panama ermöglicht haben. Ohne die Einmischung dieser Regierung wäre eine erfolgreiche Revolution nicht möglich gewesen, und ich behaupte, dass diese

---

[46] Die J. P. Morgan Company wurde ursprünglich 1838 in London als George Peabody and Co. gegründet. Sie wurde erst am 21. März 1940 eingetragen. Das Unternehmen hörte im April 1954 auf zu existieren, als es mit der Guaranty Trust Company, seiner damals wichtigsten Geschäftsbanktochter, fusionierte und ist heute als Morgan Guarantee Trust Company of New York bekannt.

> *Regierung den Vertrag von 1846 verletzt hat. Ich werde in der Lage sein, Beweise dafür vorzulegen, dass die Unabhängigkeitserklärung, die am 3. November 1903 in Panama verkündet wurde, hier in New York City vorbereitet und dorthin gebracht wurde - vorbereitet im Büro von Wilson (sic) Nelson Cromwell.*[47]

Der Kongressabgeordnete Rainey fuhr fort, dass nur zehn oder zwölf der führenden panamaischen Revolutionäre sowie "die Offiziere der Panama Railroad & Steamship Co, die unter der Kontrolle von William Nelson Cromwell aus New York standen, und die Beamten des Außenministeriums in Washington" von der bevorstehenden Revolution wussten.[48] Das Ziel der Revolution war es, Kolumbien, zu dem Panama damals gehörte, 40 Millionen Dollar zu entziehen und die Kontrolle über den Panamakanal zu erlangen.

Das am besten dokumentierte Beispiel für die Einmischung der Wall Street in eine Revolution ist die Tätigkeit eines New Yorker Syndikats in der chinesischen Revolution von 1912, die von Sun Yat-sen angeführt wurde. Obwohl die endgültigen Gewinne des Syndikats unklar bleiben, sind die Absichten und die Rolle der New Yorker Finanzgruppe vollständig dokumentiert, bis hin zu den Geldbeträgen, den Informationen über die angeschlossenen chinesischen Geheimgesellschaften und den Versandlisten der zu kaufenden Waffen. Zum New Yorker Bankenkonsortium für die Sun-Yat-sen-Revolution gehörte auch Charles B. Hill, ein Anwalt der Kanzlei Hunt, Hill & Betts. Im Jahr 1912 befand sich die Kanzlei in 165 Broadway, New York, aber 1917 zog sie nach 120 Broadway um (zur Bedeutung dieser Adresse siehe Kapitel acht). Charles B. Hill war Direktor mehrerer Westinghouse-Tochtergesellschaften, darunter Bryant Electric, Perkins Electric Switch und Westinghouse Lamp, die alle mit Westinghouse Electric verbunden waren, dessen New Yorker Büro sich ebenfalls am 120 Broadway befand. Charles R. Crane, Organisator von Westinghouse-Tochtergesellschaften in

---

[47] Vereinigte Staaten, Repräsentantenhaus, Ausschuss für auswärtige Angelegenheiten, *The Story of Panama*, Hearings on the Rainey Resolution, 1913. S. 53.

[48] Ebd., S. 60.

Russland, spielte eine bekannte Rolle in der ersten und zweiten Phase der bolschewistischen Revolution (siehe Seite 26).

Die Arbeit des Hill-Syndikats in China von 1910 ist in den Laurence Boothe Papers in der Hoover Institution dokumentiert.[49] Diese Papiere enthalten über 110 Dokumente, darunter Briefe von Sun Yat-sen an und von seinen amerikanischen Unterstützern. Im Gegenzug für die finanzielle Unterstützung versprach Sun Yat-sen dem Hill-Syndikat Eisenbahn-, Bank- und Handelskonzessionen im neuen revolutionären China.

Ein weiterer Fall einer von New Yorker Finanzinstituten unterstützten Revolution betraf Mexiko in den Jahren 1915-16. Von Rintelen, ein deutscher Spionageagent in den Vereinigten Staaten[50], wurde während seines Prozesses im Mai 1917 in New York City beschuldigt, versucht zu haben, die USA mit Mexiko und Japan zu "verwickeln", um Munition, die damals an die Alliierten in Europa geliefert wurde, umzuleiten.[51] Die Zahlung für die Munition, die von den Vereinigten Staaten an den mexikanischen Revolutionär Pancho Villa geliefert wurde, erfolgte über die Guaranty Trust Company. Von Rintelens Berater Sommerfeld zahlte über die Guaranty Trust und die Mississippi Valley Trust Company 380.000 Dollar an die Western Cartridge Company in Alton, Illinois, für Munition, die nach El Paso zur Weiterleitung an Villa geliefert wurde. Das war Mitte 1915. Am 10. Januar 1916 ermordete Villa siebzehn amerikanische Bergarbeiter in Santa Isabel und am 9. März 1916 überfiel Villa Columbus, New Mexico, und tötete achtzehn weitere Amerikaner.

Die Beteiligung der Wall Street an diesen Überfällen an der mexikanischen Grenze war Gegenstand eines Schreibens (6. Oktober 1916) von Lincoln Steffens, einem amerikanischen

---

[49] Stanford, Kalifornien. Siehe auch die *Los Angeles Times* vom 13. Oktober 1966.

[50] Später Mitdirektor der Nationalbank für Deutschland zusammen mit Hjalmar Schacht (Hitlers Bankier) und Emil Wittenberg.

[51] Vereinigte Staaten, Senat, Ausschuss für auswärtige Beziehungen, *Untersuchung der mexikanischen Angelegenheiten*, 1920.

Kommunisten, an Colonel House, einen Berater von Woodrow Wilson:

Mein lieber Colonel House:

> *Kurz bevor ich am vergangenen Montag New York verließ, wurde mir überzeugend mitgeteilt, dass die "Wall Street" die Vorbereitungen für einen weiteren Überfall mexikanischer Banditen auf die Vereinigten Staaten abgeschlossen hatte: Er sollte so zeitlich abgestimmt und so grausam sein, dass er die Wahlen entscheiden würde.[52]*
>
> *Nach ihrer Machtübernahme in Mexiko kaufte die Carranza-Regierung weitere Waffen in den Vereinigten Staaten. Die American Gun Company schloss einen Vertrag über die Lieferung von 5.000 Mausern ab, und die Kriegshandelsbehörde erteilte eine Liefergenehmigung für 15.000 Gewehre und 15.000.000 Schuss Munition. Der amerikanische Botschafter in Mexiko, Fletcher, "weigerte sich strikt, die Lieferung von Munition, Gewehren usw. an Carranza zu empfehlen oder zu genehmigen".[53] Durch das Eingreifen des Außenministers Robert Lansing wurde das Hindernis jedoch auf eine vorübergehende Verzögerung reduziert, und "in kurzer Zeit... wurde [der American Gun Company] erlaubt, die Lieferung vorzunehmen und auszuliefern.[54]*

Die Überfälle der Villa- und Carranza-Truppen auf die USA wurden in der *New York Times* als "Texas Revolution" (eine Art Probelauf für die bolschewistische Revolution) bezeichnet und von Deutschen und Bolschewiken gemeinsam durchgeführt. Die Aussage von John A. Walls, Staatsanwalt von Brownsville, Texas, vor dem

---

[52] Lincoln Steffens, *Die Briefe von Lincoln Steffens* (New York: Harcourt, Brace, 1941, S. 386)

[53] U.S., Senat, Ausschuss für auswärtige Beziehungen, *Untersuchung mexikanischer Angelegenheiten*, 1920, Pkt. 2, 18, S. 681.

[54] Ebd.

Herbstkomitee 1919 lieferte dokumentarische Beweise für die Verbindung zwischen bolschewistischen Interessen in den Vereinigten Staaten, deutschen Aktivitäten und den Carranza-Kräften in Mexiko.[55] Folglich war die Carranza-Regierung, die erste in der Welt mit einer Verfassung nach sowjetischem Vorbild (die von Trotzkisten geschrieben wurde), eine Regierung mit Unterstützung der Wall Street. Die Carranza-Revolution wäre ohne amerikanische Munition wahrscheinlich nicht erfolgreich gewesen, und Carranza hätte sich ohne amerikanische Hilfe nicht so lange an der Macht halten können, wie er es tat.[56]

Ein ähnliches Eingreifen in die bolschewistische Revolution in Russland 1917 dreht sich um den schwedischen Bankier und Mittelsmann Olof Aschberg. Logischerweise beginnt die Geschichte mit vorrevolutionären zaristischen Krediten durch Wall-Street-Bankensyndikate.

Amerikanische Bankiers und zaristische Kredite

Im August 1914 trat Europa in den Krieg ein. Nach internationalem Recht durften neutrale Länder (und die Vereinigten Staaten waren bis April 1917 neutral) keine Kredite für kriegführende Länder aufnehmen. Dies war nicht nur eine Frage des Rechts, sondern auch der Moral.

Als das Haus Morgan 1915 Kriegsanleihen für Großbritannien und Frankreich auflegte, argumentierte J.P. Morgan, dass es sich dabei gar nicht um Kriegsanleihen handelte, sondern lediglich um ein Mittel zur Erleichterung des internationalen Handels. Eine solche Unterscheidung war von Präsident Wilson im Oktober 1914 ausführlich dargelegt worden; er erläuterte, dass der Verkauf von Anleihen in den USA für ausländische Regierungen in Wirklichkeit ein Darlehen von Ersparnissen an kriegführende Regierungen sei und keinen Krieg finanziere. Andererseits sei die Annahme von Schatzanweisungen oder anderen Schuldscheinen als

---

55 *New York Times*, 23. Januar 1919.

56 U.S., Senat, Ausschuss für auswärtige Beziehungen, a.a.O., S. 795-96.

Zahlungsmittel für Waren nur ein Mittel zur Erleichterung des Handels und nicht zur Finanzierung von Kriegsanstrengungen.[57]

Aus Dokumenten in den Akten des Außenministeriums geht hervor, dass die von Stillman- und Rockefeller-Interessen kontrollierte National City Bank und der von Morgan-Interessen kontrollierte Guaranty Trust vor dem Eintritt der USA in den Krieg gemeinsam umfangreiche Kredite für das kriegführende Russland aufnahmen, und dass diese Kredite aufgenommen wurden, *obwohl* das Außenministerium diese Firmen darauf hinwies, dass sie gegen das Völkerrecht verstießen. Darüber hinaus wurden die Verhandlungen über die Darlehen über offizielle Kommunikationseinrichtungen der US-Regierung unter dem Deckmantel der hochrangigen "Grünen Chiffre" des Außenministeriums geführt. Nachstehend finden Sie Auszüge aus Kabeln des Außenministeriums, die den Fall verdeutlichen sollen.

Am 94. Mai 1916 sandte Botschafter Francis in Petrograd das folgende Telegramm an das Außenministerium in Washington zur Weiterleitung an Frank Arthur Vanderlip, den damaligen Vorsitzenden der National City Bank in New York. Das Telegramm wurde in Grüner Chiffre gesendet und wurde von Beamten des US-Außenministeriums in Petrograd und Washington auf Kosten der Steuerzahler ver- und entschlüsselt (Akte 861.51/110). 563, Mai 94, 13.00 Uhr

Für Vanderlip National City Bank New York. Fünf. Unsere früheren Meinungen Kredit gestärkt. Wir unterstützen den kabelgebundenen Plan als sichere Investition und sehr attraktive Spekulation in Rubel. In Anbetracht der Garantie des Wechselkurses haben wir den Kurs etwas über den gegenwärtigen Markt gesetzt. Wegen der ungünstigen Meinung, die durch die lange Verzögerung entstanden ist, haben wir auf eigene Verantwortung angeboten, fünfundzwanzig Millionen Dollar zu nehmen. Wir sind der Meinung, dass ein

---

[57] U.S., Senat, Hearings Before the Special Committee Investigating the Munitions Industry, 73-74th Cong., 1934-37, pt. 25, p. 76-66.

grosser Teil der Summe von der Bank und den verbündeten Institutionen einbehalten werden sollte. Mit dieser Klausel werden die Zollanleihen zu einem praktischen Pfandrecht auf mehr als hundertfünfzig Millionen Dollar pro Jahr, was eine absolute Sicherheit darstellt und den Markt auch bei Mängeln sichert. Wir halten drei [Jahre?] Option auf Anleihen für sehr wertvoll und aus diesem Grund sollte der Betrag des Rubelkredits durch die Gruppe oder durch Verteilung an enge Freunde erweitert werden. American International sollte den Block übernehmen und wir würden die Regierung informieren. Ich denke, es sollte sofort eine Gruppe gebildet werden, die Anleihen aufnimmt und ausgibt... sie sollte sich die volle Kooperationsgarantie sichern. Schlage vor, Jack persönlich zu treffen, alle Anstrengungen zu unternehmen, damit sie wirklich arbeiten, andernfalls Kooperationsgarantie, neue Gruppe bilden. Die Chancen sind hier in den nächsten zehn Jahren sehr groß, was die staatliche und industrielle Finanzierung angeht, und wenn diese Transaktion zustande kommt, sollte sie zweifellos etabliert werden. Bei der Beantwortung denken Sie an die Situation bezüglich des Kabels.

MacRoberts Rich.

FRANCIS, AMERIKANISCHER BOTSCHAFTER[58]

Um die folgende Geschichte zu verstehen, muss man einige Punkte in dem obigen Kabel beachten. Erstens: Beachten Sie den Verweis auf die American International Corporation, ein Unternehmen von Morgan, ein Name, der in dieser Geschichte immer wieder auftaucht. Zweitens: "Garantie" bezieht sich auf die Guaranty Trust Company. Drittens, *"MacRoberts"* war Samuel MacRoberts, ein Vizepräsident und Geschäftsführer der National City Bank.

Am 24. Mai 1916 kabelte Botschafter Francis eine Nachricht von Rolph Marsh von Guaranty Trust in Petrograd an Guaranty Trust in New York, wiederum in der speziellen Grünen Chiffre und

---

[58] Dezimaldatei des US-Außenministeriums, 861.51/110 (316-116-682).

wiederum unter Verwendung der Einrichtungen des Außenministeriums. Dieses Telegramm lautet wie folgt:

565, 24. Mai, 18.00 Uhr.

für die Guaranty Trust Company New York: Drei.

> *Olof und ich sind der Meinung, dass der neue Vorschlag Olof hilft und Ihrem Ansehen eher nützt als schadet. Die Situation macht eine solche Zusammenarbeit notwendig, wenn hier große Dinge erreicht werden sollen. Drängen Sie dringend darauf, dass Sie sich mit der Stadt arrangieren, um bei allen großen Vorschlägen hier gemeinsam zu handeln. Entschiedene Vorteile für beide und verhindert das Ausspielen des einen gegen den anderen. Die Vertreter der Stadt wünschen sich (handschriftlich) eine solche Zusammenarbeit. Der Vorschlag, der in Erwägung gezogen wird, eliminiert auch die Option unseres Namenskredits, aber wir beide betrachten den Rubelkredit mit der Anleiheoption in den Vorschlägen. Der zweite Absatz bietet eine wunderbare, gewinnbringende Gelegenheit, ich bitte Sie dringend um Annahme. Bitte erteilen Sie mir die volle Handlungsvollmacht in Bezug auf die Stadt. Betrachten Sie unseren unterhaltsamen Vorschlag als eine für uns zufriedenstellende Situation, die uns erlaubt, große Dinge zu tun. Ich bitte Sie nochmals eindringlich, einen Kredit von fünfundzwanzig Millionen Rubel aufzunehmen. Keine Möglichkeit des Verlustes und entschiedene spekulative Vorteile. Dränge erneut darauf, den Vizepräsidenten vor Ort zu haben. Die Wirkung wird hier ausgesprochen gut sein. Der Resident Attorney hat nicht das gleiche Prestige und Gewicht. Dies geht durch die Botschaft per Code-Antwort auf die gleiche Weise. Siehe Kabel über Möglichkeiten.*

ROLPH MARSH. FRANCIS, AMERIKANISCHER BOTSCHAFTER

Anmerkung:-Entliche Nachricht in grüner Chiffre.

TELEGRAPHENZIMMER[59]

"Olof" in dem Telegramm war Olof Aschberg, schwedischer Bankier und Leiter der Nya Banken in Stockholm. Aschberg war 1915 in New York gewesen, um sich mit der Firma Morgan über diese russischen Kredite zu beraten. Jetzt, 1916, war er in Petrograd mit Rolph Marsh von Guaranty Trust und Samuel MacRoberts und Rich von der National City Bank (City" im Telegrammstil) und vermittelte Kredite für ein Morgan-Rockefeller-Konsortium. Im folgenden Jahr wurde Aschberg, wie wir später sehen werden, als "bolschewistischer Bankier" bekannt, und seine eigenen Memoiren belegen, dass er diesen Titel zu Recht trug.

Die Akten des Außenministeriums enthalten auch eine Reihe von Telegrammen zwischen Botschafter Francis, dem amtierenden Außenminister Frank Polk und Außenminister Robert Lansing über die Rechtmäßigkeit und Angemessenheit der Übermittlung von Telegrammen der National City Bank und des Guaranty Trust auf öffentliche Kosten. Am 25. Mai 1916 telegrafierte Botschafter Francis nach Washington und bezog sich dabei auf die beiden vorangegangenen Telegramme:

569, 25. Mai, 13.00 Uhr.

> *Meine Telegramme 563 und 565 vom vierundzwanzigsten Mai sind für die örtlichen Vertreter der angesprochenen Institutionen bestimmt, in der Hoffnung, ein Darlehen zustande zu bringen, das den internationalen Handel erheblich steigern und den [diplomatischen Beziehungen?] großen Nutzen bringen würde. Die Aussichten auf Erfolg sind vielversprechend. Die Vertreter Petrograds halten die unterbreiteten Bedingungen für sehr zufriedenstellend, befürchten aber, dass solche Darstellungen bei ihren Institutionen den Abschluss des Kredits verhindern würden, wenn die Regierung hier von diesen Vorschlägen erfährt.*

---

[59] Dezimaldatei des US-Außenministeriums, 861.51/112.

FRANCIS, AMERIKANISCHER BOTSCHAFTER.[60]

Der Hauptgrund, den Francis für die Erleichterung der Kabel anführt, ist "die Hoffnung, einen Kredit abzuschließen, der den internationalen Handel erheblich steigern würde." Die Übermittlung von Handelsnachrichten über die Einrichtungen des Außenministeriums war verboten worden, und am 1. Juni 1916 kabelte Polk an Francis:

842

> *In Anbetracht der Vorschrift des Ministeriums, die in seiner telegrafischen Rundverfügung vom 15. März enthalten ist (Einstellung der Weiterleitung von Handelsnachrichten)[61] 1915, erklären Sie bitte, warum die Nachrichten in Ihren 563, 565 und 575 übermittelt werden sollen.*

Bitte befolgen Sie im Folgenden genau die Anweisungen des Ministeriums.

Schauspielerei. Polk

861.51/112/110

Am 8. Juni 1916 erweiterte Staatssekretär Lansing das Verbot und stellte klar, dass die vorgeschlagenen Darlehen illegal waren:

> *860 Ihre 563, 565, 24. Mai, g: 569 25. Mai.1 pm Bevor ich Nachrichten an Vanderlip und die Guaranty Trust Company übermittle, muss ich mich erkundigen, ob sie sich auf Darlehen der russischen Regierung in irgendeiner Form beziehen. Sollte dies der Fall sein, bedauere ich, dass sich das Ministerium nicht an der Übermittlung beteiligen kann, da es sich dadurch berechtigter Kritik wegen der Beteiligung dieser Regierung an Kreditgeschäften eines Kriegführenden*

---

[60] Dezimaldatei des US-Außenministeriums, 861.51/111.

[61] Handschriftlich in Klammern.

> *zum Zwecke der Durchführung seiner feindlichen Operationen aussetzen würde. Eine solche Beteiligung verstößt gegen die anerkannte Regel des Völkerrechts, wonach neutrale Regierungen die Aufnahme von Kriegsanleihen durch kriegführende Parteien nicht unterstützen sollten.*

Die letzte Zeile des Lansing-Telegramms wurde in der vorliegenden Form nicht nach Petrograd übermittelt. Die Zeile lautete: "Können keine Vorkehrungen getroffen werden, um diese Nachrichten über russische Kanäle zu senden?"

Wie können wir diese Kabel und die beteiligten Parteien beurteilen?

Die Morgan-Rockefeller-Interessen waren eindeutig nicht daran interessiert, das Völkerrecht einzuhalten. Aus diesen Kabeln geht eindeutig die Absicht hervor, Kredite an Kriegsparteien zu vergeben. Diese Firmen zögerten nicht, die Einrichtungen des Außenministeriums für die Verhandlungen zu nutzen. Außerdem ließ das Außenministerium die Nachrichten trotz der Proteste durchgehen. Schließlich, und das ist für die späteren Ereignisse besonders interessant, war Olof Aschberg, der schwedische Bankier, ein prominenter Teilnehmer und Vermittler bei den Verhandlungen im Namen von Guaranty Trust. Werfen wir also einen genaueren Blick auf Olof Aschberg.

Olof Aschberg in New York, 1916

Olof Aschberg, der "bolschewistische Bankier" (oder "Bankier der Weltrevolution", wie er in der deutschen Presse genannt wurde), war Eigentümer der Nya Banken, die 1912 in Stockholm gegründet wurde. Zu seinen Mitdirektoren gehörten prominente Mitglieder schwedischer Genossenschaften und schwedische Sozialisten, darunter G. W. Dahl, K. G. Rosling und C. Gerhard Magnusson.[62]

---

[62] Olof Aschberg, *En Vandrande Jude Frän Glasbruksgatan* (Stockholm: Albert Bonniers Förlag, o.J.), S. 98-99, das in *Memoarer* (Stockholm: Albert

1918 wurde die Nya Banken wegen ihrer Finanzgeschäfte für Deutschland auf die schwarze Liste der Alliierten gesetzt. Als Reaktion auf die schwarze Liste änderte die Nya Banken ihren Namen in Svensk Ekonomiebolaget. Die Bank blieb unter der Kontrolle von Aschberg und befand sich hauptsächlich in seinem Besitz. Die Londoner Vertretung der Bank war die British Bank of North Commerce, deren Vorsitzender Earl Grey war, ein ehemaliger Mitarbeiter von Cecil Rhodes. Zu Aschbergs interessantem Kreis von Geschäftspartnern gehörten auch Krassin, der bis zur bolschewistischen Revolution (als er die Farbe wechselte und sich als führender Bolschewik entpuppte) russischer Manager von Siemens-Schukert in Petrograd war, Carl Furstenberg, Finanzminister in der ersten bolschewistischen Regierung, und Max May, Vizepräsident mit Zuständigkeit für Auslandsgeschäfte bei Guaranty Trust of New York. Olof Aschberg schätzte Max May so sehr, dass ein Foto von ihm in Aschbergs Buch abgebildet ist.[63]

Im Sommer 1916 hielt sich Olof Aschberg in New York auf und vertrat sowohl die Nya Banken als auch Pierre Bark, den zaristischen Finanzminister. Laut der *New York Times* (4. August 1916) bestand Aschbergs Hauptaufgabe in New York darin, mit einem amerikanischen Bankenkonsortium unter der Leitung von Stillmans National City Bank einen Kredit über 50 Millionen Dollar für Russland auszuhandeln. Dieses Geschäft wurde am 5. Juni 1916 abgeschlossen; das Ergebnis war ein russischer Kredit von 50 Millionen Dollar in New York zu einer Bankgebühr von 7 1/2 Prozent pro Jahr und ein entsprechender 150-Millionen-Rubel-Kredit für das NZB-Konsortium in Russland. Das New Yorker Syndikat kehrte dann um und emittierte in eigenem Namen auf dem US-Markt 6 1/2-prozentige Zertifikate in Höhe von 50 Mio. USD. Auf diese Weise erzielte das NZB-Konsortium einen Gewinn aus dem 50-Millionen-Dollar-Darlehen an Russland, brachte es mit einem weiteren Gewinn auf dem amerikanischen Markt an die Börse und erhielt einen 150-Millionen-Rubel-Kredit in Russland.

Bonniers Förlag, 1946) enthalten ist. Siehe auch Gästboken (Stockholm: Tidens Förlag, 1955) für weiteres Material über Aschberg.

[63] Aschberg, S. 123.

Während seines Besuchs in New York im Namen der zaristischen russischen Regierung machte Aschberg einige prophetische Bemerkungen über die Zukunft Amerikas in Russland:

Die Öffnung für amerikanisches Kapital und die amerikanische Initiative wird mit dem Erwachen, das der Krieg mit sich bringt, landesweit sein, wenn der Kampf vorbei ist. Es gibt jetzt viele Amerikaner in Petrograd, Vertreter von Geschäftsfirmen, die mit der Situation in Verbindung stehen, und sobald die Veränderung kommt, sollte ein großer amerikanischer Handel mit Russland entstehen.[64]

Olof Aschberg in der bolschewistischen Revolution

Während dieses zaristische Kreditgeschäft in New York abgewickelt wurde, leiteten Nya Banken und Olof Aschberg Gelder der deutschen Regierung an russische Revolutionäre weiter, die schließlich das "Kerenski-Komitee" stürzen und das bolschewistische Regime errichten sollten.

Die Beweise für Olof Aschbergs enge Verbindung zur Finanzierung der bolschewistischen Revolution stammen aus mehreren Quellen, von denen einige wertvoller sind als andere. Die Nya Banken und Olof Aschberg werden in den Sisson-Papieren (siehe Kapitel drei) an prominenter Stelle zitiert; George Kennan hat jedoch diese Papiere systematisch analysiert und sie als Fälschungen entlarvt, obwohl sie wahrscheinlich zum Teil auf authentischem Material beruhen. Andere Beweise stammen von Oberst B. V. Nikitine, dem Leiter der Spionageabwehr in der Kerenski-Regierung, und bestehen aus neunundzwanzig Telegrammen, die von Stockholm nach Petrograd und umgekehrt übermittelt wurden und die Finanzierung der Bolschewiki betreffen. Drei dieser Telegramme beziehen sich auf Banken - die Telegramme 10 und 11 beziehen sich auf die Nya Banken, und Telegramm 14 bezieht sich auf die Russo-Asiatische Bank in Petrograd. Telegramm 10 lautet wie folgt:

Gisa Furstenberg Saltsjobaden. Fonds sehr niedrig kann

---

[64] *New York Times*, 4. August 1916.

> *nicht helfen, wenn wirklich dringend geben 500 als letzte Zahlung Bleistifte großen Verlust ursprünglichen hoffnungslos anweisen Nya Banken Kabel weitere 100 Tausend Sumenson.*

Telegramm 11 lautet:

> *Kozlovsky Sergievskaya 81. Erste Briefe erhalten Nya Banken telegraphierte Kabel, die Soloman bietet lokale telegraphische Agentur bezieht sich auf Bronck Savelievich Avilov.*

Fürstenberg war der Vermittler zwischen Parvus (Alexander I. Helphand) und der deutschen Regierung. Über diese Überweisungen kommt Michael Futrell zu dem Schluss:

> *Es wurde aufgedeckt, dass sie [Evegeniya Sumenson] in den letzten Monaten fast eine Million Rubel von Furstenberg über die Nya Banken in Stockholm erhalten hatte, und dass dieses Geld aus deutschen Quellen stammte.[65]*

Telegramm 14 der Nikitine-Serie lautet: "Furstenberg Saltsjöbaden. Nummer 90 Periode hunderttausend in Russo-Asiatische Sumenson." Der US-Vertreter für Russo-Asiatic war die MacGregor Grant Company in 120 Broadway, New York City, und wurde die Bank von Guaranty Trust in den USA und Nya Banken in Schweden finanziert.

Eine weitere Erwähnung der Nya Banken findet sich in dem Material "The Charges Against the Bolsheviks", das in der Kerenski-Periode veröffentlicht wurde. Besonders erwähnenswert in diesem Material ist ein von Gregory Alexinsky, einem ehemaligen Mitglied der Zweiten Staatsduma, unterzeichnetes Dokument, das sich auf Geldtransfers an die Bolschewiki bezieht.

---

[65] Michael Futrell, *Northern Underground* (London: Faber and Faber, 1963), S. 162.

Das Dokument lautet auszugsweise wie folgt:

> *Nach den soeben erhaltenen Informationen waren diese Vertrauenspersonen in Stockholm: der Bolschewik Jacob Furstenberg, besser bekannt unter dem Namen "Hanecki" (Ganetskii), und Parvus (Dr. Helfand); in Petrograd: der bolschewistische Rechtsanwalt M. U. Kozlovsky, eine weibliche Verwandte von Hanecki - Sumenson, die zusammen mit Hanecki spekuliert, und andere. Kozlovsky ist der Hauptempfänger des deutschen Geldes, das von Berlin über die "Disconto-Gesellschaft" zur Stockholmer "Via-Bank" und von dort zur Sibirischen Bank in Petrograd transferiert wird, wo sein Konto zur Zeit einen Saldo von über 2.000.000 Rubel aufweist. Die Militärzensur hat einen ununterbrochenen Austausch von Telegrammen politischer und finanzieller Natur zwischen den deutschen Agenten und der bolschewistischen Führung [Stockholm-Petrograd] aufgedeckt.[66]*

Darüber hinaus gibt es in den Akten des Außenministeriums eine grüne Chiffre-Nachricht der US-Botschaft in Christiania (1925 in Oslo umbenannt), Norwegen, vom 21. Februar 1918, in der es heißt: "Bin informiert, dass bolschewistische Gelder in Nya Banken, Stockholm, Legation Stockholm, deponiert sind. Schmedeman."[67]

Michael Furtell schließlich, der Olof Aschberg kurz vor seinem Tod interviewte, kommt zu dem Schluss, dass die bolschewistischen Gelder tatsächlich von Deutschland aus über die Nya Banken und Jacob Furstenberg unter dem Deckmantel der Bezahlung von Warenlieferungen an überwiesen wurden. Futrell zufolge bestätigte Aschberg ihm, dass Furstenberg ein Handelsgeschäft mit der Nya Banken hatte und dass Furstenberg auch Gelder nach Petrograd geschickt hatte. Diese Aussagen sind in Aschbergs Memoiren

---

[66] Siehe Robert Paul Browder und Alexander F. Kerenski, *The Russian Provisional government, 1917* (Stanford, Kalifornien: Stanford University Perss, 1961), 3: 1365. Mit "Via Bank" ist offensichtlich Nya Banken gemeint.

[67] U.S. State Dept. Decimal File, 861.00/1130.

beglaubigt (siehe Seite 70). Zusammenfassend lässt sich sagen, dass Aschberg über seine Nya Banken zweifellos ein Kanal für Gelder war, die in der bolschewistischen Revolution verwendet wurden, und dass Guaranty Trust durch seine Verbindung zu Aschberg und seine Beteiligung an MacGregor Grant Co. in New York, dem Agenten der Russo-Asiatic Bank, einem weiteren Transfervehikel, indirekt damit verbunden war.

NYA Banken und Guaranty Trust schließen sich der Ruskombank an

Einige Jahre später, im Herbst 1922, gründeten die Sowjets ihre erste internationale Bank. Sie basierte auf einem Konsortium, an dem die früheren russischen Privatbankiers und einige neue Investoren aus Deutschland, Schweden, den USA und Großbritannien beteiligt waren. Unter dem Namen Ruskombank (Foreign Commercial Bank oder Bank of Foreign Commerce) wurde sie von Olof Aschberg geleitet; ihr Vorstand bestand aus zaristischen Privatbankiers, Vertretern deutscher, schwedischer und amerikanischer Banken und natürlich Vertretern der Sowjetunion. Die US-Gesandtschaft in Stockholm berichtete Washington über diese Frage und stellte in Bezug auf Aschberg fest, dass "sein Ruf schlecht ist". Er wurde in Dokument 54 der Sisson-Dokumente und in der Depesche Nr. 138 vom 4. Januar 1921 von einer Gesandtschaft in Kopenhagen erwähnt."[68]

---

[68] Dezimaldatei des US-Außenministeriums, 861.516/129, 28. August 1922. In einem Bericht des State Dept. aus Stockholm vom 9. Oktober 1922 (861.516/137) heißt es in Bezug auf Aschberg: "Ich habe Herrn Aschberg vor einigen Wochen getroffen, und in dem Gespräch mit ihm hat er im Wesentlichen alles gesagt, was in diesem Bericht steht. Er bat mich auch, mich zu erkundigen, ob er die Vereinigten Staaten besuchen könne, und nannte mir einige der wichtigsten Banken als Referenzen. In diesem Zusammenhang möchte ich jedoch die Aufmerksamkeit des Ministeriums auf das Dokument 54 der Sisson-Dokumente und auch auf viele andere Depeschen lenken, die diese Gesandtschaft während des Krieges über diesen Mann geschrieben hat, dessen Ruf und Ansehen nicht gut ist. Er arbeitet zweifellos eng mit den Sowjets zusammen, und während des gesamten Krieges stand er in enger Zusammenarbeit mit den Deutschen" (U.S. State Dept. Decimal File,

Das an der Ruskombank beteiligte ausländische Bankenkonsortium bestand hauptsächlich aus britischem Kapital. Dazu gehörte auch die Russo-Asiatic Consolidated Limited, die zu den größten privaten Gläubigern Russlands gehörte und von den Sowjets 3 Millionen Pfund als Entschädigung für die durch die Verstaatlichung ihres Eigentums in der Sowjetunion entstandenen Schäden erhalten hatte. Die britische Regierung selbst hatte bereits beträchtliche Anteile an den russischen Privatbanken erworben; in einem Bericht des Außenministeriums heißt es: "Die britische Regierung ist stark in das betreffende Konsortium investiert."[69]

Das Konsortium erhielt umfangreiche Konzessionen in Russland und die Bank verfügte über ein Aktienkapital von zehn Millionen Goldrubel. In einem Bericht der dänischen Zeitung *"National Titende"* heißt es, dass "Möglichkeiten für eine Zusammenarbeit mit der sowjetischen Regierung geschaffen wurden, die auf dem Wege politischer Verhandlungen nicht möglich gewesen wären."[70] Mit anderen Worten, so die Zeitung weiter, sei es den Politikern nicht gelungen, eine Zusammenarbeit mit den Sowjets zu erreichen, aber "man kann davon ausgehen, dass die kapitalistische Ausbeutung Russlands konkretere Formen anzunehmen beginnt."[71]

Anfang Oktober 1922 traf Olof Aschberg in Berlin mit Emil Wittenberg, dem Direktor der Nationalbank für Deutschland, und Scheinmann, dem Leiter der russischen Staatsbank, zusammen. Nach Gesprächen über die deutsche Beteiligung an der Ruskombank fuhren die drei Bankiers nach Stockholm und trafen dort mit Max May, dem Vizepräsidenten der Guaranty Trust Company, zusammen. Max May wurde daraufhin zum Direktor der Auslandsabteilung der Ruskombank ernannt, zusammen mit Schlesinger, dem ehemaligen Leiter der Moskauer Handelsbank, Kalaschkin, dem ehemaligen Leiter der Junker-Bank, und

---

861.516/137, Stockholm, 9. Oktober 1922. Der Bericht wurde von Ira N. Morris unterzeichnet).

[69] Ebd. 861.516/130, 13. September 1922.

[70] Ebd.

[71] Ebd.

Ternoffsky, dem ehemaligen Leiter der Sibirischen Bank. Die letztgenannte Bank war 1918 teilweise von der britischen Regierung aufgekauft worden. Professor Gustav Cassell aus Schweden erklärte sich bereit, als Berater der Ruskombank zu fungieren. Cassell wurde in einer schwedischen Zeitung *(Svenskadagbladet* vom 17. Oktober 1922) wie folgt zitiert:

> *Daß nun in Rußland eine Bank gegründet wurde, die sich um reine Bankangelegenheiten kümmert, ist ein großer Fortschritt, und ich habe den Eindruck, daß diese Bank gegründet wurde, um etwas für die Schaffung eines neuen Wirtschaftslebens in Rußland zu tun. Was Rußland braucht, ist eine Bank, die den Binnen- und Außenhandel fördert. Wenn es irgendwelche Geschäfte zwischen Russland und anderen Ländern geben soll, muss es eine Bank geben, die diese Geschäfte abwickelt. Dieser Schritt nach vorn sollte in jeder Hinsicht von anderen Ländern unterstützt werden, und als ich um meinen Rat gefragt wurde, erklärte ich, dass ich bereit sei, ihn zu geben. Ich bin nicht für eine negative Politik und glaube, dass jede Gelegenheit ergriffen werden sollte, um bei einem positiven Wiederaufbau zu helfen. Die große Frage ist, wie der russische Devisenmarkt wieder normalisiert werden kann. Das ist eine komplizierte Frage, die eine gründliche Untersuchung erfordert. Um dieses Problem zu lösen, bin ich natürlich mehr als bereit, mich an der Arbeit zu beteiligen. Es wäre töricht, Rußland seinen eigenen Ressourcen und seinem eigenen Schicksal zu überlassen.[72]*

Das ehemalige Gebäude der Sibirischen Bank in Petrograd diente als Hauptsitz der Ruskombank, deren Ziel es war, kurzfristige Kredite im Ausland aufzunehmen, ausländisches Kapital in die Sowjetunion zu bringen und allgemein den russischen Überseehandel zu erleichtern. Sie wurde am 1. Dezember 1922 in Moskau eröffnet und beschäftigte etwa 300 Mitarbeiter.

---

[72] Ebd., 861.516/140, Stockholm, 23. Oktober 1922.

In Schweden wurde die Ruskombank durch die Svenska Ekonomibolaget in Stockholm, Olof Aschbergs Nya Banken unter neuem Namen, und in Deutschland durch die Garantie und Creditbank für den Osten in Berlin vertreten. In den Vereinigten Staaten wurde die Bank von der Guaranty Trust Company of New York vertreten. Olof Aschberg kommentierte die Eröffnung der Bank wie folgt:

> *Die neue Bank wird sich um den Einkauf von Maschinen und Rohstoffen aus England und den Vereinigten Staaten kümmern und Garantien für die Erfüllung von Verträgen geben. Die Frage der Käufe in Schweden hat sich noch nicht gestellt, aber man hofft, dass dies später der Fall sein wird.[73]*

Bei seinem Eintritt in die Ruskombank gab Max May von Guaranty Trust eine ähnliche Erklärung ab:

> *Die Vereinigten Staaten, die ein reiches Land mit einer gut entwickelten Industrie sind, brauchen nichts aus dem Ausland zu importieren, aber... sie sind sehr daran interessiert, ihre Produkte in andere Länder zu exportieren, und betrachten Russland als den geeignetsten Markt für diesen Zweck, wenn man die umfangreichen Bedürfnisse Russlands in allen Bereichen seines Wirtschaftslebens berücksichtigt.[74]*

May erklärte, dass die Russische Handelsbank "sehr wichtig" sei und dass sie "weitgehend alle Bereiche der russischen Industrie finanzieren" werde.

Von Anfang an war die Tätigkeit der Ruskombank durch das sowjetische Außenhandelsmonopol eingeschränkt. Die Bank hatte Schwierigkeiten, Vorschüsse für im Ausland deponierte russische Waren zu erhalten. Da die Überweisungen im Namen der

---

[73] Ebd., 861.516/147, 8. Dezember 1922.

[74] Ebd., 861.516/144, 18. November 1922.

sowjetischen Handelsdelegationen erfolgten, wurde ein großer Teil der Mittel der Ruskombank in Einlagen bei der Russischen Staatsbank gebunden. Anfang 1924 schließlich wurde die Russische Handelsbank mit dem sowjetischen Außenhandelskommissariat fusioniert, und Olof Aschberg wurde von seinem Posten bei der Bank entlassen, weil er, wie man in Moskau behauptete, Bankgelder missbraucht hatte. Ursprünglich war er mit der Bank durch seine Freundschaft mit Maxim Litwinow verbunden. Durch diese Verbindung, so heißt es in einem Bericht des Außenministeriums, hatte Olof Aschberg Zugang zu großen Geldsummen, um die Zahlungen für von den Sowjets in Europa bestellte Waren zu leisten:

> *Diese Beträge wurden offenbar bei der Ekonomibolaget, einer privaten Bankgesellschaft, die Herrn Aschberg gehört, angelegt. Es wird nun behauptet [sic], dass ein großer Teil dieser Gelder von Herrn Aschberg für Investitionen auf seine persönliche Rechnung verwendet wurde und dass er nun versucht, seine Position in der Bank durch den Besitz dieses Geldes zu erhalten. Meinem Informanten zufolge hat Herr Aschberg nicht allein von seinen Geschäften mit den sowjetischen Geldern profitiert, sondern hat die Gewinne mit denjenigen geteilt, die für seine Ernennung in der Russischen Handelsbank verantwortlich sind, darunter Litvinoff.*[75]

Ruskombank wurde dann zu Vneshtorg, unter dem sie heute bekannt ist.

Wir müssen nun unsere Schritte zurückverfolgen und uns die Aktivitäten von Aschbergs New Yorker Partner, der Guaranty Trust Company, während des Ersten Weltkriegs ansehen, um die Grundlage für die Untersuchung ihrer Rolle in der revolutionären Ära in Russland zu schaffen.

---

[75] Ebd., 861.316/197, Stockholm, 7. März 1924.

Guaranty Trust und deutsche Spionage in den Vereinigten Staaten, 1914-1917[76]

Während des Ersten Weltkriegs sammelte Deutschland in New York beträchtliche Mittel für Spionage und verdeckte Operationen in Nord- und Südamerika. Es ist wichtig, den Fluss dieser Gelder aufzuzeichnen, da sie von denselben Firmen - Guaranty Trust und American International Corporation - stammen, die an der bolschewistischen Revolution und ihren Folgen beteiligt waren. Ganz zu schweigen von der Tatsache (die in Kapitel drei beschrieben wird), dass die deutsche Regierung auch Lenins revolutionäre Aktivitäten finanzierte.

Eine Zusammenfassung der von amerikanischen Banken an deutsche Interessen im Ersten Weltkrieg gewährten Kredite wurde dem Overman-Ausschuss des US-Senats 1919 vom US-Militärgeheimdienst vorgelegt. Die Zusammenfassung basierte auf der Aussage von Karl Heynen, der im April 1915 in die Vereinigten Staaten kam, um Dr. Albert bei den kommerziellen und finanziellen Angelegenheiten der deutschen Regierung zu unterstützen ( ). Heynens offizielle Aufgabe war der Transport von Waren aus den Vereinigten Staaten nach Deutschland über Schweden, die Schweiz und Holland. In Wirklichkeit steckte er bis zu den Ohren in verdeckten Operationen.

Die wichtigsten deutschen Kredite, die zwischen 1915 und 1918 in den Vereinigten Staaten aufgenommen wurden, waren laut Heynen die folgenden: Das erste Darlehen in Höhe von 400.000 Dollar wurde etwa im September 1914 von den Investmentbankern Kuhn, Loeb & Co. gewährt. Sicherheiten in Höhe von 25 Millionen Mark wurden bei Max M. Warburg in Hamburg, der deutschen Tochtergesellschaft von Kuhn, Loeb & Co. hinterlegt. Captain George B. Lester vom US-Militärnachrichtendienst berichtete dem Senat, dass Heynen auf die Frage "Warum sind Sie zu Kuhn, Loeb

---

[76] Dieser Abschnitt basiert auf den Anhörungen des Overman-Ausschusses, U.S., Senat, *Brewing and Liquor Interests and German and Bolshevik Propaganda*, Hearings before the Subcommittee on the Judiciary, 65th Cong., 1919, 2:2154-74.

& Co. gegangen?" geantwortet habe: "Kuhn, Loeb & Co. betrachteten wir als die natürlichen Bankiers der deutschen Regierung und der Reichsbank."

Das zweite Darlehen in Höhe von 1,3 Millionen Dollar kam nicht direkt aus den Vereinigten Staaten, sondern wurde von John Simon, einem Vertreter der Süddeutschen Disconto-Gesellschaft, ausgehandelt, um Mittel für die Lieferungen nach Deutschland zu sichern.

Das dritte Darlehen wurde von der Chase National Bank (im Morgan-Konzern) in Höhe von drei Millionen Dollar gewährt. Das vierte Darlehen wurde von der Mechanics and Metals National Bank in Höhe von einer Million Dollar gewährt. Mit diesen Krediten wurden deutsche Spionageaktivitäten in den Vereinigten Staaten und Mexiko finanziert. Ein Teil der Gelder wurde zu Sommerfeld zurückverfolgt, der ein Berater von von Rintelen (einem weiteren deutschen Spionageagenten) war und später mit Hjalmar Schacht und Emil Wittenberg in Verbindung stand. Sommerfeld sollte Munition für den Einsatz in Mexiko kaufen. Er besaß ein Konto bei der Guaranty Trust Company, von dem aus Zahlungen an die Western Cartridge Co. in Alton, Illinois, für Munition geleistet wurden, die nach El Paso verschifft wurde, um in Mexiko von Pancho Villas Banditen verwendet zu werden. Etwa 400.000 Dollar wurden für Munition, mexikanische Propaganda und ähnliche Aktivitäten ausgegeben.

Der damalige deutsche Botschafter Graf von Bernstorff berichtete von seiner Freundschaft mit Adolph von Pavenstedt, einem Seniorpartner von Amsinck & Co, die von der American International Corporation kontrolliert wurde und im November 1917 in deren Besitz überging. American International spielt in späteren Kapiteln eine wichtige Rolle; im Vorstand von saßen die wichtigsten Namen der Wall Street: Rockefeller, Kahn, Stillman, du Pont, Winthrop, usw. Laut von Bernstorff war von Pavenstedt "mit allen Mitgliedern der Botschaft eng vertraut".[77] Von Bernstorff selbst betrachtete von Pavenstedt als einen der angesehensten,

---

[77] Graf von Bernstorff, *Meine drei Jahre in Amerika* (New York: Scribner's, 1920), S. 261.

"wenn nicht *den* angesehensten kaiserlichen Deutschen in New York".[78] In der Tat war von Pavenstedt "viele Jahre lang der oberste Zahlmeister des deutschen Spionagesystems in diesem Land."[79] Mit anderen Worten, es steht außer Frage, dass die von der American International Corporation kontrollierte Armsinck & Co. eng mit der Finanzierung der deutschen Kriegsspionage in den Vereinigten Staaten verbunden war. Um Von Bernstorffs letzte Aussage zu untermauern, gibt es ein Foto eines Schecks zugunsten von Amsinck & Co., datiert auf den 8. Dezember 1917 - nur vier Wochen nach Beginn der bolschewistischen Revolution in Russland -, unterschrieben von Papen (einem anderen deutschen Spionageunternehmer) und mit einem Deckblatt, das den Vermerk "Reisekosten auf Von W [d.h. Von Wedell]" trägt. French Strothers,[80], der das Foto veröffentlicht hat, hat erklärt, dass dieser Scheck ein Beweis dafür ist, dass Von Papen "im Nachhinein zum Komplizen eines Verbrechens gegen amerikanische Gesetze wurde"; er macht auch Amsinck & Co. einer ähnlichen Anklage zugänglich.

Paul Bolo-Pasha, ein weiterer deutscher Spionageagent und prominenter französischer Finanzier, der früher im Dienste der ägyptischen Regierung stand, traf im März 1916 mit einem Empfehlungsschreiben an von Pavenstedt in New York ein. Über diesen lernte Bolo-Pasha Hugo Schmidt kennen, den Direktor der Deutschen Bank in Berlin und deren Vertreter in den Vereinigten Staaten. Eines von Bolo-Paschas Projekten war der Kauf ausländischer Zeitungen, um deren Leitartikel zu Gunsten Deutschlands zu beeinflussen. Die Mittel für dieses Programm wurden in Berlin in Form eines Kredits bei der Guaranty Trust Company arrangiert, und der Kredit wurde anschließend Amsinck & Co. zur Verfügung gestellt. Adolph von Pavenstedt von Amsinck wiederum stellte die Mittel für Bolo-Pasha zur Verfügung.

Mit anderen Worten: Sowohl die Guaranty Trust Company als auch

---

[78] Ebd.

[79] Ebd.

[80] French Strothers, *Fighting Germany's Spies* (Garden City, N.Y.: Doubleday, Page, 1918), S. 152.

Amsinck & Co, eine Tochtergesellschaft der American International Corporation, waren direkt an der Durchführung deutscher Spionage- und anderer Aktivitäten in den Vereinigten Staaten beteiligt. Von diesen Firmen lassen sich einige Verbindungen zu den wichtigsten deutschen Akteuren in den USA herstellen - Dr. Albert, Karl Heynen, Von Rintelen, Von Papan, Graf Jacques Minotto (siehe unten) und Paul Bolo-Pascha.

Im Jahr 1919 stellte der Overman-Ausschuss des Senats außerdem fest, dass Guaranty Trust eine aktive Rolle bei der Finanzierung der deutschen Bemühungen im Ersten Weltkrieg spielte, und zwar auf "nicht neutrale" Weise. Die Aussage des amerikanischen Nachrichtenoffiziers Becker macht dies deutlich:

Bei dieser Mission wurde Hugo Schmidt [von der Deutschen Bank] in hohem Maße von bestimmten amerikanischen Bankinstituten unterstützt. Es war, während wir neutral waren, aber sie handelten zum Nachteil der britischen Interessen, und ich habe beträchtliche Daten über die Tätigkeit der Guaranty Trust Co. in dieser Hinsicht, und würde gerne wissen, ob der Ausschuss wünscht, dass ich darauf eingehe.

SENATOR NELSON: Das ist eine Filiale der City Bank, nicht wahr?

MR. BECKER: Nein.

SENATOR OVERMAN: Wenn es den britischen Interessen zuwiderlief, war es unneutral, und ich denke, Sie sollten es besser herausgeben.

SENATOR KING: War es eine gewöhnliche Banktransaktion?

MR. BECKER: Das wäre eine Frage der Meinung. Es hat mit der Tarnung von Devisen zu tun, um sie als neutrale Devisen erscheinen zu lassen, während es sich in Wirklichkeit um deutsche Devisen in London handelte. Infolge dieser Operationen, an denen die Guaranty Trust Co. zwischen dem 1. August 1914 und dem Eintritt Amerikas in den Krieg hauptsächlich beteiligt war, gelang es der Deutschen Bank in ihren Zweigstellen in Südamerika, in der Kriegszeit Londoner Devisen im Wert von 4.670.000 Pfund auszuhandeln.

SENATOR OVERMAN: Ich denke, das ist kompetent.[81]

Wirklich wichtig ist nicht so sehr, dass Deutschland finanzielle Unterstützung erhielt, was nur illegal war, sondern dass die Direktoren von Guaranty Trust gleichzeitig die Alliierten finanziell unterstützten. Mit anderen Worten: Guaranty Trust finanzierte beide Seiten des Konflikts. Dies wirft die Frage nach der Moral auf.

Die Stiftung Garanty - Minotto-Caillaux-Fäden[82]

Graf Jacques Minotto ist ein höchst unwahrscheinlicher, aber nachweisbarer und hartnäckiger Faden, der die bolschewistische Revolution in Russland mit deutschen Banken, deutscher Spionage im Ersten Weltkrieg in den Vereinigten Staaten, der Guaranty Trust Company in New York, der gescheiterten französischen bolschewistischen Revolution und den damit verbundenen Caillaux-Malvy-Spionageprozessen in Frankreich verbindet.

Jacques Minotto wurde am 17. Februar 1891 in Berlin als Sohn eines österreichischen Vaters, der aus italienischem Adel stammte, und einer deutschen Mutter geboren. Der junge Minotto wurde in Berlin ausgebildet und trat 1912 eine Stelle bei der Deutschen Bank in Berlin an. Fast sofort wurde Minotto als Assistent von Hugo Schmidt, dem stellvertretenden Direktor der Deutschen Bank und ihrem New Yorker Vertreter, in die Vereinigten Staaten entsandt. Nach einem Jahr in New York wurde Minotto von der Deutschen Bank nach London entsandt, wo er in prominenten politischen und diplomatischen Kreisen verkehrte. Bei Ausbruch des Ersten Weltkriegs kehrte Minotto in die Vereinigten Staaten zurück und

---

[81] U.S., Senat, Overman-Ausschuss, 2:2009.

[82] Dieser Abschnitt stützt sich auf die folgenden Quellen (sowie auf die an anderer Stelle zitierten): Jean Bardanne, *Le Colonel Nicolai: espion de genie* (Paris: Editions Siboney, n.d.); Cours de Justice, *Affaire Caillaux, Loustalot et Comby: Procedure Generale Interrogatoires* (Paris, 1919), S. 349-50, 937-46; Paul Vergnet, *L'Affaire Caillaux* (Paris 1918), insbesondere das Kapitel mit dem Titel "Marx de Mannheim"; Henri Guernut, Emile Kahn und Camille M. Lemercier, *Etudes documentaires sur L'Affaire Caillaux* (Paris, o.J.), S. 1012-15; und George Adam, *Treason and Tragedy: An Account of French War Trials* (London: Jonathan Cape, 1929).

traf sich sofort mit dem deutschen Botschafter Graf von Bernstorff, woraufhin er in die Dienste der Guaranty Trust Company in New York trat. Bei Guaranty Trust war Minotto direkt Max May unterstellt, dem Leiter der Auslandsabteilung und einem Mitarbeiter des schwedischen Bankiers Olof Aschberg. Minotto war kein unbedeutender Bankbeamter. Die Vernehmungen im Rahmen des Caillaux-Prozesses in Paris 1919 ergaben, dass Minotto direkt unter Max May arbeitete. Am 25. Oktober 1914 schickte Guaranty Trust Jacques Minotto nach Südamerika, um einen Bericht über die politische, finanzielle und wirtschaftliche Lage zu erstellen. Wie in London, Washington und New York bewegte sich Minotto auch hier in den höchsten diplomatischen und politischen Kreisen. Ein Zweck von Minottos Mission in Lateinamerika war es, den Mechanismus zu etablieren, mit dem Guaranty Trust als Vermittler für die bereits erwähnte deutsche Geldbeschaffung auf dem Londoner Geldmarkt genutzt werden konnte, die Deutschland damals wegen des Ersten Weltkriegs verwehrt war. Minotto kehrte in die Vereinigten Staaten zurück, erneuerte seine Verbindung mit Graf von Bernstorff und Graf Luxberg und versuchte anschließend, 1916 eine Stelle beim US-Marine-Nachrichtendienst zu bekommen.

Danach wurde er unter dem Vorwurf pro-deutscher Aktivitäten verhaftet. Als er verhaftet wurde, arbeitete Minotto in der Chicagoer Fabrik seines Schwiegervaters Louis Swift, der Fleischverpackungsfirma Swift & Co. Swift stellte die Sicherheit für die 50.000 Dollar Kaution, die für die Freilassung Minottos erforderlich war, der von Henry Veeder, dem Anwalt von Swift & Co. vertreten wurde. Louis Swift wurde zu einem späteren Zeitpunkt wegen pro-deutscher Aktivitäten verhaftet. Ein interessanter und nicht unbedeutender Zufall ist, dass "Major" Harold H. Swift, der Bruder von Louis Swift, Mitglied der William Boyce Thompson 1917 Rotkreuz-Mission nach Petrograd war - das heißt, er gehörte zu der Gruppe von Anwälten und Geschäftsleuten der Wall Street, deren intime Verbindungen zur russischen Revolution später beschrieben werden sollen. Helen Swift Neilson, die Schwester von Louis und Harold Swift, war später mit dem prokommunistischen Abraham Lincoln Center "Unity" verbunden. Damit wurde eine kleine Verbindung zwischen deutschen Banken, amerikanischen Banken, deutscher Spionage und, wie wir später sehen werden, der bolschewistischen Revolution hergestellt.[83]

Joseph Caillaux war ein berühmter (manchmal auch berüchtigter) französischer Politiker. Er war auch mit Graf Minotto an dessen Lateinamerika-Geschäften für Guaranty Trust beteiligt und war später in die berühmten französischen Spionagefälle von 1919 verwickelt, die bolschewistische Verbindungen hatten. 1911 wurde Caillaux Finanzminister und noch im selben Jahr Premierminister von Frankreich. John Louis Malvy wurde Unterstaatssekretär in der Regierung Caillaux. Einige Jahre später ermordete Madame Caillaux Gaston Calmette, den Herausgeber der bekannten Pariser Zeitung *Figaro*. Die Staatsanwaltschaft beschuldigte Madame Caillaux, Calmette ermordet zu haben, um die Veröffentlichung bestimmter kompromittierender Dokumente zu verhindern. Diese Affäre führte zur Ausreise von Caillaux und seiner Frau aus Frankreich. Das Paar reiste nach Lateinamerika und traf sich dort mit Graf Minotto, dem Agenten der Guaranty Trust Company, der in Lateinamerika war, um Vermittler für deutsche Finanzen zu finden. Graf Minotto war mit dem Ehepaar Caillaux in Rio de Janeiro und Sao Paulo, Brasilien, in Montevideo, Uruguay, und in Buenos Aires, Argentinien, gesellschaftlich verbunden. Mit anderen Worten: Graf Minotto war ein ständiger Begleiter des Ehepaars Caillaux während ihres Aufenthalts in Lateinamerika.[84] Nach ihrer Rückkehr nach Frankreich wohnten Caillaux und seine Frau in Biarritz bei Paul Bolo-Pasha, der, wie wir gesehen haben, ebenfalls als deutscher Spion in den Vereinigten Staaten und Frankreich tätig war.[85] Später, im Juli 1915, kam Graf Minotto aus Italien nach Frankreich und traf sich mit dem Ehepaar Caillaux; im selben Jahr besuchte das Ehepaar Caillaux auch Bolo-Pasha erneut in Biarritz. Mit anderen Worten, in den Jahren 1915 und 1916 knüpfte Caillaux eine kontinuierliche soziale Beziehung zu Graf Minotto und Bolo-

---

[83] Diese Wechselbeziehung wird in dem dreibändigen Bericht des Overman-Ausschusses von 1919 ausführlich behandelt. Siehe Bibliographie.

[84] Siehe Rudolph Binion, *Defeated Leaders* (New York: Columbia University Press, 1960).

[85] George Adam, Verrat und Tragödie: An Account of French War Trials (London: Jonathan Cape, 1929).

Pasha, die beide deutsche Spionageagenten in den Vereinigten Staaten waren.

Durch seine Arbeit in Frankreich gewann Bolo-Pasha Einfluss auf Deutschland in den Pariser Zeitungen *Le Temps* und *Figaro*. Bolo-Pasha reiste dann nach New York und kam am 24. Februar 1916 an. Hier sollte er einen Kredit von 2 Millionen Dollar aushandeln - und hier wurde er mit Von Pavenstedt, dem prominenten deutschen Agenten bei Amsinck & Co. [86]Severance Johnson hat in *The Enemy Within* Caillaux und Malvy mit der 1918 gescheiterten französischen bolschewistischen Revolution in Verbindung gebracht und erklärt, dass, wenn die Revolution erfolgreich gewesen wäre, "Malvy der Trotzki Frankreichs und Caillaux sein Lenin gewesen wäre".[87] Caillaux und Malvy gründeten mit deutschen Geldern eine radikale sozialistische Partei in Frankreich und wurden wegen dieser subversiven Bemühungen vor Gericht gestellt. In den gerichtlichen Vernehmungen in den französischen Spionageprozessen von 1919 werden Zeugenaussagen über New Yorker Bankiers und ihre Beziehungen zu diesen deutschen Spionageakteuren gemacht. Sie legen auch die Verbindungen zwischen Graf Minotto und Caillaux dar, sowie die Beziehung der Guaranty Trust Company zur Deutschen Bank und die Zusammenarbeit zwischen Hugo Schmidt von der Deutschen Bank und Max May von der Guaranty Trust Company. Die französische Anfrage (Seite 940) enthält den folgenden Auszug aus der New Yorker Aussage des Grafen Minotto (Seite 10, aus dem Französischen neu übersetzt):

FRAGE: Auf wessen Anweisung waren Sie bei Guaranty Trust?

ANTWORT: Auf Anweisung von Herrn Max May.

FRAGE: Er war ein Vizepräsident?

ANTWORT: Er war Vizepräsident und Leiter des Außenministeriums.

Später, im Jahr 1922, wurde Max May Direktor der sowjetischen

---

[86] Ebd.

[87] *The Enemy Within* (London: George Allen & Unwin, 1920).

Ruskom-Bank und vertrat die Interessen von Guaranty Trust in dieser Bank. Aus dem französischen Verhör geht hervor, dass Graf Minotto, ein deutscher Spionageagent, bei der Guaranty Trust Company beschäftigt war, dass Max May sein Vorgesetzter war und dass Max May auch eng mit dem bolschewistischen Bankier Olof Aschberg verbunden war. Kurz und gut: Max May von Guaranty Trust war während des Ersten Weltkriegs an illegaler Geldbeschaffung und deutscher Spionage in den Vereinigten Staaten beteiligt; er war indirekt an der bolschewistischen Revolution und direkt an der Gründung der Ruskombank, der ersten internationalen Bank in der Sowjetunion, beteiligt.

Es ist zu früh, um eine Erklärung für diese scheinbar widersprüchlichen, illegalen und manchmal unmoralischen internationalen Aktivitäten zu finden. Im Allgemeinen gibt es zwei plausible Erklärungen: die erste ist das unerbittliche Streben nach Profit; die zweite - die mit den Worten von Otto Kahn von Kuhn, Loeb & Co. und der American International Corporation in der Überschrift dieses Kapitels übereinstimmt - die Verwirklichung sozialistischer Ziele, Ziele, die mit nichtsozialistischen Mitteln "erreicht werden sollten und können".

Kapitel V

Die Mission des Amerikanischen Roten Kreuzes in Russland - 1917

*Der arme Mr. Billings glaubte, er würde eine
wissenschaftliche Mission zur Unterstützung Russlands
leiten... In Wirklichkeit war er nichts als eine Maske - der
Rot-Kreuz-Teint der Mission war nichts als eine Maske.*
Cornelius Kelleher, Assistent von William Boyce
Thompson (in George F. Kennan,
Russland verlässt den Krieg)

Das Wall-Street-Projekt in Russland im Jahr 1917 nutzte die
Mission des Roten Kreuzes als operatives Instrument. Sowohl
Guaranty Trust als auch die National City Bank hatten zur Zeit der
Revolution Vertreter in Russland. Frederick M. Corse von der
Filiale der National City Bank in Petrograd war mit der Mission des
Amerikanischen Roten Kreuzes verbunden, über die später noch
viel zu sagen sein wird. Guaranty Trust wurde durch Henry Crosby
Emery vertreten. Emery wurde 1918 vorübergehend von den
Deutschen gefangen gehalten und vertrat dann Guaranty Trust in
China".

Bis etwa 1915 war Miss Mabel Boardman die einflussreichste
Person in der nationalen Zentrale des Amerikanischen Roten
Kreuzes in Washington, D.C.. Als aktive und energische Förderin
war Miss Boardman die treibende Kraft hinter dem Unternehmen
Rotes Kreuz, obwohl die Mittel von wohlhabenden und
prominenten Personen wie J. P. Morgan, Mrs. E. H. Harriman,
Cleveland H. Dodge und Mrs. Russell Sage kamen. Die
Spendenkampagne von 1910 für 2 Millionen Dollar war
beispielsweise nur deshalb erfolgreich, weil sie von diesen

wohlhabenden Einwohnern von New York City unterstützt wurde. Tatsächlich kam das meiste Geld aus New York City. J.P. Morgan selbst steuerte 100.000 $ bei, und sieben weitere Spender in New York City sammelten 300.000 $. Nur eine Person außerhalb von New York City spendete mehr als 10.000 Dollar, und das war William J. Boardman, der Vater von Miss Boardman. Henry P. Davison war Vorsitzender des New Yorker Fund-Raising-Komitees von 1910 und wurde später Vorsitzender des Kriegsrates des Amerikanischen Roten Kreuzes. Mit anderen Worten: Im Ersten Weltkrieg war das Rote Kreuz stark von der Wall Street und insbesondere von der Firma Morgan abhängig.

Das Rote Kreuz war nicht in der Lage, den Anforderungen des Ersten Weltkriegs gerecht zu werden, und wurde von diesen New Yorker Bankiers faktisch übernommen. John Foster Dulles zufolge betrachteten diese Geschäftsleute "das Amerikanische Rote Kreuz als einen virtuellen Arm der Regierung, der einen unschätzbaren Beitrag zum Gewinn des Krieges leisten sollte".[88] Damit verhöhnten sie das Motto des Roten Kreuzes: "Neutralität und Menschlichkeit".

Als Gegenleistung für die Beschaffung von Geldern forderte die Wall Street den Kriegsrat des Roten Kreuzes; und auf Empfehlung von Cleveland H. Dodge, einem der finanziellen Unterstützer Woodrow Wilsons, wurde Henry P. Davison, ein Partner der J.P. Morgan Company, Vorsitzender. Die Liste der Verwalter des Roten Kreuzes nahm nun das Aussehen des New Yorker Direktoriums an: John D. Ryan, Präsident der Anaconda Copper Company (siehe Titelbild); George W. Hill, Präsident der American Tobacco Company; Grayson M.P. Murphy, Vizepräsident der Guaranty Trust Company; und Ivy Lee, Experte für Öffentlichkeitsarbeit der Rockefellers. Harry Hopkins, der später unter Präsident Roosevelt Berühmtheit erlangen sollte, wurde Assistent des Generaldirektors des Roten Kreuzes in Washington, D.C.

Die Frage einer Rot-Kreuz-Mission nach Russland war Gegenstand der dritten Sitzung des wiederhergestellten Kriegsrats, die am Freitag, dem 29. Mai 1917, um 11.00 Uhr im Rot-Kreuz-Gebäude in Washington D.C. stattfand. Der Vorsitzende Davison wurde

---

[88] John Foster Dulles, *Amerikanisches Rotes Kreuz* (New York: Harper, 1950).

beauftragt, die Idee mit Alexander Legge von der International Harvester Company zu erörtern. Daraufhin stellte International Harvester, das erhebliche Interessen in Russland hatte, 200.000 Dollar zur Finanzierung der russischen Mission zur Verfügung. Bei einem späteren Treffen wurde bekannt, dass William Boyce Thompson, Direktor der Federal Reserve Bank of New York, "angeboten hatte, die gesamten Kosten für die Kommission zu übernehmen"; dieses Angebot wurde in einem Telegramm angenommen: "Ihr Wunsch, die Kosten für die Kommission nach Russland zu übernehmen, wird sehr geschätzt und ist aus unserer Sicht sehr wichtig."[89]

Die Mitglieder der Mission erhielten kein Gehalt. Alle Ausgaben wurden von William Boyce Thompson bezahlt, und die 200.000 Dollar von International Harvester wurden in Russland offenbar für politische Subventionen verwendet. Aus den Akten der US-Botschaft in Petrograd wissen wir, dass das Rote Kreuz der USA dem Präsidenten des Ministerrats, Fürst Lwoff, 4.000 Rubel für die "Unterstützung von Revolutionären" und Kerenski 10.000 Rubel in zwei Zahlungen für die "Unterstützung von politischen Flüchtlingen" gab.

Mission des Amerikanischen Roten Kreuzes in Russland, 1917

Im August 1917 stand die Mission des Amerikanischen Roten Kreuzes in Russland nur nominell mit dem Amerikanischen Roten Kreuz in Verbindung und muss wirklich die ungewöhnlichste Rotkreuz-Mission der Geschichte gewesen sein. Alle Ausgaben, auch die für die Uniformen - die Mitglieder waren allesamt Obersten, Majore, Hauptleute oder Leutnants - wurden aus der Tasche von William Boyce Thompson bezahlt. Ein zeitgenössischer Beobachter nannte die Gruppe, die ausschließlich aus Offizieren bestand, eine "Haytian Army":

Die Delegation des Amerikanischen Roten Kreuzes, etwa vierzig

---

[89] Protokoll des Kriegsrates des Amerikanischen Nationalen Roten Kreuzes (Washington, D.C., Mai 1917)

Obersten, Majore, Hauptleute und Leutnants, traf gestern ein. Sie wird von Colonel (Doktor) Billings aus Chicago geleitet und umfasst Colonel William B. Thompson und viele Ärzte und Zivilisten, alle mit militärischen Titeln; wir nannten die Truppe die "Haytian Army", weil es keine Gefreiten gab. Sie sind gekommen, um keine klar definierte Mission zu erfüllen, soweit ich das herausfinden kann. Tatsächlich sagte mir Gouverneur Francis vor einiger Zeit, dass er darauf gedrängt habe, sie nicht kommen zu lassen, da es bereits zu viele Missionen der verschiedenen Alliierten in Russland gäbe. Offensichtlich ging diese Kommission davon aus, daß in Rußland ein dringender Bedarf an Ärzten und Krankenschwestern bestehe; tatsächlich gibt es zur Zeit einen Überschuß an einheimischen und ausländischen Ärzten und Krankenschwestern im Lande und viele haft- leere Krankenhäuser in den Großstädten.[90]

Die Mission umfasste nur vierundzwanzig (nicht vierzig) Personen mit militärischen Rängen vom Oberstleutnant bis zum Leutnant und wurde durch drei Sanitäter, zwei Kameraleute und zwei Dolmetscher ohne Rang ergänzt. Nur fünf (von vierundzwanzig) waren Ärzte; außerdem gab es zwei medizinische Forscher. Die Mission kam im August 1917 mit dem Zug über Sibirien in Petrograd an. Die fünf Ärzte und Sanitäter blieben einen Monat und kehrten am 11. September in die Vereinigten Staaten zurück. Dr. Frank Billings, der nominelle Leiter der Mission und Medizinprofessor an der Universität von Chicago, war Berichten zufolge von den offenkundig politischen Aktivitäten der meisten Mitglieder der Mission angewidert. Die anderen Mediziner waren William S. Thayer, Professor für Medizin an der Johns Hopkins University; D. J. McCarthy, Mitglied des Phipps Institute for Study and Prevention of Tuberculosis in Philadelphia; Henry C. Sherman, Professor für Lebensmittelchemie an der Columbia University; C. E. A. Winslow, Professor für Bakteriologie und Hygiene an der Yale Medical School; Wilbur E. Post, Professor für Medizin am Rush Medical College; Dr. Malcolm Grow, Mitglied des Medical Officers Reserve Corps der US-Armee; und Orrin Wightman, Professor für

---

[90] Gibbs Tagebuch, 9. August 1917. Staatliche Historische Gesellschaft von Wisconsin.

klinische Medizin am New York Polyclinic Hospital. George C. Whipple wurde als Professor für Sanitärtechnik an der Harvard University aufgeführt, war aber in Wirklichkeit Partner der New Yorker Firma Hazen, Whipple & Fuller, einem Ingenieurbüro. Dies ist insofern von Bedeutung, als Malcolm Pirnie - über den später mehr zu erfahren sein wird - als Assistent des Sanitäringenieurs aufgeführt und als Ingenieur bei Hazen, Whipple & Fuller beschäftigt war.

Wie aus der Tabelle ersichtlich, bestand die Mehrheit der Mission aus Anwälten, Finanziers und ihren Assistenten aus dem New Yorker Finanzdistrikt. Die Mission wurde von William B. Thompson finanziert, der im offiziellen Rundschreiben des Roten Kreuzes als "Commissioner and Business Manager; Director United States Federal Bank of New York" bezeichnet wird. Thompson brachte Cornelius Kelleher mit, der als Attaché der Mission bezeichnet wurde, in Wirklichkeit aber Sekretär von Thompson war und die gleiche Adresse hatte - 14 Wall Street, New York City. Für die Öffentlichkeitsarbeit der Mission war Henry S. Brown zuständig, der die gleiche Adresse hatte. Thomas Day Thacher war Anwalt bei Simpson, Thacher & Bartlett, einer Kanzlei, die 1884 von seinem Vater Thomas Thacher gegründet worden war und sich vor allem mit der Reorganisation und Fusionierung von Eisenbahnen befasste. Thomas Thacher arbeitete zunächst für das Familienunternehmen, wurde dann Assistent des US-Staatsanwalts Henry L. Stimson und kehrte 1909 in das Familienunternehmen zurück. Der junge Thacher war eng mit Felix Frankfurter befreundet und wurde später Assistent von Raymond Robins, ebenfalls in der Rotkreuz-Mission. Im Jahr 1925 wurde er unter Präsident Coolidge zum Bezirksrichter ernannt, wurde unter Herbert Hoover Generalstaatsanwalt und war Direktor des William Boyce Thompson Institute.

Die Mission des Amerikanischen Roten Kreuzes in Russland 1917

Mitglieder aus der Finanzwelt der Wall Street und ihre Zugehörigkeit	Ärzte und Ärztinnen	Pfleger, Dolmetscher usw.

Andrews (Liggett & Myers Tobacco)

Barr (Chase National Bank)

Brown (c/o William B. Thompson)

Cochran (McCann Co.)

Kelleher (c/o William B. Thompson)

Nicholson (Swirl & Co.)

Pirnie (Hazen, Whipple & Fuller)

Redfield (Stetson, Jennings & Russell)

Robins (Förderer des Bergbaus)

Swift (Swift & Co.)

Thacher (Simpson, Thacher & Bartlett)

Thompson (Federal Reserve Bank of N.Y.)

Wardwell (Stetson, Jennings & Russell)

Whipple (Hazen, Whipple & Fuller)

Corse (National City

Billings (Arzt)

Wachsen (Arzt)

McCarthy (medizinische Forschung; Arzt)

Posten (Arzt)

Sherman (Lebensmittelchemie)

Thayer (Arzt)

Wightman (Medizin)

Winslow (Hygiene)

Brooks (Pfleger)

Clark (Pfleger)

Rocchia (Pfleger)

Travis (Filme)

Wyckoff (Filme)

Hardy (Justiz)

Horn (Transport)

Bank)

Magnuson (empfohlen
von einer
Vertrauensperson von
Colonel Thompson)

Alan Wardwell, ebenfalls stellvertretender Kommissar und Sekretär des Vorsitzenden, war Rechtsanwalt in der Kanzlei Stetson, Jennings & Russell, 15 Broad Street, New York City, und H. B. Redfield war Wardwells juristischer Sekretär. Major Wardwell war der Sohn von William Thomas Wardwell, dem langjährigen Schatzmeister von Standard Oil of New Jersey und Standard Oil of New York. Der ältere Wardwell war einer der Unterzeichner des berühmten Standard Oil Trust Agreement, Mitglied des Komitees zur Organisation der Aktivitäten des Roten Kreuzes im Spanisch-Amerikanischen Krieg und Direktor der Greenwich Savings Bank. Sein Sohn Alan war nicht nur Direktor der Greenwich Savings, sondern auch der Bank of New York and Trust Co. und der Georgian Manganese Company (zusammen mit W. Averell Harriman, einem Direktor der Guaranty Trust). Im Jahr 1917 wurde Alan Wardwell in die Kanzlei Stetson, Jennings 8c Russell aufgenommen und wechselte später zu Davis, Polk, Wardwell, Gardner & Read (Frank L. Polk war während der bolschewistischen Revolution amtierender Außenminister). Der Overman-Ausschuss des Senats stellte fest, dass Wardwell dem sowjetischen Regime wohlwollend gegenüberstand, obwohl Poole, der Beamte des Außenministeriums vor Ort, anmerkte, dass "Major Wardwell von allen Amerikanern die umfassendsten persönlichen Kenntnisse über den Terror hat" (316-23-1449). In den 1920er Jahren engagierte sich Wardwell in der Russisch-Amerikanischen Handelskammer für die Förderung der sowjetischen Handelsziele.

Der Schatzmeister der Mission war James W. Andrews, Wirtschaftsprüfer der Liggett & Myers Tobacco Company in St. Louis. Robert I. Barr, ein weiteres Mitglied, wurde als stellvertretender Kommissar aufgeführt; er war Vizepräsident der Chase Securities Company (120 Broadway) und der Chase National Bank. Als Verantwortlicher für die Werbung wurde William Cochran, 61 Broadway, New York City, aufgeführt. Raymond Robins, ein Bergbauförderer, wurde als stellvertretender

Kommissar aufgeführt und als "Sozialökonom" beschrieben. Schließlich gehörten der Mission zwei Mitglieder der Swift & Company of Union Stockyards, Chicago, an. Harold H. Swift, stellvertretender Kommissar, war Assistent des Vizepräsidenten von Swift & Company; William G. Nicholson war ebenfalls bei Swift & Company, Union Stockyards, beschäftigt.

Zwei Personen wurden inoffiziell in die Mission aufgenommen, nachdem sie in Petrograd angekommen war: Frederick M. Corse, Vertreter der National City Bank in Petrograd, und Herbert A. Magnuson, der "von John W. Finch, dem Vertrauensmann von Oberst William B. Thompson in China, wärmstens empfohlen wurde."[91]

Die Pirnie-Papiere, die bei der Hoover Institution hinterlegt sind, enthalten Primärmaterial über die Mission. Malcolm Pirnie war ein Ingenieur, der bei der Firma Hazen, Whipple & Fuller, beratende Ingenieure, in der 42 Street, New York City, beschäftigt war. Pirnie war Mitglied der Mission und auf einem Manifest als stellvertretender Sanitäringenieur aufgeführt. George C. Whipple, ein Partner der Firma, gehörte ebenfalls zu der Gruppe. Die Pirnie-Papiere enthalten ein Originaltelegramm von William B. Thompson, in dem der stellvertretende Sanitäringenieur Pirnie zu einem Treffen mit ihm und Henry P. Davison, dem Vorsitzenden des Kriegsrats des Roten Kreuzes und Partner der Firma J.P. Morgan, eingeladen wird, bevor er nach Russland aufbricht. Das Telegramm lautet wie folgt:

WESTERN UNION TELEGRAM New York, 21. Juni 1917

An Malcolm Pirnie

Ich würde mich freuen, wenn Sie am morgigen Freitag um acht Uhr mit mir im Metropolitan Club, Sixteenth Street und Fifth Avenue, New York City, zu Abend essen würden, um Mr. H. P. Davison zu treffen.

---

[91] Billings Bericht an Henry P. Davison, 22. Oktober 1917, American Red Cross Archives.

W. B. Thompson, 14 Wall Street

Aus den Akten geht nicht hervor, warum Morgan-Partner Davison und Thompson, der Direktor der Federal Reserve Bank - zwei der prominentesten Finanzmänner in New York - mit einem Assistenten des Sanitäringenieurs, der kurz vor seiner Abreise nach Russland stand, zu Abend essen wollten. Die Akten erklären auch nicht, warum Davison anschließend nicht in der Lage war, Dr. Billings und die Kommission selbst zu treffen, und warum es notwendig war, Pirnie über seine Unfähigkeit zu informieren. Wir können jedoch vermuten, dass der offizielle Deckmantel der Mission - die Aktivitäten des Roten Kreuzes - von wesentlich geringerem Interesse war als die Aktivitäten von Thompson und Pirnie, was auch immer sie gewesen sein mögen. Wir wissen, dass Davison am 25. Juni 1917 an Dr. Billings schrieb:

Lieber Doktor Billings:

> *Es ist eine Enttäuschung für mich und meine Kollegen im Kriegsrat, dass wir nicht in der Lage waren, die Mitglieder Ihrer Kommission in einem Gremium zu treffen...*

Eine Kopie dieses Schreibens wurde zusammen mit einem persönlichen Brief des Morgan-Bankiers Henry P. Davison an den stellvertretenden Sanitäringenieur Pirnie geschickt, in dem es hieß:

Mein lieber Mr. Pirnie:

> *Sie werden sicher den Grund für das Schreiben an Dr. Billings, das in Kopie beiliegt, voll und ganz verstehen und es in dem Sinne annehmen, in dem es übermittelt wurde...*

Der Zweck von Davisons Brief an Dr. Billings bestand darin, sich bei bei der Kommission und Billings dafür zu entschuldigen, dass er sich nicht mit ihnen treffen konnte. Wir können also mit Fug und Recht annehmen, dass Davison und Pirnie einige tiefere Absprachen über die Aktivitäten der Mission in Russland getroffen hatten und dass diese Absprachen Thompson bekannt waren. Die wahrscheinliche Natur dieser Aktivitäten wird später beschrieben.[92]

Die amerikanische Rot-Kreuz-Mission (oder vielleicht sollten wir sie Wall-Street-Mission in Russland nennen) beschäftigte auch drei russisch-englische Dolmetscher: Hauptmann Ilovaisky, ein russischer Bolschewik; Boris Reinstein, ein Russisch-Amerikaner, später Sekretär von Lenin und Leiter von Karl Radeks Büro für internationale revolutionäre Propaganda, das auch John Reed und Albert Rhys Williams beschäftigte; und Alexander Gumberg (alias Berg, richtiger Name Michael Gruzenberg), der ein Bruder von Zorin, einem bolschewistischen Minister, war. Gumberg war auch der wichtigste bolschewistische Agent in Skandinavien. Später wurde er vertraulicher Assistent von Floyd Odlum von der Atlas Corporation in den Vereinigten Staaten sowie Berater von Reeve Schley, einem Vizepräsidenten der Chase Bank.

Diese Frage sollte beiläufig gestellt werden: Wie nützlich waren die von diesen Dolmetschern gelieferten Übersetzungen? Am 13. September 1918 berichtete H. A. Doolittle, amerikanischer Vizekonsul in Stockholm, dem Außenminister über ein Gespräch mit Hauptmann Ilovaisky (der ein "enger persönlicher Freund" von Oberst Robins von der Rotkreuz-Mission war) über ein Treffen des Murman-Sowjets und der Alliierten. Die Frage der Einladung an die Alliierten, in Murman zu landen, wurde im Sowjet erörtert, wobei Major Thacher von der Rotkreuz-Mission für die Alliierten handelte. Ilovaisky dolmetschte Thachers Ansichten für den Sowjet. "Ilovaisky sprach ausführlich auf Russisch, angeblich als Übersetzer für Thacher, in Wirklichkeit aber für Trotzki... ", dass "die Vereinigten Staaten eine solche Landung niemals zulassen würden, und drängte auf die rasche Anerkennung der Sowjets und ihrer Politik."[93] Offenbar ahnte Thacher, dass er falsch übersetzt worden

---

[92] Die Pirnie-Papiere ermöglichen es uns auch, das genaue Datum zu bestimmen, an dem die Mitglieder der Mission Russland verließen. Im Fall von William B. Thompson ist dieses Datum entscheidend für die Argumentation dieses Buches: Thompson verließ Petrograd am 4. Dezember 1917 in Richtung London. Laut George F. Kennan verließ Thompson Petrograd am 27. November 1917 (*Russia Leaves the War*, S. 1140).

[93] Dezimaldatei des US-Außenministeriums, 861.00/3644.

war, und brachte seine Empörung zum Ausdruck. Doch "Ilovaisky telegrafierte den Inhalt sofort an das bolschewistische Hauptquartier und ließ ihn über dessen Pressebüro in allen Zeitungen als den Bemerkungen von Major Thacher entsprungen und als die allgemeine Meinung aller wirklich akkreditierten amerikanischen Vertreter erscheinen."[94]

Ilovaisky berichtete Maddin Summers, dem amerikanischen Generalkonsul in Moskau, von mehreren Fällen, in denen er (Ilovaisky) und Raymond Robins von der Rotkreuz-Mission die bolschewistische Presse manipuliert hatten, insbesondere "im Hinblick auf die Abberufung des Botschafters Francis". Er räumte ein, dass sie nicht skrupellos gewesen seien, "sondern nach ihren Vorstellungen von Recht gehandelt hätten, ohne Rücksicht darauf, wie sie mit der Politik der akkreditierten amerikanischen Vertreter in Konflikt geraten sein könnten."[95]

Dies war also die Mission des Amerikanischen Roten Kreuzes in Russland im Jahr 1917.

Mission des Amerikanischen Roten Kreuzes in Rumänien

Im Jahr 1917 entsandte das Amerikanische Rote Kreuz auch eine medizinische Hilfsmission nach Rumänien, das damals als Verbündeter Russlands gegen die Mittelmächte kämpfte. Vergleicht man die Mission des Amerikanischen Roten Kreuzes in Russland mit der in Rumänien, so stellt man fest, dass die Mission des Roten Kreuzes in Petrograd offiziell nur sehr wenig mit dem Roten Kreuz und noch weniger mit medizinischer Hilfe zu tun hatte. Während die Rotkreuz-Mission in Rumänien die Rotkreuz-Grundsätze "Menschlichkeit" und "Neutralität" tapfer hochhielt, missbrauchte die Rotkreuz-Mission in Petrograd beide in eklatanter Weise.

Die Mission des Amerikanischen Roten Kreuzes in Rumänien verließ die Vereinigten Staaten im Juli 1917 und ließ sich in Jassy nieder. Die Mission bestand aus dreißig Personen unter dem

---

[94] Ebd.

[95] Ebd.

Vorsitzenden Henry W. Anderson, einem Rechtsanwalt aus Virginia. Von den dreißig Personen waren sechzehn entweder Ärzte oder Chirurgen. Im Vergleich dazu waren von den neunundzwanzig Mitgliedern der Mission des Roten Kreuzes in Russland nur drei Ärzte, obwohl vier weitere Mitglieder von Universitäten stammten und auf medizinische Fachgebiete spezialisiert waren. Bei der Mission in Russland konnten höchstens sieben als Ärzte eingestuft werden, bei der Mission in Rumänien waren es sechzehn. Die Zahl der Sanitäter und Krankenschwestern war bei beiden Missionen in etwa gleich. Der wichtigste Vergleich ist jedoch, dass die rumänische Mission nur zwei Juristen, einen Schatzmeister und einen Ingenieur hatte. Die russische Mission hatte fünfzehn Juristen und Geschäftsleute. Keiner der Anwälte oder Ärzte der rumänischen Mission stammte aus der Nähe von New York, während alle Anwälte und Geschäftsleute der russischen Mission bis auf einen (einen "Beobachter" vom Justizministerium in Washington, D.C.) aus dieser Gegend stammten. Das heißt, dass mehr als die Hälfte der russischen Mission aus dem New Yorker Finanzdistrikt stammte. Mit anderen Worten, die relative Zusammensetzung dieser Missionen bestätigt, dass die Mission in Rumänien einen legitimen Zweck verfolgte - die Ausübung der Medizin - während die russische Mission ein nichtmedizinisches und rein politisches Ziel verfolgte. Von ihrem Personal her könnte man sie als Handels- oder Finanzmission einstufen, von ihren Aktionen her war sie jedoch eine subversive politische Aktionsgruppe.

Personal der Missionen des Amerikanischen Roten Kreuzes in Russland und Rumänien, 1917

AMERIKANISCHES ROTES KREUZ - AUFTRAG

Personal	Russland	Rumänien
Medizin (Ärzte und Chirurgen)	7	16
Pfleger, Krankenschwestern	7	10
Anwälte und	15	4

Geschäftsleute

GESAMT   29   30

QUELLEN: Amerikanisches Rotes Kreuz, Washington, D.C.

US-Außenministerium, Botschaft in Petrograd, Akte des Roten Kreuzes, 1917.

Die Rotkreuz-Mission in Rumänien blieb für den Rest des Jahres 1917 und bis ins Jahr 1918 hinein auf ihrem Posten in Jassy. Das medizinische Personal der amerikanischen Rotkreuz-Mission in Russland - die sieben Ärzte - verließen im August 1917 entnervt den Posten, protestierten gegen die politischen Aktivitäten von Oberst Thompson und kehrten in die Vereinigten Staaten zurück. Als die rumänische Mission im September 1917 in Petrograd um amerikanische Ärzte und Krankenschwestern bat, um in der Beinahe-Krise in Jassy zu helfen, gab es in Russland keine amerikanischen Ärzte oder Krankenschwestern, die nach Rumänien gehen konnten.

Während der Großteil der Mission in Russland mit innenpolitischen Manövern beschäftigt war, stürzte sich die Mission in Rumänien sofort nach ihrer Ankunft in die Hilfsarbeit. Am 17. September 1917 bat Henry W. Anderson, der Vorsitzende der Rumänien-Mission, in einem vertraulichen Telegramm an den amerikanischen Botschafter Francis in Petrograd um sofortige und dringende Hilfe in Form von 5 Millionen Dollar zur Bewältigung einer drohenden Katastrophe in Rumänien. Es folgte eine Reihe von Briefen, Kabeln und Mitteilungen von Anderson an Francis, in denen er vergeblich um Hilfe bat.

Am 28. September 1917 telegrafierte Vopicka, amerikanischer Minister in Rumänien, ausführlich an Francis, um ihn nach Washington weiterzuleiten, und wiederholte Andersons Analyse der rumänischen Krise und der Gefahr von Epidemien - und Schlimmerem - bei nahendem Wintereinbruch:

> *Beträchtliche Geldmittel und heroische Maßnahmen erforderlich, um eine weitreichende Katastrophe zu verhindern... Sinnloser Versuch, die Situation ohne jemanden mit Autorität und Zugang zur Regierung zu*

> *bewältigen... Mit einer angemessenen Organisation, die sich um den Transport, den Empfang und die Verteilung der Hilfsgüter kümmert.*

Vopicka und Anderson waren die Hände gebunden, da alle rumänischen Lieferungen und Finanztransaktionen von der Rotkreuz-Mission in Petrograd abgewickelt wurden - und Thompson und sein Stab von fünfzehn Wall-Street-Anwälten und -Geschäftsleuten hatten offenbar größere Sorgen als rumänische Rotkreuz-Angelegenheiten. In den Petrograder Botschaftsakten des US-Außenministeriums gibt es keinen Hinweis darauf, dass sich Thompson, Robins oder Thacher zu irgendeinem Zeitpunkt in den Jahren 1917 oder 1918 mit der dringenden Situation in Rumänien befassten. Mitteilungen aus Rumänien gingen an Botschafter Francis oder an einen seiner Botschaftsmitarbeiter und gelegentlich über das Konsulat in Moskau.

Im Oktober 1917 erreichte die rumänische Situation den Krisenpunkt. Vopicka kabelt am 5. Oktober an Davison in New York (über Petrograd):

> *Dringendstes Problem hier... Verheerende Wirkung befürchtet... Könnten Sie vielleicht einen Sondertransport organisieren... Muss eilen oder zu spät.*

Am 5. November telegrafierte Anderson an die Botschaft in Petrograd, dass die Verzögerungen bei der Entsendung von Hilfe bereits "mehrere tausend Menschenleben gekostet" hätten. Am 13. November telegrafierte Anderson an Botschafter Francis über Thompsons mangelndes Interesse an den rumänischen Verhältnissen:

> *Ich forderte Thompson auf, mir Einzelheiten über alle erhaltenen Sendungen mitzuteilen, habe diese aber nicht erhalten... Ich habe ihn auch gebeten, mich über die Transportbedingungen auf dem Laufenden zu halten, habe aber nur sehr wenige Informationen erhalten.*

Anderson bat daraufhin Botschafter Francis, in seinem Namen zu intervenieren, damit die Mittel für das Rumänische Rote Kreuz auf einem separaten Konto in London verwaltet werden, das direkt Anderson unterstellt und der Kontrolle von Thompsons Mission entzogen ist.

Thompson in Kerenskis Russland

Was machte dann die Rotkreuz-Mission? Thompson erwarb sich in Petrograd zweifellos den Ruf eines opulenten Lebensstils, aber offenbar unternahm er in Kerenskis Russland nur zwei größere Projekte: die Unterstützung eines amerikanischen Propagandaprogramms und die Unterstützung des russischen Freiheitskredits. Kurz nach seiner Ankunft in Russland traf Thompson mit Madame Breshko-Breshkovskaya und David Soskice, Kerenskis Sekretär, zusammen und stimmte zu, 2 Millionen Dollar für ein Komitee für Volksbildung beizusteuern, damit es "eine eigene Presse haben und... einen Stab von Dozenten mit kinematographischen Illustrationen einstellen" konnte (861.00/1032); dies diente dem Propagandazweck, Russland zur Fortsetzung des Krieges gegen Deutschland zu drängen. Laut Soskice wurde Breshko-Breshkovskaya "ein Paket von 50.000 Rubel" mit der Erklärung übergeben: "Das können Sie nach Ihrem besten Ermessen ausgeben." Weitere 2.100.000 Rubel wurden auf ein laufendes Bankkonto eingezahlt. Ein Brief von J. P. Morgan an das State Department (861.51/190) bestätigt, dass Morgan 425.000 Rubel an Thompson auf dessen Bitte hin für den Russian Liberty Loan telegrafierte; J. P. übermittelte auch das Interesse der Firma Morgan hinsichtlich "der Weisheit einer individuellen Zeichnung durch Mr. Thompson" für den Russian Liberty Loan. Diese Beträge wurden über die Filiale der National City Bank in Petrograd überwiesen.

Thompson gibt den Bolschewiken 1 Million Dollar

Von größerer historischer Bedeutung war jedoch die Unterstützung, die den Bolschewiken zunächst von Thompson und nach dem 4. Dezember 1917 von Raymond Robins gewährt wurde.

Thompsons Beitrag zur bolschewistischen Sache wurde von der zeitgenössischen amerikanischen Presse aufgegriffen. In der

Washington Post vom 2. Februar 1918 erschienen die folgenden Absätze:

GIBT BOLSCHEWIKI EINE MILLION

> *W. B. Thompson, Rotkreuzspender, glaubt, dass die Partei falsch dargestellt wurde. New York, 2. Februar (1918). William B. Thompson, der sich von Juli bis November letzten Jahres in Petrograd aufhielt, hat den Bolschewiki eine persönliche Spende von 1.000.000 Dollar zukommen lassen, um ihre Doktrin in Deutschland und Österreich zu verbreiten.*

Herr Thompson hatte Gelegenheit, die russischen Verhältnisse als Leiter der amerikanischen Rot-Kreuz-Mission zu studieren, deren Kosten ebenfalls größtenteils durch seine persönlichen Beiträge gedeckt wurden. Er ist der Ansicht, dass die Bolschewiki die größte Macht gegen den Pro-Germanismus in Russland darstellen und dass ihre Propaganda die militaristischen Regime der Generalstaaten unterminiert.

Herr Thompson missbilligt die amerikanische Kritik an den Bolschewiki. Er ist der Ansicht, dass sie falsch dargestellt wurden, und hat den finanziellen Beitrag für die Sache geleistet in der Überzeugung, dass es für die Zukunft Russlands und für die Sache der Alliierten gut angelegtes Geld ist.

Hermann Hagedorns Biographie *The Magnate: William Boyce Thompson and His Time (1869-1930)* reproduziert ein Foto eines Telegramms von J.P. Morgan in New York an W. B. Thompson, "Care American Red Cross, Hotel Europe, Petrograd". Das Telegramm ist mit einem Datumsstempel versehen, der zeigt, dass es in Petrograd "8-Dek 1917" (8. Dezember 1917) empfangen wurde, und lautet:

> *New York Y757/5 24W5 Nil - Ihr zweites Telegramm erhalten. Wir haben der National City Bank anweisungsgemäß eine Million Dollar überwiesen - Morgan.*
> *Die Filiale der National City Bank in Petrograd war von dem bolschewistischen Verstaatlichungsdekret*

ausgenommen worden - die einzige ausländische oder inländische russische Bank, die davon ausgenommen war. Hagedorn sagt, dass diese Million Dollar, die auf Thompsons NZB-Konto eingezahlt wurde, für "politische Zwecke" verwendet wurde.

Der sozialistische Bergbauförderer Raymond Robins[96]

William B. Thompson verließ Russland Anfang Dezember 1917, um nach Hause zurückzukehren. Er reiste über London, wo er in Begleitung von Thomas Lamont von der Firma J.P. Morgan Premierminister Lloyd George besuchte, eine Episode, die wir im nächsten Kapitel aufgreifen. Sein Stellvertreter, Raymond Robins, wurde mit der Leitung der Rotkreuz-Mission in Russland betraut. Der Gesamteindruck, den Colonel Robins in den folgenden Monaten vermittelte, wurde von der Presse nicht übersehen. In den Worten der russischen Zeitung *Russkoe Slovo* vertrat Robins "einerseits die amerikanische Arbeiterschaft und andererseits das amerikanische Kapital, das sich durch die Sowjets um ihre russischen Märkte bemüht."[97]

Raymond Robins begann sein Leben als Manager einer Phosphatfirma in Florida. Von dort aus erschloss er ein Kaolinvorkommen und schürfte dann im späten neunzehnten Jahrhundert in Texas und den Indianergebieten. Im Norden, in Alaska, machte Robins ein Vermögen im Goldrausch am Klondike. Dann wandte er sich ohne ersichtlichen Grund dem Sozialismus und der Reformbewegung zu. Ab 1912 war er ein aktives Mitglied von Roosevelts Progressiver Partei. Er schloss sich 1917 der Mission des Amerikanischen Roten Kreuzes in Russland als "Sozialökonom" an.

Es gibt zahlreiche Beweise, darunter auch Robins' eigene Aussagen, dass seine sozialreformerischen Appelle kaum mehr waren als Deckmäntelchen für den Erwerb weiterer Macht und Reichtümer, die an die Vorschläge von Frederick Howe in *Confessions of a*

---

[96] Robins ist die richtige Schreibweise. Der Name wird in den Akten der Abteilung für Altlasten durchgängig mit "Robbins" geschrieben.

[97] Dezimaldatei des US-Außenministeriums, 316-11-1265, 19. März 1918.

Monopolist erinnerten. So war Arthur Bullard im Februar 1918 mit dem U.S. Committee on Public Information in Petrograd und schrieb ein langes Memorandum für Colonel Edward House. Dieses Memorandum wurde Robins von Bullard zur Kommentierung und Kritik übergeben, bevor es an House in Washington D.C. weitergeleitet wurde. Robins' sehr unsozialistische und imperialistische Kommentare lauteten, dass das Manuskript "ungewöhnlich differenziert, weitblickend und gut gemacht" sei, dass er aber ein oder zwei Vorbehalte habe - insbesondere, dass die Anerkennung der Bolschewiki längst überfällig sei, dass sie sofort hätte erfolgen sollen und dass die USA die Bolschewiki anerkennen müssten.Hätten die USA die Bolschewiki anerkannt, "glaube ich, dass wir jetzt die Kontrolle über die überschüssigen Ressourcen Russlands hätten und an allen Punkten der Grenze über Kontrollbeamte verfügten."[98]

Dieser Wunsch, "die Kontrolle über die überschüssigen Ressourcen Russlands" zu erlangen, war auch für die Russen offensichtlich. Klingt das nach einem Sozialreformer des amerikanischen Roten Kreuzes oder einem Bergbaupromotor der Wall Street, der den Imperialismus praktisch ausübt?

Auf jeden Fall machte Robins aus seiner Unterstützung für die Bolschewisten keinen Hehl.[99] Kaum drei Wochen nach Beginn der bolschewistischen Phase der Revolution kabelte Robins an Henry Davison im Hauptquartier des Roten Kreuzes: "Bitte drängen Sie den Präsidenten auf die Notwendigkeit unseres fortgesetzten Verkehrs mit der bolschewistischen Regierung." Interessanterweise war dieses Telegramm eine Antwort auf ein Telegramm, in dem Robins angewiesen wurde, dass der "Präsident die Unterlassung direkter Kontakte von Vertretern der Vereinigten Staaten mit der bolschewistischen Regierung wünscht."[100] In mehreren Berichten des Außenministeriums wurde der parteiische Charakter von Robins' Aktivitäten beklagt. So berichtete Harris, der amerikanische

---

[98] Frau Bullard, Dezimaldatei des US-Außenministeriums, 316-11-1265.

[99] Die *New World Review* (Herbst 1967, S. 40) schreibt über Robins, dass er "mit den Zielen der Revolution sympathisierte, obwohl er ein Kapitalist war".

[100] Botschaft von Petrograd, Akte des Roten Kreuzes.

Konsul in Wladiwostok, am 27. März 1919 über ein langes Gespräch, das er mit Robins geführt hatte, und beanstandete grobe Ungenauigkeiten in dessen Berichterstattung. Harris schrieb: "Robins erklärte mir, dass sich bis Mai 1918 keine deutschen und österreichischen Kriegsgefangenen der bolschewistischen Armee angeschlossen hätten. Robbins wusste, dass diese Aussage absolut falsch war." Harris fuhr dann fort, die Einzelheiten der Robins vorliegenden Beweise zu nennen.[101]

Harris schlussfolgerte: "Robbins hat damals absichtlich falsche Angaben über Russland gemacht, und er hat es seitdem immer wieder getan."

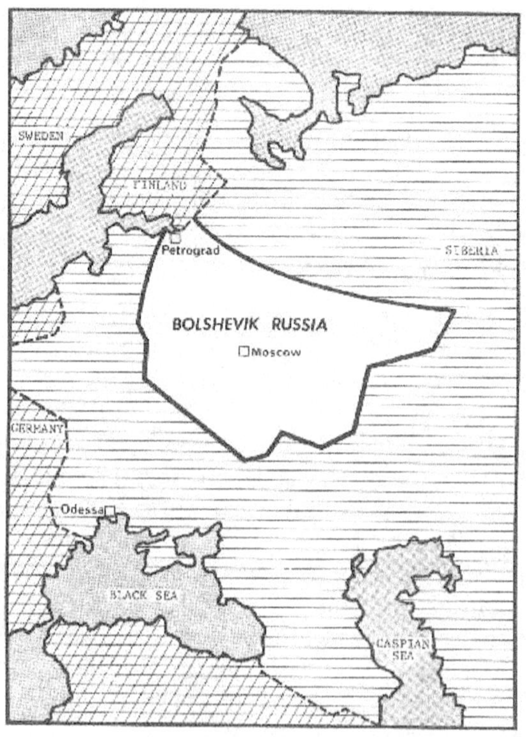

Grenze des von den Bolschewiki kontrollierten Gebiets, Januar 1918

---

[101] Dezimaldatei des US-Außenministeriums, 861.00/4168.

Nach seiner Rückkehr in die Vereinigten Staaten im Jahr 1918 setzte Robins seine Bemühungen für die Bolschewiki fort. Als die Akten des sowjetischen Büros vom Lusk-Ausschuss beschlagnahmt wurden, stellte man fest, dass Robins einen "umfangreichen Schriftverkehr" mit Ludwig Martens und anderen Mitgliedern des Büros geführt hatte. Eines der interessantesten beschlagnahmten Dokumente war ein Brief von Santeri Nuorteva (alias Alexander Nyberg), dem ersten sowjetischen Vertreter in den USA, an "Genosse Cahan", den Herausgeber des *New York Daily Forward*. In dem Brief werden die Parteigänger aufgefordert, den Weg für Raymond Robins zu ebnen:

(Zu Täglich) VORWÄRTS 6. Juli 1918

Lieber Genosse Cahan:

> *Es ist von größter Wichtigkeit, dass die sozialistische Presse sofort einen Aufschrei auslöst, damit Oberst Raymond Robins, der soeben an der Spitze der Rotkreuz-Mission aus Russland zurückgekehrt ist, in einem öffentlichen Bericht an das amerikanische Volk zu Wort kommt. Die Gefahr einer bewaffneten Intervention hat stark zugenommen. Die Reaktionäre nutzen das tschechisch-slowakische Abenteuer, um eine Invasion herbeizuführen. Robins hat alle Fakten darüber und über die Situation in Russland im Allgemeinen. Er vertritt unseren Standpunkt.*
> *Ich füge eine Kopie des Call-Leitartikels bei, der eine allgemeine Argumentationslinie sowie einige Fakten über die Tschecho-Slowaken enthält.*
>
> *brüderlich,*
> *PS&AU Santeri Nuorteva*

Das Internationale Rote Kreuz und die Revolution

Ohne Wissen seiner Verwalter wurde das Rote Kreuz von Zeit zu Zeit als Vehikel oder Deckmantel für revolutionäre Aktivitäten benutzt. Die Verwendung von Zeichen des Roten Kreuzes für nicht genehmigte Zwecke ist nicht ungewöhnlich. Als Zar Nikolaus von Petrograd nach Tobolsk gebracht wurde, angeblich zu seiner Sicherheit (obwohl diese Richtung eher der Gefahr als der

Sicherheit diente), trug der Zug japanische Rot-Kreuz-Plakate. In den Akten des Außenministeriums finden sich Beispiele für revolutionäre Aktivitäten unter dem Deckmantel von Rotkreuz-Aktivitäten. So wurde beispielsweise ein russischer Rotkreuzfunktionär (Chelgajnov) 1919 in Holland wegen revolutionärer Handlungen verhaftet (316-21-107). Während der ungarischen bolschewistischen Revolution von 1918, die von Bela Kun angeführt wurde, wurden in Wien und Budapest russische Mitglieder des Roten Kreuzes (oder Revolutionäre, die als Mitglieder des Russischen Roten Kreuzes agierten) angetroffen. Im Jahr 1919 kabelte der US-Botschafter in London eine erschreckende Nachricht nach Washington; über die britische Regierung hatte er erfahren, dass "mehrere Amerikaner, die in der Uniform des Roten Kreuzes in dieses Land gekommen waren und sich als Bolschewiken bezeichneten,... über Frankreich in die Schweiz reisten, um bolschewistische Propaganda zu verbreiten." Der Botschafter stellte fest, dass etwa 400 amerikanische Rotkreuzler im November und Dezember 1918 in London eingetroffen waren; von dieser Zahl kehrte ein Viertel in die Vereinigten Staaten zurück und "der Rest bestand darauf, nach Frankreich weiterzureisen." Später, am 15. Januar 1918, wurde berichtet, dass ein Redakteur einer Arbeiterzeitung in London bei drei verschiedenen Gelegenheiten von drei verschiedenen amerikanischen Rotkreuzmitarbeitern angesprochen worden war, die anboten, Aufträge an Bolschewiken in Deutschland zu vergeben. Der Redakteur hatte der US-Botschaft vorgeschlagen, amerikanisches Rotkreuzpersonal zu beobachten. Das US-Außenministerium nahm diese Berichte ernst und Polk telegrafierte, um Namen zu erfahren, und erklärte: "Wenn es stimmt, halte ich es für äußerst wichtig" (861.00/3602 und /3627).

Zusammenfassend lässt sich sagen, dass das Bild, das wir uns von der Mission des Amerikanischen Roten Kreuzes in Russland im Jahr 1917 machen, weit von einer neutralen humanitären Mission entfernt ist. Die Mission war in Wirklichkeit eine Mission von Wall-Street-Finanziers, um entweder durch Kerenski oder die bolschewistischen Revolutionäre Einfluss auf den russischen Markt und die russischen Ressourcen zu nehmen und den Weg für deren Kontrolle zu ebnen. Keine andere Erklärung kann die Handlungen der Mission erklären. Allerdings waren weder Thompson noch Robins Bolschewiken. Auch war keiner von ihnen ein konsequenter

Sozialist. Der Autor neigt zu der Interpretation, dass die sozialistischen Appelle beider Männer als Deckmantel für prosaischere Ziele dienten. Jeder von ihnen war auf das Geschäftliche bedacht, d.h. jeder versuchte, den politischen Prozess in Russland für persönliche finanzielle Zwecke zu nutzen. Ob das russische Volk die Bolschewiki wollte, spielte keine Rolle. Ob das bolschewistische Regime gegen die Vereinigten Staaten vorgehen würde - wie es das später immer wieder tat -, war nicht von Belang. Das einzige überwältigende Ziel bestand darin, mit dem neuen Regime politischen und wirtschaftlichen Einfluss zu gewinnen, unabhängig von dessen Ideologie. Hätte William Boyce Thompson allein gehandelt, dann wäre sein Amt als Direktor der Federal Reserve Bank unbedeutend gewesen. Die Tatsache, dass seine Mission von Vertretern der Wall Street dominiert wurde ( ), wirft jedoch eine ernste Frage auf - nämlich die, ob es sich bei der Mission um eine geplante, vorsätzliche Operation eines Wall Street-Syndikats handelte. Dies wird der Leser im weiteren Verlauf der Geschichte selbst beurteilen müssen.

Kapitel VI

Konsolidierung und Export der Revolution

Marx' großartiges Buch Das Kapital ist zugleich ein Monument des Denkens und eine Fundgrube von Fakten.
Lord Milner, Mitglied des britischen Kriegskabinetts, 1917,
und Direktor der London Joint Stock Bank.

W illiam Boyce Thompson ist ein unbekannter Name in der Geschichte des zwanzigsten Jahrhunderts, und doch spielte Thompson eine entscheidende Rolle in der bolschewistischen Revolution.[102] Wäre Thompson 1917 nicht in Russland gewesen, hätte die Geschichte danach vielleicht einen ganz anderen Verlauf genommen. Ohne die finanzielle und, was noch wichtiger ist, die diplomatische und propagandistische Unterstützung, die Trotzki und Lenin von Thompson, Robins und ihren New Yorker Partnern erhielten, wären die Bolschewiki vielleicht verkümmert und Russland hätte sich zu einer sozialistischen, aber rechtsstaatlichen Gesellschaft entwickelt.

Wer war William Boyce Thompson? Thompson war ein Förderer von Bergbauaktien, einer der Besten in einem hochriskanten Geschäft. Vor dem Ersten Weltkrieg leitete er die Börsengeschäfte für die Guggenheim-Kupferinteressen. Als die Guggenheims schnelles Kapital für einen Börsenkampf mit John D. Rockefeller brauchten, war es Thompson, der vor einer ahnungslosen Öffentlichkeit für Yukon Consolidated Goldfields warb, um eine

---

[102] Für eine Biographie siehe Hermann Hagedorn, *The Magnate: William Boyce Thompson und seine Zeit (1869-1930)* (New York: Reynal & Hitchcock, 1935).

Kriegskasse von 3,5 Millionen Dollar aufzutreiben. Thompson war Manager des Kennecott-Syndikats, einer weiteren Guggenheim-Operation, deren Wert auf 200 Millionen Dollar geschätzt wurde. Guggenheim Exploration hingegen nahm Thompsons Optionen auf die reiche Nevada Consolidated Copper Company wahr. Etwa drei Viertel der ursprünglichen Guggenheim Exploration Company wurden von der Familie Guggenheim, der Familie Whitney (der die Zeitschrift *Metropolitan* gehörte, für die der Bolschewik John Reed arbeitete) und John Ryan kontrolliert. 1916 formierten sich die Guggenheim-Interessen zu Guggenheim Brothers um und holten William C. Potter ins Boot, der zuvor bei Guggenheims American Smelting and Refining Company tätig war, 1916 aber zunächst Vizepräsident von Guaranty Trust wurde.

Durch sein außerordentliches Geschick bei der Beschaffung von Kapital für riskante Bergbauprojekte erwarb Thompson ein persönliches Vermögen und übernahm Direktorenposten bei der Inspiration Consolidated Copper Company, der Nevada Consolidated Copper Company und der Utah Copper Company - allesamt wichtige inländische Kupferproduzenten. Kupfer ist natürlich ein wichtiges Material für die Herstellung von Munition. Thompson war auch Direktor der Chicago Rock Island & Pacific Railroad, der Magma Arizona Railroad und der Metropolitan Life Insurance Company. Und von besonderem Interesse für dieses Buch ist, dass Thompson "einer der größten Aktionäre der Chase National Bank" war. Es war Albert H. Wiggin, der Präsident der Chase Bank, der Thompson für einen Posten im Federal Reserve System vorschlug. 1914 wurde Thompson der erste Direktor auf Lebenszeit der Federal Reserve Bank of New York - der wichtigsten Bank im Federal Reserve System.

Im Jahr 1917 war William Boyce Thompson also ein Finanzunternehmer mit beträchtlichen Mitteln und nachgewiesenen Fähigkeiten, mit einem Gespür für die Förderung und Umsetzung kapitalistischer Projekte und mit einem leichten Zugang zu den Zentren der politischen und finanziellen Macht. Es war derselbe Mann, der zunächst Aleksandr Kerenski unterstützte und dann zu einem glühenden Anhänger der Bolschewiki wurde, der ein überliefertes Symbol dieser Unterstützung hinterließ - ein lobendes Pamphlet in russischer Sprache, "Pravda o Rossii i

Bol'shevikakh".[103]

Bevor er Russland Anfang Dezember 1917 verließ, übergab Thompson die Mission des Amerikanischen Roten Kreuzes an seinen Stellvertreter Raymond Robins. Robins organisierte daraufhin russische Revolutionäre, um den Thompson-Plan zur Verbreitung der bolschewistischen Propaganda in Europa umzusetzen (siehe Anhang 3). Ein französisches Regierungsdokument bestätigt dies: "Es schien, dass Oberst Robins... in der Lage war, eine subversive Mission russischer Bolschewiken nach Deutschland zu schicken, um dort eine Revolution zu starten."[104] Diese Mission führte zu dem gescheiterten deutschen Spartakusaufstand von 1918. Der Gesamtplan umfasste auch Pläne für den Abwurf bolschewistischer Literatur per Flugzeug oder für den Schmuggel über die deutschen Linien.

Thompson bereitete sich Ende 1917 darauf vor, Petrograd zu verlassen und die bolschewistische Revolution an die Regierungen in Europa und den USA zu verkaufen. Zu diesem Zweck telegrafierte Thompson an Thomas W. Lamont, einen Partner der Firma Morgan, der sich zu diesem Zeitpunkt mit Oberst E. M. House in Paris aufhielt. Lamont hielt den Empfang dieses Telegramms in seiner Biographie fest:

> *Gerade als die Hausmission im Dezember 1917 ihre Beratungen in Paris abschloss, erhielt ich ein aufschlussreiches Telegramm von meinem alten Schul- und Geschäftsfreund William Boyce Thompson, der damals in Petrograd für die dortige Mission des Amerikanischen Roten Kreuzes zuständig war.*[105]

---

[103] Polkovnik' Villiam' Boic' Thompson', "Pravda o Rossii i Bol'shevikakh" (New York: Russian-American Publication Society, 1918).

[104] John Bradley, *Alliierte Intervention in Russland* (London: Weidenfeld and Nicolson, 1968.)

[105] Thomas W. Lamont, *Across World Frontiers* (New York: Harcourt, Brace, 1959), S. 85. Siehe auch S. 94-97 für massives Brustklopfen über das

Lamont reiste nach London und traf dort mit Thompson zusammen, der Petrograd am 5. Dezember verlassen hatte, über Bergen (Norwegen) gereist war und am 10. Dezember in London eintraf. Die wichtigste Leistung von Thompson und Lamont in London bestand darin, das britische Kriegskabinett - das damals entschieden antibolschewistisch eingestellt war - davon zu überzeugen, dass das bolschewistische Regime gekommen war, um zu bleiben, und dass die britische Politik aufhören sollte, antibolschewistisch zu sein, die neuen Realitäten akzeptieren und Lenin und Trotzki unterstützen sollte. Thompson und Lamont verließen London am 18. Dezember und kamen am 25. Dezember 1917 in New York an. Sie versuchten den gleichen Bekehrungsprozess in den Vereinigten Staaten.

Eine Konsultation mit Lloyd George

Die geheimen Papiere des britischen Kriegskabinetts sind jetzt verfügbar und enthalten die Argumente, mit denen Thompson die britische Regierung für eine pro-bolschewistische Politik gewinnen wollte. Der Premierminister Großbritanniens war David Lloyd George. Lloyd Georges private und politische Machenschaften standen denen eines Tammany-Hall-Politikers in nichts nach - und doch waren die Biografen zu seinen Lebzeiten und noch Jahrzehnte danach nicht in der Lage oder nicht willens, sich mit ihnen auseinanderzusetzen. Im Jahr 1970 lüftete Donald McCormick in *The Mask of Merlin* den Schleier der Geheimhaltung. McCormick zeigt, dass sich David Lloyd George 1917 *"zu* tief in das Geflecht internationaler Rüstungsintrigen verstrickt hatte, um frei agieren zu können"*, und dass er Sir Basil Zaharoff verpflichtet war, einem internationalen Waffenhändler, der mit dem Verkauf von Waffen an beide Seiten in mehreren Kriegen ein beträchtliches Vermögen erwirtschaftet hatte.[106] Zaharoff verfügte über eine enorme Macht

---

Versäumnis von Präsident Wilson, rechtzeitig zu handeln, um sich mit dem Sowjetregime anzufreunden. Corliss Lamont, sein Sohn, wurde ein [font-line domestic leftist in the U.S.].

[106] Donald McCormick, *The Mask of Merlin* (London: MacDonald, 1963; New York: Holt, Rinehart and Winston, 1964), S. 208. Das Privatleben von Lloyd George würde ihn sicherlich erpressbar machen.

hinter den Kulissen und wurde laut McCormick von den alliierten Führern zur Kriegspolitik konsultiert. Bei mehr als einer Gelegenheit, so berichtet McCormick, trafen sich Woodrow Wilson, Lloyd George und Georges Clemenceau in Zaharoffs Pariser Wohnung. McCormick stellt fest, dass "alliierte Staatsmänner und Führer verpflichtet waren, ihn zu konsultieren, bevor sie einen großen Angriff planten". Der britische Geheimdienst, so McCormick, "entdeckte Dokumente, die Diener der Krone als Geheimagenten von Sir Basil Zaharoff *mit dem Wissen von Lloyd George* belasteten."[107] 1917 stand Zaharoff mit den Bolschewiken in Verbindung; er versuchte, Munition von den Antibolschewiken abzuzweigen und hatte bereits in London und Paris zugunsten des bolschewistischen Regimes interveniert.

Ende 1917 - zu dem Zeitpunkt, als Lamont und Thompson in London eintrafen - war Premierminister Lloyd George bei mächtigen internationalen Rüstungsinteressen verschuldet, die mit den Bolschewiki verbündet waren und die bolschewistische Macht in Russland ausbauten. Der britische Premierminister, der 1917 mit William Thompson zusammentraf, war damals kein freier Akteur; Lord Milner war die Macht hinter den Kulissen und, wie die Überschrift zu diesem Kapitel andeutet, dem Sozialismus und Karl Marx wohlgesonnen.

Die "geheimen" Papiere des Kriegskabinetts enthalten den "Bericht des Premierministers über ein Gespräch mit Mr. Thompson, einem aus Russland zurückgekehrten Amerikaner"[108] und den Bericht des Premierministers an das Kriegskabinett nach dem Treffen mit Thompson.[109] Das Kabinettspapier lautet wie folgt:

Der Premierminister berichtete von einem Gespräch, das

---

[107] Ebd. McCormick's kursiv.

[108] Papiere des britischen Kriegskabinetts, Nr. 302, Sek. 2 (Public Records Office, London).

[109] Das schriftliche Memorandum, das Thompson Lloyd George vorlegte und das die Grundlage für die Erklärung des Kriegskabinetts bildete, ist aus amerikanischen Archivquellen verfügbar und in Anhang 3 vollständig abgedruckt.

er mit einem Herrn Thompson - einem amerikanischen Reisenden und einem Mann mit beträchtlichen Mitteln - geführt hatte, der gerade aus Russland zurückgekehrt war und der einen etwas anderen Eindruck von den Angelegenheiten in diesem Land vermittelte, als allgemein angenommen wurde. Der Kern seiner Bemerkungen lautete, dass die Revolution gekommen sei, um zu bleiben, dass die Alliierten sich der Revolution gegenüber nicht ausreichend wohlwollend gezeigt hätten und dass MM. Trotzki und Lenin nicht in deutschen Diensten stünden, wobei letzterer ein recht angesehener Professor sei. Herr Thompson fügte hinzu, dass er der Meinung sei, die Alliierten sollten in Russland eine aktive Propaganda betreiben, die von einer Art Alliierten Rat durchgeführt werde, der sich aus speziell für diesen Zweck ausgewählten Männern zusammensetze; außerdem sei er der Meinung, dass die verschiedenen alliierten Regierungen in Anbetracht des Charakters der faktischen russischen Regierung insgesamt nicht angemessen in Petrograd vertreten seien. Die Alliierten müssten sich darüber klar werden, dass die russische Armee und das russische Volk aus dem Krieg ausgeschieden seien und dass die Alliierten zwischen Russland als freundlichem oder feindlichem Neutralen wählen müssten.

Es wurde die Frage erörtert, ob die Alliierten ihre Politik gegenüber der russischen De-facto-Regierung nicht ändern sollten, da die Bolschewiken nach den Worten von Herrn Thompson "and-deutsch" sind. In diesem Zusammenhang wies Lord Robert Cecil auf die Bedingungen des Waffenstillstands zwischen der deutschen und der russischen Armee hin, die unter anderem den Handel zwischen den beiden Ländern und die Einrichtung einer Einkaufskommission in Odessa vorsahen, wobei die gesamte Regelung offensichtlich von den Deutschen diktiert wurde. Lord Robert Cecil äußerte die Ansicht, dass die Deutschen bestrebt sein würden, den Waffenstillstand so lange aufrechtzuerhalten, bis die russische Armee zusammengeschmolzen sei.

Sir Edward Carson verlas eine von M. Trotzki unterzeichnete Mitteilung, die ihm von einem britischen Staatsbürger, dem Leiter der russischen Niederlassung der Vauxhall Motor Company, der gerade aus Russland zurückgekehrt war, übermittelt worden war [Papier G.T. - 3040]. Aus diesem Bericht ging hervor, dass Trotzkis Politik, zumindest vordergründig, eher eine feindliche Haltung gegenüber der Organisation der zivilisierten Gesellschaft als eine pro-deutsche war. Andererseits wurde darauf hingewiesen, dass eine solche Haltung keineswegs damit unvereinbar sei, dass Trotzki ein deutscher Agent sei, dessen Ziel es sei, Russland zu ruinieren, damit Deutschland in diesem Land tun könne, was es wolle.

Nachdem das Kriegskabinett Lloyd Georges Bericht und seine Argumente gehört hatte, beschloss es, Thompson und den Bolschewiken zu folgen. Milner hatte einen ehemaligen britischen Konsul in Russland - Bruce Lockhart - in den Startlöchern stehen. Lockhart wurde unterrichtet und mit der Anweisung nach Russland geschickt, informell mit den Sowjets zusammenzuarbeiten.

Die Gründlichkeit von Thompsons Arbeit in London und der Druck, den er auf die Situation auszuüben vermochte, werden durch spätere Berichte, die dem Kriegskabinett aus authentischen Quellen zugehen, deutlich. Die Berichte vermitteln ein ganz anderes Bild von Trotzki und den Bolschewiki als das von Thompson dargestellte, und doch wurden sie vom Kabinett ignoriert. Im April 1918 berichtete General Jan Smuts dem Kriegskabinett über sein Gespräch mit General Nieffel, dem Leiter der französischen Militärmission, der gerade aus Russland zurückgekehrt war:

Trotski (sic)... war ein vollendeter Schurke, der vielleicht nicht pro-deutsch, aber durch und durch pro-Trotski und pro-revolutionär ist und dem man in keiner Weise trauen kann. Sein Einfluss zeigt sich in der Art und Weise, wie er Lockhart, Robins und den französischen Vertreter beherrscht hat. Er [Nieffel] rät zu großer Vorsicht im Umgang mit Trotski, der, wie er zugibt, der einzige wirklich fähige Mann in Russland ist.[110]

Einige Monate später hielt sich Thomas D. Thacher, Anwalt an der Wall Street und ebenfalls Mitglied der amerikanischen Rotkreuzmission in Russland, in London auf. Am 13. April 1918 schrieb Thacher an den amerikanischen Botschafter in London, er habe von H. P. Davison, einem Morgan-Partner, die Bitte erhalten, "sich mit Lord Northcliffe" über die Lage in Russland zu beraten und dann "für weitere Konferenzen" nach Paris weiterzureisen. Lord Northcliffe war krank und Thacher hinterließ bei einem anderen Morgan-Partner, Dwight W. Morrow, ein Memorandum, das Northcliffe bei seiner Rückkehr nach London vorgelegt werden sollte.[111] Dieses Memorandum enthielt nicht nur ausdrückliche Vorschläge zur russischen Politik, die Thompsons Position unterstützten, sondern erklärte sogar, dass "der sowjetischen Regierung bei ihren Bemühungen, eine revolutionäre Freiwilligenarmee zu organisieren, die größtmögliche Unterstützung gewährt werden sollte." Die vier wichtigsten Vorschläge in diesem Thacher-Bericht sind:

Zuallererst sollten die Alliierten die japanische Intervention in Sibirien unterbinden.

Zweitens sollte die Sowjetregierung in ihren Bemühungen, eine revolutionäre Freiwilligenarmee zu organisieren, die größtmögliche Unterstützung erhalten.

Drittens sollten die alliierten Regierungen das russische Volk in seinen Bemühungen moralisch unterstützen, sein eigenes politisches System frei von der Vorherrschaft einer fremden Macht zu entwickeln...

Viertens: Bis zu dem Zeitpunkt, an dem es zu einem offenen Konflikt zwischen der deutschen Regierung und der sowjetischen Regierung Russlands kommt, wird es Gelegenheit für eine friedliche kommerzielle Durchdringung durch deutsche Agenturen in

---

[110] Das vollständige Memorandum befindet sich in der Dezimaldatei des US-Außenministeriums, 316-13-698.

[111] Kriegskabinettsunterlagen, 24/49/7197 (G.T. 4322) Geheim, 24. April 1918.

Russland geben. Solange es keinen offenen Bruch gibt, wird es wahrscheinlich unmöglich sein, diesen Handel völlig zu verhindern. Es sollten daher Schritte unternommen werden, um den Transport von Getreide und Rohstoffen aus Russland nach Deutschland so weit wie möglich zu verhindern.[112]

Thompsons Absichten und Ziele

Warum sollte ein prominenter Wall-Street-Finanzier und Direktor der Federal Reserve Bank bolschewistische Revolutionäre organisieren und unterstützen wollen? Warum sollten nicht nur einer, sondern mehrere Morgan-Partner, die zusammenarbeiten, die Bildung einer sowjetischen "freiwilligen revolutionären Armee" fördern wollen - einer Armee, die angeblich dem Sturz der Wall Street gewidmet ist, einschließlich Thompson, Thomas Lamont, Dwight Morrow, der Morgan-Firma und all ihrer Mitarbeiter?

Zumindest war Thompson in Bezug auf seine Ziele in Russland geradlinig: Er wollte Russland im Krieg mit Deutschland halten (obwohl er vor dem britischen Kriegskabinett argumentierte, dass Russland ohnehin aus dem Krieg ausgeschieden sei) und Russland als Markt für amerikanische Unternehmen in der Nachkriegszeit erhalten. Das Memorandum von Thompson an Lloyd George vom Dezember 1917 beschreibt diese Ziele.[113] Das Memorandum beginnt: "Die russische Situation ist verloren, und Russland liegt völlig offen für eine ungehinderte deutsche Ausbeutung... " und schließt: "Ich glaube, dass intelligente und mutige Arbeit Deutschland noch daran hindern wird, das Feld für sich zu besetzen und damit Russland auf Kosten der Alliierten auszubeuten." Folglich war es die deutsche kommerzielle und industrielle

---

[112] Der Brief ist in Anhang 3 vollständig wiedergegeben. Es sei darauf hingewiesen, dass wir Thomas Lamont, Dwight Morrow und H. P. Davison als eng an der Entwicklung der Politik gegenüber den Bolschewiki beteiligt identifiziert haben. Alle waren Partner in der Firma J.P. Morgan. Thacher arbeitete in der Anwaltskanzlei Simpson, Thacher & Bartlett und war ein enger Freund von Felix Frankfurter.

[113] Siehe Anhang 3.

Ausbeutung Russlands, die Thompson fürchtete (dies spiegelt sich auch im Thacher-Memorandum wider) und die Thompson und seine New Yorker Freunde in ein Bündnis mit den Bolschewiki brachte. Diese Interpretation spiegelt sich auch in einer quasi-scherzhaften Aussage von Raymond Robins, Thompsons Stellvertreter, gegenüber Bruce Lockhart, dem britischen Agenten, wider:

> *Sie werden hören, dass ich der Vertreter der Wall Street bin; dass ich der Diener von William B. Thompson bin, um Altai-Kupfer für ihn zu bekommen; dass ich bereits 500.000 Morgen des besten Holzlandes in Russland für mich selbst bekommen habe; dass ich bereits die Transsibirische Eisenbahn abgezockt habe; dass sie mir ein Monopol auf das Platin Russlands gegeben haben; dass dies meine Arbeit für den Sowjet erklärt... Sie werden dieses Gerede hören. Nun, ich glaube nicht, dass es wahr ist, Herr Kommissar, aber nehmen wir an, es ist wahr. Nehmen wir an, dass ich hier bin, um Russland für die Wall Street und amerikanische Geschäftsleute zu erobern. Nehmen wir an, Sie sind ein britischer Wolf und ich bin ein amerikanischer Wolf, und wenn dieser Krieg vorbei ist, werden wir uns gegenseitig für den russischen Markt auffressen; lassen Sie uns das ganz offen und menschlich tun, aber lassen Sie uns gleichzeitig annehmen, dass wir ziemlich intelligente Wölfe sind und dass wir wissen, dass, wenn wir in dieser Stunde nicht gemeinsam jagen, der deutsche Wolf uns beide auffressen wird, und dann lassen Sie uns an die Arbeit gehen.[114]*

Werfen wir vor diesem Hintergrund einen Blick auf die persönlichen Beweggründe Thompsons. Thompson war ein Finanzier, ein Förderer und hatte, obwohl er zuvor kein Interesse an Russland hatte, die Mission des Roten Kreuzes in Russland persönlich finanziert und die Mission als Mittel für politische Manöver genutzt. Aus dem Gesamtbild können wir ableiten, dass Thompsons Motive in erster Linie finanzieller und kommerzieller

---

[114] U.S., Senat, *Bolschewistische Propaganda,* Hearings before a Subcommittee of the Committee on the Judiciary, 65th Cong., 1919, S. 802.

Natur waren. Insbesondere interessierte sich Thompson für den russischen Markt und dafür, wie dieser Markt beeinflusst, umgeleitet und für die Nachkriegsausbeutung durch ein oder mehrere Wall-Street-Syndikate erobert werden konnte. Sicherlich sah Thompson Deutschland als Feind an, aber weniger als politischen Feind denn als wirtschaftlichen oder kommerziellen Feind. Die deutsche Industrie und das deutsche Bankwesen waren der wahre Feind. Um Deutschland zu überlisten, war Thompson bereit, auf jedes politische Machtinstrument zu setzen, mit dem er sein Ziel erreichen konnte. Mit anderen Worten: Thompson war ein amerikanischer Imperialist, der gegen den deutschen Imperialismus kämpfte ( ), und dieser Kampf wurde von Lenin und Trotzki scharfsinnig erkannt und ausgenutzt.

Die Beweise sprechen für diese unpolitische Vorgehensweise. Anfang August 1917 aß William Boyce Thompson in der US-Botschaft in Petrograd mit Kerenski, Terestchenko und dem amerikanischen Botschafter Francis zu Mittag. Während des Mittagessens zeigte Thompson seinen russischen Gästen ein Telegramm, das er soeben an das New Yorker Büro von J.P. Morgan geschickt hatte und in dem er um die Überweisung von 425.000 Rubel bat, um eine persönliche Zeichnung des neuen russischen Freiheitskredits zu decken. Thompson bat Morgan außerdem, "meine Freunde zu informieren, dass ich diese Anleihen als die beste Kriegsinvestition empfehle, die ich kenne. Ich werde mich gerne darum kümmern, dass sie hier ohne Entschädigung gekauft werden"; dann bot er persönlich an, zwanzig Prozent eines New Yorker Konsortiums zu übernehmen, das fünf Millionen Rubel der russischen Anleihe kaufte. Nicht unerwartet zeigten sich Kerenski und Terestchenko "sehr erfreut" über die Unterstützung der Wall Street. Und Botschafter Francis teilte dem Außenministerium per Telegramm mit, dass die Rot-Kreuz-Kommission "harmonisch mit mir zusammenarbeitet" und dass sie "eine ausgezeichnete Wirkung" haben werde.[115] Andere Autoren haben berichtet, wie Thompson versuchte, die russischen Bauern davon zu überzeugen, Kerenski zu unterstützen, indem er 1 Million Dollar seines eigenen Geldes und

---

[115] Dezimaldatei des US-Außenministeriums, 861.51/184.

Mittel der US-Regierung in derselben Größenordnung in Propagandaaktivitäten investierte. In der Folge gründete das Komitee für staatsbürgerliche Erziehung im freien Russland unter der Leitung der revolutionären "Großmutter" Breschkowskaja und mit David Soskice (Kerenskis Privatsekretär) als Geschäftsführer Zeitungen, Nachrichtenbüros, Druckereien und Rednerbüros, um den Aufruf "Bekämpft den Kaiser und rettet die Revolution" zu verbreiten. Es ist bemerkenswert, dass die von Thompson finanzierte Kerenski-Kampagne denselben Appell enthielt - "Haltet Russland im Krieg" - wie seine finanzielle Unterstützung der Bolschewiki. Die gemeinsame Verbindung zwischen Thompsons Unterstützung für Kerenski und seiner Unterstützung für Trotzki und Lenin lautete: "Führt den Krieg gegen Deutschland fort" und haltet Deutschland aus Russland heraus.

Kurz gesagt, hinter und unter den militärischen, diplomatischen und politischen Aspekten des Ersten Weltkriegs tobte ein anderer Kampf, nämlich ein Manöver um die Weltwirtschaftsmacht der Nachkriegszeit durch internationale Akteure mit beträchtlicher Macht und Einfluss. Thompson war kein Bolschewik; er war nicht einmal pro-bolschewistisch. Auch war er nicht für Kerenski. Er war nicht einmal pro-amerikanisch. *Sein wichtigstes Motiv war die Eroberung des russischen Nachkriegsmarktes.* Dies war ein kommerzielles, kein ideologisches Ziel. Ideologie konnte revolutionäre Akteure wie Kerenski, Trotzki, Lenin und andere beeinflussen, nicht aber Finanziers.

Das Memorandum von Lloyd George zeigt, dass Thompson weder für Kerenski noch für die Bolschewiki Partei ergriff: "Nach dem Sturz der letzten Kerenski-Regierung haben wir die Verbreitung der bolschewistischen Literatur wesentlich unterstützt, indem wir sie durch Agenten und mit Flugzeugen an die deutsche Armee verteilt haben."[116] Dies wurde Mitte Dezember 1917 geschrieben, nur fünf Wochen nach Beginn der bolschewistischen Revolution und weniger als vier Monate nachdem Thompson beim Mittagessen in der amerikanischen Botschaft seine Unterstützung für Kerenski zum Ausdruck gebracht hatte.

---

[116] Siehe Anhang 3.

Thompson kehrt in die Vereinigten Staaten zurück

Dann kehrte Thompson zurück und reiste durch die Vereinigten Staaten, um öffentlich für die Anerkennung der Sowjets zu werben. In einer Rede vor dem Rocky Mountain Club in New York im Januar 1918 rief Thompson zur Unterstützung der entstehenden bolschewistischen Regierung auf und appellierte an ein Publikum, das größtenteils aus Menschen aus dem Westen bestand, und beschwor den Geist der amerikanischen Pioniere:

Diese Männer hätten nicht lange gezögert, der russischen Arbeiterregierung ihre Anerkennung, Hilfe und Sympathie zukommen zu lassen, denn 1819 und in den folgenden Jahren gab es dort bolschewistische Regierungen, und zwar sehr gute Regierungen.[117]

Es übersteigt die Vorstellungskraft, wenn man die Erfahrungen der Pioniere an unserer Westgrenze mit der rücksichtslosen Ausrottung der politischen Opposition vergleicht, die damals in Russland im Gange war. Für Thompson war die Förderung dieses Themas zweifellos mit der Förderung von Bergbauaktien in früheren Zeiten vergleichbar. Wir wissen nicht, was die Zuhörer von Thompsons Rede dachten, aber niemand erhob Einwände. Der Redner war ein angesehener Direktor der Federal Reserve Bank of New York, ein Selfmade-Millionär (und das zählt viel). Und war er nicht gerade erst aus Russland zurückgekehrt? Aber es war nicht alles rosig. Thompsons Biograph Hermann Hagedorn schrieb, dass die Wall Street "fassungslos" war, dass seine Freunde "schockiert" waren und "sagten, er habe den Kopf verloren, sei selbst zum Bolschewisten geworden."[118]

Während sich die Wall Street fragte, ob er tatsächlich "zum Bolschewiken geworden" sei, fand Thompson bei seinen Vorstandskollegen der Federal Reserve Bank of New York Sympathie. Mitdirektor W. L. Saunders, Vorsitzender der Ingersoll-

---

[117] Eingefügt von Senator Calder im *Congressional Record*, 31. Januar 1918, S. 1409.

[118] Hagedorn, op. tit., S. 263.

Rand Corporation und Direktor der FRB, schrieb am 17. Oktober 1918 an Präsident Wilson, dass er "mit der sowjetischen Regierungsform sympathisiere"; gleichzeitig lehnte er jegliche Hintergedanken ab, wie z. B. "sich jetzt darauf vorzubereiten, nach dem Krieg den Welthandel zu übernehmen.[119]

Der interessanteste von Thompsons Vorstandskollegen war George Foster Peabody, stellvertretender Vorsitzender der Federal Reserve Bank of New York und ein enger Freund des Sozialisten Henry George. Peabody hatte ein Vermögen mit der Manipulation von Eisenbahnen gemacht, so wie Thompson sein Vermögen mit der Manipulation von Kupferaktien gemacht hatte. Peabody setzte sich daraufhin für staatliches Eigentum an Eisenbahnen ein und sprach sich offen für die Sozialisierung aus.[120] Wie konnte Peabody seinen Erfolg als Privatunternehmer mit der Förderung von Staatseigentum vereinbaren? Seinem Biographen Louis Ware zufolge "sagte ihm seine Argumentation, dass es wichtig sei, dass diese Form des Transports als öffentlicher Dienst und nicht zum Vorteil privater Interessen betrieben werde". Diese hochtrabende Gutmenschen-Argumentation klingt kaum wahr. Richtiger wäre es zu sagen, dass Peabody und seine Finanziers in Washington angesichts ihres dominanten politischen Einflusses durch die staatliche Kontrolle der Eisenbahnen die Härten des Wettbewerbs leichter umgehen konnten. Durch politischen Einfluss konnten sie die Polizeigewalt des Staates manipulieren, um das zu erreichen, was sie in der Privatwirtschaft nicht erreichen konnten oder was zu kostspielig war. Mit anderen Worten: Die Polizeigewalt des Staates war ein Mittel zur Aufrechterhaltung eines privaten Monopols. Dies war genau das, was Frederick C. Howe vorgeschlagen hatte. Die Idee eines zentral geplanten sozialistischen Russlands muss Peabody gefallen haben. Man stelle sich das vor - ein einziges gigantisches Staatsmonopol! Und Thompson, sein Freund und Direktorenkollege, hatte den besten Draht zu den Jungs, die das

---

[119] Dezimaldatei des US-Außenministeriums, 861.00/3005.

[120] Louis Ware, *George Foster Peabody* (Athens: University of Georgia Press, 1951).

Unternehmen leiteten![121]

Die inoffiziellen Botschafterinnen und Botschafter: Robins, Lockhart und Sadoul

Die Bolschewiki schätzten ihrerseits die mangelnde Sympathie der Petrograder Vertreter der drei großen Westmächte - USA, Großbritannien und Frankreich - richtig ein. Die Vereinigten Staaten werden von Botschafter Francis vertreten, der unverhohlen keine Sympathien für die Revolution hegt. Großbritannien wurde durch Sir James Buchanan vertreten, der enge Beziehungen zur zaristischen Monarchie unterhielt und im Verdacht stand, die Kerenski-Phase der Revolution unterstützt zu haben. Frankreich wurde durch den Botschafter Paleologue vertreten, der offen antibolschewistisch eingestellt war. Anfang 1918 treten drei weitere Persönlichkeiten in Erscheinung, die *de facto* zu Vertretern dieser westlichen Länder werden und die offiziell anerkannten Vertreter verdrängen.

Raymond Robins übernahm Anfang Dezember 1917 die Rotkreuz-Mission von W. B. Thompson, kümmerte sich aber mehr um wirtschaftliche und politische Angelegenheiten als um die Erlangung von Hilfe und Unterstützung für das von Armut geplagte Russland. Am 26. Dezember 1917 telegrafierte Robins dem Morgan-Partner Henry Davison, der vorübergehend Generaldirektor des Amerikanischen Roten Kreuzes war: "Bitte drängen Sie den Präsidenten auf die Notwendigkeit unserer fortgesetzten Kontakte mit der bolschewistischen Regierung."[122] Am 23. Januar 1918 kabelte Robins an Thompson, damals in New

---

[121] Wem dieses Argument zu weit hergeholt erscheint, dem sei Gabriel Kolko, *Railroads and Regulation 1877-1916* (New York: W. W. Norton, 1965) empfohlen, in dem beschrieben wird, wie der Druck für eine staatliche Kontrolle und die Gründung der Interstate Commerce Commission von den *Eisenbahnbesitzern* ausging *und* nicht von den Landwirten und Nutzern der Eisenbahndienste.

[122] C. K. Cumming und Waller W. Pettit, *Russian-American Relations, Documents and Papers* (New York: Harcourt, Brace & Howe, 1920), doe. 44.

York:

> *Die Sowjetregierung ist heute stärker als je zuvor. Ihre Autorität und Macht wurde durch die Auflösung der Konstituierenden Versammlung stark gefestigt... Kann nicht genug betonen, wie wichtig die sofortige Anerkennung der bolschewistischen Autorität ist... Sisson billigt diesen Text und bittet Sie, dieses Telegramm an Creel weiterzuleiten. Thacher und Wardwell stimmen ihm zu.[123]*

Später im Jahr 1918, nach seiner Rückkehr in die Vereinigten Staaten, legte Robins dem Außenminister Robert Lansing einen Bericht vor, der diesen ersten Absatz enthielt: "Amerikanische wirtschaftliche Zusammenarbeit mit Russland; Russland wird amerikanische Hilfe beim wirtschaftlichen Wiederaufbau begrüßen."[124]

Robins' beharrlicher Einsatz für die bolschewistische Sache verschaffte ihm ein gewisses Ansehen im bolschewistischen Lager und vielleicht sogar einen gewissen politischen Einfluss. Die US-Botschaft in London erklärte im November 1918, dass "Salkind seine Ernennung zum bolschewistischen Botschafter in der Schweiz einem Amerikaner verdankt... keinem anderen als Herrn Raymond Robins".[125] Ungefähr zu dieser Zeit begannen Berichte nach Washington zu sickern, dass Robins selbst ein Bolschewik sei; zum Beispiel der folgende aus Kopenhagen, datiert vom 3. Dezember 1918:

> *Vertraulich. Nach einer Aussage von Radek gegenüber George de Patpourrie, dem verstorbenen österreichisch-ungarischen Generalkonsul in Moskau, verhandelt Oberst Robbins [sic], der frühere Leiter der*

---

[123] Ebd., Dok. 54.

[124] Ebd., Dok. 92.

[125] U.S. State Dept. Decimal File, 861.00/3449. Siehe jedoch Kennan, *Russia Leaves the War*, S. 401-5.

> *amerikanischen Rot-Kreuz-Mission in Rußland, zur Zeit in Moskau mit der sowjetischen Regierung und fungiert als Vermittler zwischen den Bolschewiki und ihren Freunden in den Vereinigten Staaten. In einigen Kreisen scheint der Eindruck zu bestehen, dass Oberst Robbins selbst ein Bolschewiki ist, während andere behaupten, dass er das nicht ist, sondern dass seine Aktivitäten in Russland den Interessen der assoziierten Regierungen zuwiderlaufen.[126]*

Materialien in den Akten des Sowjetischen Büros in New York, die 1919 vom Lusk-Ausschuss beschlagnahmt wurden, bestätigen, dass sowohl Robins als auch seine Frau eng mit den bolschewistischen Aktivitäten in den Vereinigten Staaten und der Gründung des Sowjetischen Büros in New York verbunden waren.[127]

Die britische Regierung nahm inoffizielle Beziehungen zum bolschewistischen Regime auf, indem sie einen jungen russischsprachigen Agenten, Bruce Lockhart, nach Russland schickte. Lockhart war sozusagen das Gegenstück zu Robins, doch im Gegensatz zu Robins verfügte Lockhart über direkte Verbindungen zu seinem Außenministerium. Lockhart war weder vom Außenminister noch vom Außenministerium ausgewählt worden; beide waren über die Ernennung bestürzt. Laut Richard Ullman wurde Lockhart "von Milner und Lloyd George selbst für seine Mission ausgewählt... Maxim Litwinow, der als inoffizieller sowjetischer Vertreter in Großbritannien fungierte, schrieb für Lockhart ein Empfehlungsschreiben an Trotzki; darin nannte er den britischen Agenten "einen durch und durch ehrlichen Mann, der unsere Position versteht und mit uns sympathisiert".[128]

Wir haben bereits festgestellt, dass auf Lloyd George Druck ausgeübt wurde, eine pro-bolschewistische Position einzunehmen, insbesondere durch William B. Thompson und indirekt durch Sir

---

[126] Ibid., 861.00 3333.

[127] Siehe Kapitel sieben.

[128] Richard H. Ullman, *Intervention and the War* (Princeton, N.J.: Princeton University Press, 1961), t). 61.

Basil Zaharoff und Lord Milner. Milner war, wie der Epigraph dieses Kapitels andeutet, ein ausgesprochener Prosozialist. Edward Crankshaw hat Milners Dualität kurz und bündig umrissen.

Einige der Passagen [in Milner] über Industrie und Gesellschaft... sind Passagen, auf die jeder Sozialist stolz wäre, sie geschrieben zu haben. Aber sie wurden nicht von einem Sozialisten geschrieben. Sie wurden von "dem Mann geschrieben, der den Burenkrieg gemacht hat". Einige der Passagen über Imperialismus und die Last des weißen Mannes könnten von einem eingefleischten Tory geschrieben worden sein. Sie wurden von einem Schüler von Karl Marx verfasst.[129]

Laut Lockhart war der sozialistische Bankdirektor Milner ein Mann, der in ihm "die größte Zuneigung und Heldenverehrung" hervorrief.[130] Lockhart erzählt, wie Milner persönlich seine Ernennung zum Russen förderte, sie bis auf Kabinettsebene vorantrieb und nach seiner Ernennung "fast täglich" mit Lockhart sprach. Während Milner den Weg für die Anerkennung der Bolschewiki ebnete, förderte er auch die finanzielle Unterstützung ihrer Gegner in Südrussland und anderswo, wie es Morgan in New York tat. Diese doppelte Politik steht im Einklang mit der These, dass der *Modus Operandi* der politisierten Internationalisten - wie Milner und Thompson - darin bestand, staatliche Gelder auf jedes revolutionäre oder konterrevolutionäre Pferd zu setzen, das als möglicher Sieger in Frage kam. Die Internationalisten beanspruchten natürlich alle späteren Vorteile für sich. Der Hinweis liegt vielleicht in Bruce Lockharts Feststellung, dass Milner ein Mann war, der "an den hoch organisierten Staat glaubte".[131]

Die französische Regierung ernannte einen noch offeneren Sympathisanten der Bolschewiki, Jacques Sadoul, einen alten

---

[129] Edward Crankshaw, *Die verlassene Idee: A Study o! Viscount Milner* (London: Longmans Green, 1952), S. 269.

[130] Robert Hamilton Bruce Lockhart, *British Agent* (New York: Putnam's, 1933), S. 119.

[131] Ebd., S. 204.

Freund Trotzkis.[132]

Insgesamt neutralisierten die alliierten Regierungen ihre eigenen diplomatischen Vertreter in Petrograd und ersetzten sie durch inoffizielle Agenten, die mehr oder weniger mit den Bolschewisten sympathisierten.

Die Berichte dieser inoffiziellen Botschafter standen in direktem Gegensatz zu den Hilferufen, die aus dem Inneren Russlands an den Westen gerichtet wurden. Maxim Gorki protestierte gegen den Verrat der revolutionären Ideale durch die Lenin-Trotzki-Gruppe, die in Russland den eisernen Griff eines Polizeistaats durchgesetzt hatte:

> *Wir Russen bilden ein Volk, das noch nie in Freiheit gearbeitet hat, das noch nie die Chance hatte, alle seine Kräfte und Talente zu entwickeln. Und wenn ich daran denke, dass die Revolution uns die Möglichkeit der freien Arbeit, der vielseitigen Freude am Schaffen gibt, erfüllt sich mein Herz mit großer Hoffnung und Freude, selbst in diesen verfluchten, mit Blut und Alkohol besudelten Tagen.*
> *Hier beginnt die Linie meiner entschiedenen und unversöhnlichen Trennung [von den wahnsinnigen Aktionen der Volkskommissare. Ich halte den Maximalismus in den Ideen für sehr nützlich für die grenzenlose russische Seele; seine Aufgabe ist es, in dieser Seele große und kühne Bedürfnisse zu entwickeln, den so notwendigen Kampfgeist und die Aktivität hervorzurufen, die Initiative in dieser trägen Seele zu fördern und ihr im Allgemeinen Gestalt und Leben zu geben.*
> *Aber der praktische Maximalismus der Anarchokommunisten und Visionäre vom Smolny ist ruinös für Russland und vor allem für die russische Arbeiterklasse. Die Volkskommissare behandeln Russland wie Material für ein Experiment. Das russische*

---

[132] Siehe Jacques Sadoul, *Notes sur la révolution bolchevique* (Paris: Éditions de la sirène, 1919).

> *Volk ist für sie das, was das Pferd für gelehrte Bakteriologen ist, die das Pferd mit Typhus impfen, damit sich in seinem Blut die Anti-Typhus-Lymphe entwickeln kann. Jetzt versuchen die Kommissare ein solches zum Scheitern verurteiltes Experiment am russischen Volk, ohne daran zu denken, dass das gequälte, halbverhungerte Pferd sterben könnte.*
> *Die Reformer vom Smolny machen sich keine Sorgen um Russland. Sie opfern Russland kaltblütig im Namen ihres Traums von der weltweiten und europäischen Revolution. Und so lange ich kann, werde ich dem russischen Proletarier einbläuen: "Du wirst ins Verderben geführt! Du wirst als Material für ein unmenschliches Experiment benutzt!"*

Im Gegensatz zu den Berichten der sympathisierenden inoffiziellen Botschafter standen auch die Berichte der diplomatischen Vertreter der alten Linie. Typisch für viele Botschaften, die Anfang 1918 - insbesondere nach Woodrow Wilsons Unterstützungsbekundung für die bolschewistischen Regierungen - nach Washington flossen, war das folgende Telegramm von der US-Gesandtschaft in Bern, Schweiz:

> *Für Polk. Die Botschaft des Präsidenten an den Konsul in Moskau wird hier nicht verstanden, und man fragt sich, warum der Präsident angesichts der Vergewaltigungen, Morde und der Anarchie dieser Banden seine Unterstützung für die Bolschewiki zum Ausdruck bringt.*[133]

Die fortgesetzte Unterstützung der Bolschewiki durch die Regierung Wilson führte zum Rücktritt von De Witt C. Poole, dem fähigen amerikanischen Geschäftsträger in Archangel (Russland):

> *Es ist meine Pflicht, dem Departement offen die Verwirrung zu erklären, in die mich die Erklärung der russischen Politik gestürzt hat, die von der*

---

[133] Dezimaldatei des US-Außenministeriums, 861.00/1305, 15. März 1918.

> *Friedenskonferenz am 22. Januar auf Antrag des Präsidenten angenommen wurde. Die Erklärung erkennt erfreulicherweise die Revolution an und bestätigt erneut die völlige Abwesenheit von Sympathie für jede Form der Konterrevolution, die immer ein Hauptmerkmal der amerikanischen Politik in Russland war, aber sie enthält kein einziges Wort der Verurteilung des anderen Feindes der Revolution - der bolschewistischen Regierung.[134]*

Schon in den ersten Tagen des Jahres 1918 wurde der Verrat an der libertären Revolution von so scharfen Beobachtern wie Maxim Gorki und De Witt C. Poole festgestellt. Pooles Rücktritt erschütterte das Außenministerium, das um "äußerste Zurückhaltung bezüglich Ihres Rücktrittswunsches" bat und erklärte, dass "es notwendig sein wird, Sie auf natürliche und normale Weise zu ersetzen, um schwerwiegende und vielleicht katastrophale Auswirkungen auf die Moral der amerikanischen Truppen im Bezirk Archangel zu verhindern, die zum Verlust amerikanischer Menschenleben führen könnten."[135]

So neutralisierten die alliierten Regierungen nicht nur ihre eigenen Regierungsvertreter, sondern die USA ignorierten auch Appelle von innerhalb und außerhalb Russlands, die Unterstützung der Bolschewiki einzustellen. Die einflussreiche Unterstützung der Sowjets kam in hohem Maße aus dem New Yorker Finanzbereich (von den einheimischen US-Revolutionären ging nur wenig effektive Unterstützung aus). Insbesondere kam sie von der American International Corporation, einer von Morgan kontrollierten Firma.

Die Revolution exportieren: Jacob H. Rubin

Wir sind nun in der Lage, zwei Fälle - keineswegs die einzigen - zu vergleichen, in denen die amerikanischen Bürger Jacob Rubin und Robert Minor dabei halfen, die Revolution nach Europa und in

---

[134] Ebd., 861.00/3804.

[135] Ebd.

andere Teile Russlands zu exportieren.

Jacob H. Rubin war ein Bankier, der nach eigenen Worten "zur Bildung der Sowjetregierung von Odessa beigetragen hat".[136] Rubin war Präsident, Schatzmeister und Sekretär der Rubin Brothers, 19 West 34 Street, New York City. Im Jahr 1917 war er mit der Union Bank of Milwaukee und der Provident Loan Society of New York verbunden. Zu den Treuhändern der Provident Loan Society gehörten Personen, die an anderer Stelle als mit der bolschewistischen Revolution in Verbindung stehend erwähnt werden: P. A. Rockefeller, Mortimer L. Schiff und James Speyer.

Auf irgendeine Weise - die in seinem Buch *I Live to Tell*[137] nur vage wiedergegeben wird - war *Rubin* im Februar 1920 in Odessa und wurde zum Gegenstand einer Nachricht von Admiral McCully an das Außenministerium (datiert vom 13. Februar 1920, 861.00/6349). Die Nachricht lautete, dass Jacob H. Rubin von der Union Bank, Milwaukee, in Odessa sei und bei den Bolschewisten bleiben wolle - "Rubin will nicht weg, hat den Bolschewiken seine Dienste angeboten und sympathisiert offenbar mit ihnen." Rubin fand später den Weg zurück in die USA und sagte 1921 vor dem Ausschuss für auswärtige Angelegenheiten des Repräsentantenhauses aus:

> *Ich war bei den Mitarbeitern des Amerikanischen Roten Kreuzes in Odessa gewesen. Ich war dort, als die Rote Armee Odessa einnahm. Damals stand ich der sowjetischen Regierung positiv gegenüber, weil ich Sozialist war und dieser Partei seit 20 Jahren angehörte. Ich muss zugeben, dass ich in gewissem Maße dazu beigetragen habe, die Sowjetregierung von Odessa zu bilden.*[138]

---

[136] U.S., House, Committee on Foreign Affairs, *Conditions in Russia*, 66th Cong., 3d sess., 1921.

[137] Jacob H. Rubin, *I Live to Tell: The Russian Adventures of an American Socialist* (Indianapolis: Bobbs-Merrill, 1934).

[138] U.S., House, Committee on Foreign Affairs, op. cit.

Zwar wird hinzugefügt, dass er von der südrussischen Denikin-Regierung als Spion verhaftet wurde, doch erfahren wir nur wenig mehr über Rubin. Wir wissen jedoch sehr viel mehr über Robert Minor, der auf frischer Tat ertappt und nach einem Verfahren freigelassen wurde, das an Trotzkis Entlassung aus einem Kriegsgefangenenlager in Halifax erinnert.

Der Export der Revolution: Robert Minor

Die bolschewistische Propagandaarbeit in Deutschland,[139] finanziert und organisiert von William Boyce Thompson und Raymond Robins, wurde vor Ort von amerikanischen Bürgern unter der Aufsicht von Trotzkis Volkskommissariat für Auswärtige Angelegenheiten durchgeführt:

Eine der ersten Neuerungen Trotzkis im Auswärtigen Amt war die Einrichtung eines Pressebüros unter Karl Radek und eines Büros für internationale revolutionäre Propaganda unter Boris Reinstein, zu dessen Assistenten John Reed und Albert Rhys Williams gehörten, und die ganze Kraft dieser Häuser wurde gegen die deutsche Armee eingesetzt.

Die deutsche Zeitung "Die Fackel" wurde in einer Auflage von einer halben Million Exemplaren pro Tag gedruckt und per Sonderzug an die Zentralen Armeekomitees in Minsk, Kiew und anderen Städten geschickt, die sie wiederum an andere Punkte entlang der Front verteilten.[140]

Robert Minor war ein Mitarbeiter in Reinsteins Propagandabüro. Minor's Vorfahren waren in der frühen amerikanischen Geschichte prominent. General Sam Houston, der erste Präsident der Republik Texas, war mit Minors Mutter, Routez Houston, verwandt. Weitere Verwandte waren Mildred Washington, Tante von George

---

[139] Siehe George G. Bruntz, *Allied Propaganda and the Collapse of the German Empire in 1918* (Stanford, Calif.: Stanford University Press, 1938), S. 144-55; siehe auch hier S. 82.

[140] John W. Wheeler-Bennett, *Der vergessene Frieden* (New York: William Morrow, 1939).

Washington, und General John Minor, Wahlkampfleiter von Thomas Jefferson. Minor's Vater war ein Anwalt aus Virginia, der nach Texas auswanderte. Nach harten Jahren mit wenigen Klienten wurde er Richter in San Antonio.

Robert Minor war ein begabter Karikaturist und Sozialist. Er verließ Texas und kam in den Osten. Einige seiner Beiträge erschienen in *Masses,* einer pro-bolschewistischen Zeitschrift. Im Jahr 1918 arbeitete Minor als Karikaturist für den *Philadelphia Public Ledger.* Im März 1918 verließ Minor New York, um über die bolschewistische Revolution zu berichten. In Russland schloss sich Minor Reinsteins Büro für internationale revolutionäre Propaganda an (siehe Abbildung), zusammen mit Philip Price, Korrespondent des *Daily Herald* und des *Manchester Guardian,* und Jacques Sadoul, dem inoffiziellen französischen Botschafter und Freund Trotzkis.

Hervorragende Daten über die Aktivitäten von Price, Minor und Sadoul sind in Form eines geheimen Sonderberichts von Scotland Yard (London), Nr. 4, mit dem Titel "Der Fall Philip Price und Robert Minor", sowie in Berichten in den Akten des Außenministeriums in Washington, D.C., überliefert.[141] Diesem Scotland-Yard-Bericht zufolge war Philip Price Mitte 1917, vor der bolschewistischen Revolution, in Moskau und gab zu: "Ich stecke bis zum Hals in der revolutionären Bewegung." Zwischen der Revolution und etwa im Herbst 1918 arbeitete Price mit Robert Minor im Kommissariat für auswärtige Angelegenheiten.

---

[141] Eine Kopie dieses Scotland-Yard-Berichts befindet sich in der Dezimaldatei der US-Startabteilung, 316-23-1184 9.

ORGANISATION DER AUSLANDSPROPAGANDA ARBEITEN IM JAHR 1918

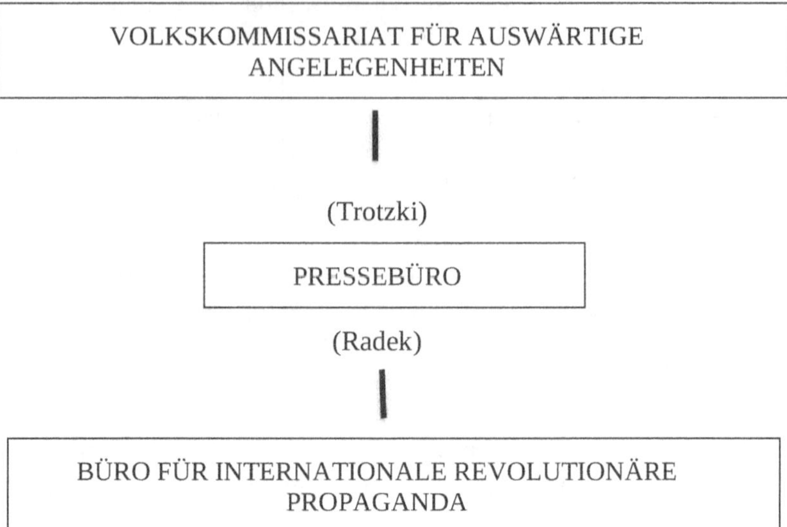

Im November 1918 verließen Minor und Price Russland und gingen nach Deutschland.[142] Ihre Propagandaprodukte wurden zunächst an der russischen Murman-Front eingesetzt; Flugblätter wurden von bolschewistischen Flugzeugen unter britischen, französischen und amerikanischen Truppen abgeworfen - gemäß dem Programm von William Thompson.[143] Die Entscheidung, Sadoul, Price und Minor

---

[142] Joseph North, *Robert Minor: Artist and Crusader* (New York: International Publishers, 1956).

[143] Muster von Minors Propagandatraktaten befinden sich noch in den Akten

nach Deutschland zu schicken, wurde vom Zentralen Exekutivkomitee der Kommunistischen Partei getroffen. In Deutschland wurden der britische, französische und amerikanische Geheimdienst auf ihre Aktivitäten aufmerksam. Am 15. Februar 1919 wird Leutnant J. Habas von der US-Armee nach Düsseldorf geschickt, das damals unter der Kontrolle einer revolutionären Spartakistengruppe steht; er gibt sich als Deserteur aus der amerikanischen Armee aus und bietet den Spartakisten seine Dienste an. Habas lernte Philip Price und Robert Minor kennen und schlug vor, einige Flugblätter zu drucken, die unter den amerikanischen Truppen verteilt werden sollten. Im Bericht von Scotland Yard heißt es, dass Price und Minor bereits mehrere Pamphlete für britische und amerikanische Truppen verfasst hatten, dass Price einige Werke von Wilhelm Liebknecht ins Englische übersetzt hatte und dass beide an weiteren Propagandatraktaten arbeiteten. Habas berichtete, Minor und Price hätten in Sibirien gemeinsam eine englischsprachige bolschewistische Zeitung gedruckt, die auf dem Luftweg unter den amerikanischen und britischen Truppen verteilt werden sollte.[144]

Am 8. Juni 1919 wird Robert Minor in Paris von der französischen Polizei verhaftet und an die amerikanischen Militärbehörden in Koblenz übergeben. Gleichzeitig wurden deutsche Spartakisten von den britischen Militärbehörden im Raum Köln verhaftet. In der Folge wurden die Spartakisten wegen Verschwörung zur Meuterei und Aufwiegelung der alliierten Streitkräfte verurteilt. Price wurde verhaftet, aber wie Minor schnell wieder freigelassen. Diese überstürzte Freilassung wurde im Außenministerium vermerkt:

> *Robert Minor wurde jetzt aus nicht ganz klaren Gründen freigelassen, da die gegen ihn vorliegenden Beweise für eine Verurteilung ausreichend gewesen zu sein scheinen. Die Freilassung wird eine unglückliche Auswirkung haben, denn Minor soll eng mit den IWW in Amerika*

---

des US-Außenministeriums. Siehe S. 197-200 zu Thompson.

[144] Siehe Anhang 3.

verbunden gewesen sein.[145]

Der Mechanismus, mit dem Robert Minor seine Freilassung erreichte, ist in den Akten des Außenministeriums verzeichnet. Das erste relevante Dokument,, datiert vom 12. Juni 1919, stammt von der US-Botschaft in Paris an das Außenministerium in Washington, D.C., und trägt den Vermerk DRINGEND UND VERTRAULICH.[146] Das französische Außenministerium teilte der Botschaft mit, dass Robert Minor, "ein amerikanischer Korrespondent", am 8. Juni in Paris verhaftet und an das Hauptquartier der Dritten Amerikanischen Armee in Koblenz übergeben worden sei. Die bei Minor gefundenen Papiere scheinen "die Berichte über seine Aktivitäten zu bestätigen. Es scheint daher festzustehen, dass Minor in Paris Beziehungen zu den erklärten Partisanen des Bolschewismus aufgenommen hat." Die Botschaft hält Minor für einen "besonders gefährlichen Mann". Bei den amerikanischen Militärbehörden wurden Erkundigungen eingeholt; die Botschaft vertrat die Auffassung, dass es sich um eine Angelegenheit handele, die allein in die Zuständigkeit des Militärs falle, so dass sie keine Maßnahmen zu ergreifen gedenke, obwohl Anweisungen willkommen wären.

Am 14. Juni telegrafierte Richter R. B. Minor in San Antonio, Texas, an Frank L. Polk im Außenministerium:

> *Presseberichten zufolge ist mein Sohn Robert Minor aus unbekannten Gründen in Paris inhaftiert. Bitte tun Sie alles, was möglich ist, um ihn zu beschützen, ich verweise auf die Senatoren aus Texas. [R. P. Minor, Bezirksrichter, San Antonio, Texas.*[147]

Polk teilte Richter Minor telegrafisch mit, dass weder das Außenministerium noch das Kriegsministerium über Informationen über die Inhaftierung von Robert Minor verfügten und dass der Fall

---

[145] Dezimaldatei des US-Außenministeriums, 316-23-1184.

[146] Ebd., 861.00/4680 (316-22-0774).

[147] Ebd., 861.00/4685 (/783).

nun bei den Militärbehörden in Koblenz liege. Am späten Abend des 13. Juni erhielt das Außenministerium eine "streng vertrauliche dringende" Nachricht aus Paris, in der eine Erklärung des Büros des militärischen Nachrichtendienstes (Koblenz) bezüglich der Verhaftung von Robert Minor mitgeteilt wurde: "Minor wurde in Paris von den französischen Behörden auf Ersuchen des britischen Militärgeheimdienstes verhaftet und sofort dem amerikanischen Hauptquartier in Koblenz übergeben."[148] Ihm wurde vorgeworfen, bolschewistische revolutionäre Literatur geschrieben und verbreitet zu haben, die in Düsseldorf gedruckt worden war, unter den britischen und amerikanischen Truppen in den von ihnen besetzten Gebieten. Die Militärbehörden beabsichtigten, die Anschuldigungen gegen Minor zu prüfen und ihn, falls sie sich bestätigen sollten, vor ein Kriegsgericht zu stellen. Sollten sich die Vorwürfe nicht erhärten, beabsichtigten sie, Minor an die britischen Behörden auszuliefern, "die ursprünglich darum gebeten hatten, dass die Franzosen ihn an sie ausliefern".[149] Richter Minor in Texas setzte sich unabhängig davon mit Morris Sheppard, US-Senator aus Texas, in Verbindung, und Sheppard kontaktierte Oberst House in Paris. Am 17. Juni 1919 sandte Colonel House folgendes an Senator Sheppard:

> *Sowohl der amerikanische Botschafter als auch ich verfolgen den Fall von Robert Minor. Ich bin darüber informiert, dass er von den amerikanischen Militärbehörden in Köln aufgrund schwerwiegender Anschuldigungen festgehalten wird, deren genaue Art schwer zu ermitteln ist. Dennoch werden wir alle möglichen Schritte unternehmen, um ihm eine gerechte Behandlung zukommen zu lassen.[150]*

Sowohl Senator Sheppard als auch der Kongressabgeordnete Carlos Bee (14. Distrikt, Texas) teilten dem Außenministerium ihr

---

[148] Dezimaldatei des US-Außenministeriums, 861.00/4688 (/788).

[149] Ebd.

[150] Ibid., 316-33-0824.

Interesse mit. Am 27. Juni 1919 bat der Kongressabgeordnete Bee um Erleichterungen, damit Richter Minor seinem Sohn 350 Dollar und eine Nachricht schicken konnte. Am 3. Juli schrieb Senator Sheppard an Frank Polk, er sei "sehr interessiert" an dem Fall Robert Minor und frage sich, ob das Außenministerium dessen Status feststellen könne und ob Minor ordnungsgemäß unter die Zuständigkeit der Militärbehörden falle. Am 8. Juli kabelte die Pariser Botschaft nach Washington: "Vertraulich. Minor von den amerikanischen Behörden freigelassen... kehrt mit dem ersten verfügbaren Schiff in die Vereinigten Staaten zurück." Diese plötzliche Freilassung machte das Außenministerium stutzig, und am 3. August kabelte Außenminister Lansing nach Paris: "Geheim. Unter Bezugnahme auf das Vorhergehende bin ich sehr darauf bedacht, die Gründe für die Freilassung von Minor durch die Militärbehörden zu erfahren."

Ursprünglich wollten die US-Armeebehörden, dass die Briten Robert Minor vor Gericht stellen, da sie befürchteten, dass die Politik in den Vereinigten Staaten eingreifen könnte, um eine Verurteilung zu verhindern, wenn der Gefangene von einem amerikanischen Kriegsgericht verurteilt würde. Die britische Regierung argumentierte jedoch, dass Minor Staatsbürger der Vereinigten Staaten sei, dass die Beweise zeigten, dass er in erster Linie Propaganda gegen die amerikanischen Truppen betrieben habe, und dass Minor daher - so schlug der britische Stabschef vor - vor ein amerikanisches Gericht gestellt werden sollte. Der britische Generalstabschef hielt es "für äußerst wichtig, wenn möglich eine Verurteilung zu erreichen".[151]

Dokumente im Büro des Chief of Staff of the Third Army beziehen sich auf die internen Details von Minors Entlassung.[152] In einem Telegramm vom 23. Juni 1919 von Generalmajor Harbord, Chief of Staff der Third Army (später Vorstandsvorsitzender von International General Electric, dessen Geschäftsführungszentrale sich zufällig ebenfalls am 120 Broadway befand), an den kommandierenden General der Third Army heißt es, dass

---

[151] Dezimaldatei des US-Außenministeriums, 861.00/4874.

[152] Büro des Stabschefs der U.S. Army, Nationalarchiv, Washington, D.C.

Oberbefehlshaber John J. Pershing "anordnet, dass Sie die Maßnahmen in der Sache Minor bis auf weiteres aussetzen". Es gibt auch ein Memorandum, unterzeichnet von Brigadegeneral W. A. Bethel im Büro des Richteranwalts, datiert vom 28. Juni 1919, mit dem Vermerk "Secret and Confidential" und dem Titel "Robert Minor, Awaiting Trial by a Military Commission at Headquarters, 3rd Army". Das Memo gibt einen Überblick über den Rechtsfall gegen Minor. Bethel weist unter anderem darauf hin, dass die Briten offensichtlich zögerten, den Fall Minor zu behandeln, weil "sie die amerikanische Meinung fürchten, wenn sie einen Amerikaner wegen eines Kriegsverbrechens in Europa vor Gericht stellen", obwohl das Minor zur Last gelegte Vergehen so schwerwiegend ist, "wie es ein Mensch nur begehen kann". Dies ist eine wichtige Aussage; Minor, Price und Sadoul setzten ein Programm um, das vom Direktor der Federal Reserve Bank, Thompson, entworfen worden war, eine Tatsache, die durch Thompsons eigenes Memorandum bestätigt wird (siehe Anhang 3). Wurde daher Thompson (und Robins) nicht bis zu einem gewissen Grad derselbe Vorwurf gemacht?

Nach der Befragung von Siegfried, dem Zeugen gegen Minor, und der Überprüfung der Beweise, kommentierte Bethel:

> *Ich bin fest davon überzeugt, dass Minor schuldig ist, aber wenn ich vor Gericht säße, würde ich ihn aufgrund der vorliegenden Beweise ( ) - der Aussage eines einzigen Mannes, der in der Rolle eines Detektivs und Informanten handelt - nicht für schuldig erklären.*

Bethel führt weiter aus, dass innerhalb von einer Woche oder zehn Tagen bekannt sein würde, ob eine wesentliche Bestätigung von Siegfrieds Zeugenaussage vorliegt. Sollte dies der Fall sein, "denke ich, dass Minor vor Gericht gestellt werden sollte", aber "wenn eine Bestätigung nicht möglich ist, denke ich, dass es besser wäre, den Fall abzuweisen".

Diese Erklärung Bethels wurde in anderer Form von General Harbord in einem Telegramm vom 5. Juli an General Malin Craig (Stabschef der Dritten Armee in Koblenz) weitergegeben:

> *Was das Verfahren gegen Minor betrifft, so ordnet C in C an, das Verfahren einzustellen und Minor freizulassen, sofern bis dahin keine anderen Zeugen als Siegfried ausfindig gemacht worden sind. Bitte bestätigen Sie dies und teilen Sie die Maßnahme mit.*

In der Antwort von Craig an General Harbord (5. Juli) heißt es, Minor sei in Paris befreit worden, und er fügt hinzu: "Dies entspricht seinem eigenen Wunsch und ist in unserem Sinne." Craig fügt außerdem hinzu, dass weitere Zeugen gefunden wurden.

Dieser Austausch von Telegrammen deutet auf eine gewisse Eile bei der Einstellung der Anklage gegen Robert Minor hin, und Eile bedeutet Druck. Es wurde kein nennenswerter Versuch unternommen, Beweise zu sammeln. Die Intervention von Colonel House und General Pershing auf höchster Ebene in Paris und das Telegramm von Colonel House an Senator Morris Sheppard verleihen den amerikanischen Zeitungsberichten Gewicht, wonach sowohl House als auch Präsident Wilson für die überstürzte Freilassung von Minor ohne Prozess verantwortlich waren.[153]

Minor kehrte in die Vereinigten Staaten zurück und tourte wie Thompson und Robins vor ihm durch die USA, um für die Wunder des bolschewistischen Russlands zu werben.

Zusammenfassend lässt sich feststellen, dass der Direktor der Federal Reserve Bank, William Thompson, die bolschewistischen Interessen auf verschiedene Weise aktiv förderte: Er gab eine Broschüre in russischer Sprache heraus, finanzierte bolschewistische Operationen, hielt Reden, organisierte (zusammen mit Robins) eine bolschewistische Revolutionsmission nach Deutschland (und vielleicht Frankreich) und beeinflusste zusammen mit Morgan-Partner Lamont Lloyd George und das britische Kriegskabinett, um eine Änderung der britischen Politik zu erreichen. Außerdem wurde Raymond Robins von der französischen Regierung zitiert, weil er russische Bolschewiken für die deutsche

---

[153] U.S., Senat, *Congressional Record, Oktober* 1919, S. 6430, 6664-66, 7353-54; und *New York Times*, October It, 1919. Siehe auch *Sacramento Bee*, 17. Juli 1919.

Revolution organisierte. Wir wissen, dass Robins unverhohlen für sowjetische Interessen in Russland und den Vereinigten Staaten tätig war. Schließlich stellen wir fest, dass Robert Minor, einer der revolutionären Propagandisten, die in Thompsons Programm eingesetzt wurden, unter Umständen freigelassen wurde, die auf eine Intervention der höchsten Ebenen der US-Regierung schließen lassen.

Natürlich ist dies nur ein Bruchteil eines viel umfassenderen Bildes. Es handelt sich kaum um zufällige Ereignisse. Sie bilden ein kohärentes, kontinuierliches Muster über mehrere Jahre. Sie deuten auf eine starke Einflussnahme auf den höchsten Ebenen mehrerer Regierungen hin.

Kapitel VII

Die Bolschewiken kehren nach New York zurück

> *Martens steht sehr stark im Rampenlicht. Es scheint keinen Zweifel an seiner Verbindung zur Guarantee [sic] Trust Company zu geben, obwohl es überraschend ist, dass ein so großes und einflussreiches Unternehmen mit einem bolschewistischen Konzern zu tun haben sollte.*
> Scotland Yard Intelligence Report, London, 1919[154]

Nach den anfänglichen Erfolgen der Revolution verschwendeten die Sowjets nur wenig Zeit mit dem Versuch, über ehemalige US-Bürger diplomatische Beziehungen zu den Vereinigten Staaten aufzubauen und dort Propaganda zu betreiben. Im Juni 1918 kabelte der amerikanische Konsul in Harbin nach Washington:

> *Albert R. Williams, Inhaber des Department-Passes 52.913 15. Mai 1917 auf dem Weg in die Vereinigten Staaten, um ein Informationsbüro für die sowjetische Regierung einzurichten, für das er eine schriftliche Vollmacht hat. Soll ich ein Visum erteilen?[155]*

Washington verweigerte das Visum, und so scheiterte Williams mit seinem Versuch, hier ein Informationsbüro einzurichten. Auf Williams folgte Alexander Nyberg (alias Santeri Nuorteva), ein ehemaliger finnischer Einwanderer, der im Januar 1912 in die

---

[154] Kopie in der Dezimaldatei des US-Außenministeriums, 316-22-656.

[155] Ebd., 861.00/1970.

Vereinigten Staaten kam und der erste operative sowjetische Vertreter in den Vereinigten Staaten wurde. Nyberg war ein aktiver Propagandist. Tatsächlich war er 1919 laut J. Edgar Hoover ( ) (in einem Brief an den US-Ausschuss für auswärtige Angelegenheiten) "der Vorläufer von LCAK Martens und zusammen mit Gregory Weinstein die aktivste Person der offiziellen bolschewistischen Propaganda in den Vereinigten Staaten."[156]

Nyberg war weder als diplomatischer Vertreter noch als Propagandist besonders erfolgreich. In den _ Akten des Außenministeriums ist ein Gespräch mit Nyberg durch das Beraterbüro vom *29.* Januar 1919 verzeichnet. Nyberg wurde von H. Kellogg begleitet, der als "amerikanischer Staatsbürger und Harvard-Absolvent" beschrieben wird, und, was noch überraschender ist, von einem Mr. McFarland, einem Anwalt der Hearst-Organisation. Aus den Unterlagen des Außenministeriums geht hervor, dass Nyberg "viele falsche Angaben über die Haltung gegenüber der bolschewistischen Regierung" machte und behauptete, Peters, der Polizeichef der Lett-Terroristen in Petrograd, sei lediglich ein "gutherziger Dichter". Nyberg forderte die Abteilung auf, an Lenin zu telegrafieren, "in der Annahme, dass dies hilfreich sein könnte, um die von den Alliierten vorgeschlagene Konferenz in Paris zustande zu bringen."[157] Die vorgeschlagene Botschaft, ein weitschweifiger Appell an Lenin, sich auf der Pariser Konferenz international durchzusetzen, wurde nicht abgeschickt.[158]

Eine Razzia im sowjetischen Büro in New York

Alexander Nyberg (Nuorteva) wurde dann entlassen und durch das Sowjetische Büro ersetzt, das Anfang 1919 im World Tower Building, 110 West 40 Street, New York City, eingerichtet wurde. Das Büro wurde von einem deutschen Staatsbürger, Ludwig C. A. K. Martens, geleitet, der üblicherweise als erster Botschafter der

---

[156] U.S., House, Committee on Foreign Affairs, *Conditions in Russia*, 66th Cong., 3d sess., 1921, S. 78.

[157] Dezimaldatei des US-Außenministeriums, 316-19-1120.

[158] Ebd.

Sowjetunion in den Vereinigten Staaten bezeichnet wird und bis zu diesem Zeitpunkt Vizepräsident von Weinberg & Posner, einem Ingenieurbüro am 120 Broadway in New York City, war. Warum der "Botschafter" und seine Büros in New York und nicht in Washington, D.C., angesiedelt waren, wurde nicht erklärt; es deutet jedoch darauf hin, dass der Handel und nicht die Diplomatie das Hauptziel war. Auf jeden Fall veröffentlichte das Büro umgehend einen Aufruf zum Handel zwischen Russland und den Vereinigten Staaten. Die Industrie war zusammengebrochen, und Russland benötigte dringend Maschinen, Eisenbahngüter, Kleidung, Chemikalien, Medikamente - eben alles, was eine moderne Zivilisation brauchte. Im Gegenzug boten die Sowjets Gold und Rohstoffe an. Das sowjetische Büro vermittelte daraufhin Verträge mit amerikanischen Firmen und ignorierte dabei die Tatsache des Embargos und der Nichtanerkennung. Gleichzeitig leistete es finanzielle Unterstützung für die entstehende Kommunistische Partei der USA.[159]

Am 7. Mai 1919 schlug das Außenministerium die an anderer Stelle erwähnte Intervention der Wirtschaft zugunsten des Büros nieder und wies Ludwig Martens, das Sowjetische Büro und die bolschewistische Regierung Russlands zurück. Diese offizielle Zurückweisung schreckte die eifrigen Auftragsjäger in der amerikanischen Industrie nicht ab. Bei der Durchsuchung der Büros des Sowjetischen Büros am 12. Juni 1919 durch Vertreter des Lusk-Komitees des Staates New York wurden Akten mit Briefen an und von amerikanischen Geschäftsleuten, die fast tausend Firmen repräsentierten, ausgegraben. Der "Special Report No. 5 (Secret)" des britischen Home Office Directorate of Intelligence, der am 14. Juli 1919 von Scotland Yard in London herausgegeben und von Basil H. Thompson verfasst wurde, stützte sich auf dieses beschlagnahmte Material; der Bericht stellte fest:

> *... Martens und seine Mitarbeiter haben von Anfang an alle Anstrengungen unternommen, um das Interesse amerikanischer Kapitalisten zu wecken, und es gibt*

---

[159] Siehe Benjamin Gitlow, U.S., House, *Un-American Propaganda Activities* (Washington, 1939), Bd. 7-8, S. 4539.

> *Grund zu der Annahme, dass das Büro finanzielle Unterstützung von einigen russischen Exportfirmen sowie von der Guarantee [sic] Trust Company erhalten hat, obwohl diese Firma die Behauptung, sie finanziere Martens' Organisation, zurückgewiesen hat.[160]*

Thompson stellte fest, dass die monatliche Miete für die Büros des sowjetischen Büros 300 Dollar betrug und sich die Gehälter der Mitarbeiter auf etwa 4.000 Dollar beliefen. Martens' Mittel zur Begleichung dieser Rechnungen stammten zum Teil von sowjetischen Kurieren - wie John Reed und Michael Gruzenberg -, die Diamanten aus Russland zum Verkauf in die USA brachten, und zum Teil von amerikanischen Geschäftsfirmen, darunter der Guaranty Trust Company of New York. In den britischen Berichten wurden die von den Lusk-Ermittlern in den Büros des Büros beschlagnahmten Akten zusammengefasst, und diese Zusammenfassung ist es wert, in vollem Umfang zitiert zu werden:

(1) Ungefähr zu der Zeit, als der Präsident zum ersten Mal nach Frankreich reiste, wurde eine Intrige geschmiedet, um die Regierung dazu zu bringen, Nuorteva als Vermittler bei der russischen Sowjetregierung einzusetzen, um seine Anerkennung durch Amerika zu erreichen. Man bemühte sich, Colonel House einzubeziehen, und es gibt einen langen und interessanten Brief an Frederick C. Howe, auf dessen Unterstützung und Sympathie Nuorteva offenbar angewiesen war. Es gibt weitere Aufzeichnungen, die Howe mit Martens und Nuorteva in Verbindung bringen.

(2) Es gibt eine Akte mit Korrespondenz mit Eugene Debs.

(3) In einem Brief von Amos Pinchot an William Kent von der U.S. Tariff Commission in einem Umschlag, der an Senator Lenroot adressiert ist, wird Evans Clark "jetzt im Büro der russischen Sowjetrepublik" vorgestellt. "Er möchte mit Ihnen über die Anerkennung von Koltschak und die Aufhebung der Blockade usw.

---

[160] Kopie in [U.S. State Dept. Decimal File, 316-22-656. Die Beteiligung von Guaranty Trust wird in späteren Geheimdienstberichten bestätigt.

sprechen".

(4) In einem Bericht an Felix Frankfurter vom 27. Mai 1919 ist die Rede von einer heftigen Verleumdungskampagne gegen die russische Regierung.

(5) Zwischen einem Colonel und Mrs. Raymond Robbins *[sic]* und Nuorteva findet 1918 und 1919 ein umfangreicher Schriftverkehr statt. Im Juli 1918 bat Mrs. Robbins Nuorteva um Artikel für "Life and Labour", das Organ der National Women's Trade League. Im Februar und März 1919 versuchte Nuorteva über Robbins, eine Einladung zur Aussage vor dem Overman-Ausschuss zu erhalten. Er wollte auch, dass Robbins die Sisson-Dokumente anprangert.

(6) In einem Schreiben der Jansen Cloth Products Company, New York, an Nuorteva vom 30. März 1918 teilt E. Werner Knudsen mit, dass er weiß, dass Nuorteva beabsichtigt, Vorkehrungen für den Export von Lebensmitteln über Finnland zu treffen, und er bietet seine Dienste an. Wir haben eine Akte über Knudsen, der Informationen über die britische Schifffahrt von und nach Deutschland über Mexiko weitergegeben hat.[161]

Ludwig Martens, so der Geheimdienstbericht weiter, stehe in Kontakt mit allen Führern der "Linken" in den Vereinigten Staaten, darunter John Reed, Ludwig Lore und Harry J. Boland, der irische Rebell. Martens hatte eine energische Kampagne gegen Alexander Koltschak in Sibirien organisiert. Der Bericht kommt zu dem Schluss:

> *[Martens'] Organisation ist eine mächtige Waffe zur Unterstützung der bolschewistischen Sache in den Vereinigten Staaten und... er steht in enger Verbindung mit den Förderern politischer Unruhen auf dem*

---

[161] Zu Frederick C. Howe siehe S. 16, 177, für eine frühe Darstellung der Art und Weise, wie Finanziers die Gesellschaft und ihre Probleme für ihre eigenen Zwecke nutzen; zu Felix Frankfurter, dem späteren Richter am Obersten Gerichtshof, siehe Anhang 3 für einen frühen Brief von Frankfurter an Nuorteva; zu Raymond Robins siehe S. 100.

gesamten amerikanischen Kontinent.

Die Scotland-Yard-Liste der vom sowjetischen Büro in New York beschäftigten Personen stimmt ziemlich genau mit einer ähnlichen Liste in den Akten des Lusk-Ausschusses in Albany, New York, überein, die heute zur öffentlichen Einsichtnahme zugänglich sind.[162] Es gibt einen wesentlichen Unterschied zwischen den beiden Listen: Die britische Analyse enthält den Namen "Julius Hammer", während Hammer im Bericht des Lusk-Komitees ausgelassen wurde.[163] Der britische Bericht charakterisiert Julius Hammer wie folgt:

> *Mit Julius Hammer hat Martens einen echten Bolschewiken und glühenden Anhänger des linken Flügels, der vor nicht allzu langer Zeit aus Russland kam. Er war einer der Organisatoren der linken Bewegung in New York und spricht bei Versammlungen auf derselben Plattform wie die Führer des linken Flügels wie Reed, Hourwich, Lore und Larkin.*

Es gibt noch weitere Beweise für die Arbeit von Hammer im Auftrag der Sowjets. In einem Schreiben der National City Bank, New York, an das US-Finanzministerium heißt es, dass Dokumente, die die Bank von Martens erhalten hat, "von einem Dr. Julius Hammer für den amtierenden Direktor der Finanzabteilung" des sowjetischen Büros bezeugt wurden.[164]

Die Familie Hammer unterhält seit 1917 bis heute enge

---

[162] Die Liste des Lusk-Ausschusses mit dem Personal des sowjetischen Büros ist in Anhang 3 abgedruckt. Die Liste enthält Kenneth Durant, Adjutant von Colonel House; Dudley Field Malone, der von Präsident Wilson zum Zolleinnehmer für den Hafen von New York ernannt wurde; und Morris Hillquit, der Finanzvermittler zwischen dem New Yorker Bankier Eugene Boissevain einerseits und John Reed und dem sowjetischen Agenten Michael Gruzenberg andererseits.

[163] Julius Hammer war der Vater von Armand Hammer, der heute Vorsitzender der Occidental Petroleum Corp. in Los Angeles ist.

[164] Siehe Anhang 3.

Beziehungen zu Russland und dem Sowjetregime. Armand Hammer ist heute in der Lage, die lukrativsten sowjetischen Verträge abzuschließen. Jacob, der Großvater von Armand Hammer, und Julius wurden in Russland geboren. Armand, Harry und Victor, die Söhne von Julius, wurden in den Vereinigten Staaten geboren und sind US-Bürger. Victor war ein bekannter Künstler; sein Sohn - der ebenfalls Armand heißt - und seine Enkelin sind sowjetische Staatsbürger und leben in der Sowjetunion. Armand Hammer ist Vorsitzender der Occidental Petroleum Corporation und hat einen Sohn, Julian, der Direktor für Werbung und Publikationen bei Occidental Petroleum ist.

Julius Hammer war ein prominentes Mitglied und Finanzier des linken Flügels der Socialist Party. Auf dem Parteitag von 1919 war Hammer zusammen mit Bertram D. Wolfe und Benjamin Gitlow Mitglied des Lenkungsausschusses, aus dem die Kommunistische Partei der USA hervorging.

1920 wurde Julius Hammer wegen krimineller Abtreibung zu einer Haftstrafe von dreieinhalb bis fünfzehn Jahren in Sing Sing verurteilt. Lenin behauptete - zu Recht -, dass Julius "wegen illegaler Abtreibungen, in Wirklichkeit aber wegen des Kommunismus" inhaftiert wurde.[165] Andere Mitglieder der Kommunistischen Partei in den USA wurden wegen Aufwiegelung zu Gefängnisstrafen verurteilt oder in die Sowjetunion deportiert. Die sowjetischen Vertreter in den Vereinigten Staaten bemühten sich intensiv, aber erfolglos um die Freilassung von Julius und seinen Parteifreunden.

Ein weiteres prominentes Mitglied des sowjetischen Büros war der stellvertretende Sekretär Kenneth Durant, ein ehemaliger Adjutant von Colonel House. Im Jahr 1920 wurde Durant als sowjetischer Kurier identifiziert. In Anhang 3 ist ein Brief von an Kenneth Durant abgedruckt, der 1920 vom US-Justizministerium beschlagnahmt wurde und in dem Durants enge Beziehungen zur sowjetischen Hierarchie beschrieben werden. Er wurde 1920 mit folgendem Kommentar in das Protokoll der Anhörungen eines Parlamentsausschusses aufgenommen:

---

[165] V. I. Lenin, *Polnoe Sobranie Sochinenii*, 5. Aufl. (Moskau, 1958), 53:267.

MR. NEWTON: Es ist für diesen Ausschuss von Interesse zu wissen, welcher Art dieser Brief war, und ich habe eine Kopie des Briefes, den ich im Zusammenhang mit der Aussage des Zeugen in das Protokoll aufnehmen wollte. MR. Mason: Dieser Brief ist dem Zeugen nie gezeigt worden. Er sagte, dass er den Brief nie gesehen habe und darum gebeten habe, ihn zu sehen, und dass die Abteilung sich geweigert habe, ihn ihm zu zeigen. Wir würden keinen Zeugen in den Zeugenstand rufen und ihn bitten, über einen Brief auszusagen, ohne ihn gesehen zu haben.

MR. NEWTON: Der Zeuge hat ausgesagt, dass er einen solchen Brief hat, und er hat ausgesagt, dass sie ihn in seinem Mantel im Kofferraum gefunden haben, glaube ich. Dieser Brief war an einen Mr. Kenneth Durant adressiert, und in diesem Brief befand sich ein weiterer Umschlag, der ebenfalls versiegelt war. Sie wurden von den Regierungsbeamten geöffnet und eine fotokopierte Kopie angefertigt. Der Brief ist von einem Mann mit dem Namen *"Bill"* unterzeichnet. Er bezieht sich speziell auf sowjetische Gelder, die in Christiania, Norwegen, deponiert sind und von denen sie einen Teil den Beamten der sowjetischen Regierung in diesem Land übergeben haben.[166]

Kenneth Durant, der bei der Überweisung von Geldern als sowjetischer Kurier fungierte, war Schatzmeister des Sowjetbüros sowie Pressesekretär und Herausgeber von *Sowjetrussland, dem* offiziellen Organ des Sowjetbüros. Durant stammte aus einer wohlhabenden Familie in Philadelphia. Er verbrachte den größten Teil seines Lebens im Dienste der Sowjets, zunächst als Verantwortlicher für die Öffentlichkeitsarbeit des Sowjetbüros und dann von 1923 bis 1944 als Leiter des sowjetischen Tass-Büros in den Vereinigten Staaten. J. Edgar Hoover beschrieb Durant als "zu jeder Zeit... besonders aktiv im Interesse von Martens und der sowjetischen Regierung".[167]

Felix Frankfurter - der spätere Richter des Obersten Gerichtshofs -

---

[166] U.S., House, Committee on Foreign Affairs, *Conditions in Russia,* 66th Cong., 3d sess., 1921, S. 75. "Bill" war William Bobroff, ein sowjetischer Agent.

[167] Ebd., S. 78.

spielte in den Akten des sowjetischen Büros ebenfalls eine wichtige Rolle. Ein Brief von Frankfurter an den sowjetischen Agenten Nuorteva ( ) ist in Anhang 3 wiedergegeben und lässt darauf schließen, dass Frankfurter einen gewissen Einfluss auf das Büro hatte.

Kurz gesagt, das Sowjetische Büro hätte ohne einflussreiche Unterstützung aus den Vereinigten Staaten nicht eingerichtet werden können. Ein Teil dieser Unterstützung kam von bestimmten einflussreichen Personen, die in das sowjetische Büro berufen wurden, und ein anderer Teil kam von Unternehmen außerhalb des Büros, die ihre Unterstützung nur ungern öffentlich bekannt gaben.

Unternehmensverbündete für das sowjetische Büro

Am 1. Februar 1920 stand auf der Titelseite *der New York Times* in einem Kasten, dass Martens verhaftet und nach Russland deportiert werden sollte. Zur gleichen Zeit wird Martens als Zeuge vor einem Unterausschuss des Senatsausschusses für auswärtige Beziehungen gesucht, der die sowjetischen Aktivitäten in den Vereinigten Staaten untersucht. Nachdem er sich einige Tage lang bedeckt gehalten hatte, erschien Martens vor dem Ausschuss, berief sich auf das diplomatische Privileg und weigerte sich, die in seinem Besitz befindlichen "offiziellen" Papiere herauszugeben. Nach einer Reihe von Veröffentlichungen gab Martens schließlich "nach", händigte seine Papiere aus und gestand revolutionäre Aktivitäten in den Vereinigten Staaten mit dem Ziel des Sturzes des kapitalistischen Systems.

Martens prahlte vor den Medien und dem Kongress damit, dass große Unternehmen, darunter die Chicagoer Packer, den Sowjets halfen:

> *Martens zufolge hat er den größten Teil seiner Bemühungen darauf verwandt, die großen Geschäfts- und Produktionsinteressen dieses Landes, die Packer, die United States Steel Corporation, die Standard Oil Company und andere große Konzerne, die im internationalen Handel tätig sind, auf die Seite Russlands zu ziehen, anstatt sich auf Propaganda unter den*

Radikalen und dem Proletariat zu stürzen. Martens behauptete, dass die meisten der großen Geschäftshäuser des Landes ihn bei seinen Bemühungen unterstützen, die Regierung zur Anerkennung der sowjetischen Regierung zu bewegen.[168]

Diese Behauptung wurde von A. A. Heller, Handelsattaché im sowjetischen Büro, erweitert:

"Zu den Leuten, die uns helfen, vom Außenministerium anerkannt zu werden, gehören die großen Chit ago Packer, Armour, Swift, Nelson Morris und Cudahy.... Zu den anderen Firmen gehören... die American Steel Export Company, die Lehigh Machine Company, die Adrian Knitting Company, die International Harvester Company, die Aluminum Goods Manufacturing Company, die Aluminum Company of America, die American Car and Foundry Export Company, M.C.D. Borden & Sons."[169]

Die *New York Times* ging diesen Behauptungen nach und berichtete über die Stellungnahmen der genannten Firmen. "Ich habe noch nie in meinem Leben von diesem Mann [Martens] gehört", erklärte G. F. Swift, Jr. und verantwortlich für die Exportabteilung von Swift & Co. "Ich bin mir ganz sicher, dass wir mit ihm noch nie in irgendeiner Weise zu tun hatten.[170] Die *Times* fügte hinzu, dass O. H. Swift, das einzige andere Mitglied der Firma, das kontaktiert werden konnte, "ebenfalls jegliche Kenntnis von Martens oder seinem Büro in New York abstreitet." Die Aussage von Swift war bestenfalls ausweichend. Als die Ermittler des Lusk-Ausschusses die Akten des sowjetischen Büros beschlagnahmten, fanden sie Korrespondenz zwischen dem Büro und fast allen von Martens und Heller genannten Firmen. Die aus diesen Akten zusammengestellte "Liste der Firmen, die dem Russischen Sowjetischen Büro

---

[168] *New York Times*, 17. November 1919.

[169] Ebd.

[170] Ebd.

Geschäfte anboten", enthielt einen Eintrag (Seite 16), "Swift and Company, Union Stock Yards, Chicago, Illinois". Mit anderen Worten: Swift *hatte* trotz seines Dementis gegenüber der *New York Times* mit Martens in Verbindung gestanden.

Die *New York Times* setzte sich mit United States Steel in Verbindung und berichtete: "Richter Elbert H. Gary sagte gestern Abend, dass es keine Grundlage für die Behauptung gäbe, der sowjetische Vertreter habe mit der United States Steel Corporation zu tun gehabt." Dies ist technisch korrekt. Die United States Steel Corporation ist in den sowjetischen Akten nicht aufgeführt, aber die Liste enthält (Seite 16) eine Tochtergesellschaft, "United States Steel Products Co. 30 Church Street, New York City."

Die Liste des Lusk-Ausschusses enthält folgende Angaben zu anderen von Martens und Heller erwähnten Unternehmen: Standard Oil - nicht aufgeführt. Armour 8c Co, Fleischverpacker - aufgeführt als "Armour Leather" und "Armour & Co. Union Stock Yards, Chicago". Morris Go., Fleischverpackungsunternehmen, ist auf Seite 13 aufgeführt. Cudahy - aufgelistet auf Seite 6. American Steel Export Co. - auf Seite 2 als im Woolworth-Gebäude ansässig aufgeführt; das Unternehmen hatte angeboten, mit der UdSSR zu handeln. Lehigh Machine Co. - nicht aufgeführt. Adrian Knitting Co. - aufgeführt auf Seite 1. International Harvester Co. ist auf Seite 11 aufgeführt. Aluminum Goods Manufacturing Co. - aufgeführt auf Seite 1. Aluminum Company of America - nicht aufgelistet. American Car and Foundry Export - der nächste Eintrag ist "American Car Co. - Philadelphia". M.C.D. Borden 8c Sons - aufgelistet als in der 90 Worth Street, auf Seite 4.

Am Samstag, den *21.* Juni 1919, bestätigte Santeri Nuorteva (Alexander Nyberg) in einem Presseinterview die Rolle von International Harvester:

F: [von einem Reporter *der New York* Times]: Was ist Ihr Geschäft?

A: Einkaufsleiter in Sowjetrussland.

F: Was haben Sie getan, um dies zu erreichen?

A: Ich habe mich an amerikanische Hersteller gewandt.

F: Nennen Sie sie.

A: Die International Harvester Corporation gehört zu ihnen.

F: Wen haben Sie gesehen?

A: Herr Koenig.

F: Haben Sie ihn aufgesucht?

A: Ja.

F: Nennen Sie weitere Namen.

A: Ich habe so viele besucht, etwa 500 Leute, und ich kann mich nicht mehr an alle Namen erinnern. Wir haben Akten im Büro, in denen sie aufgeführt sind.[171]

Kurz gesagt, die Behauptungen von Heller und Martens über ihre weit verbreiteten Kontakte zu bestimmten US-Firmen wurden durch die Akten des sowjetischen Büros untermauert. Andererseits schienen diese Firmen aus guten Gründen nicht bereit zu sein, ihre Aktivitäten zu bestätigen.

Europäische Bankiers unterstützen die Bolschewiki

Neben dem Guaranty Trust und dem Privatbankier Boissevain in New York leisteten auch einige europäische Bankiers direkte Hilfe bei der Aufrechterhaltung und Ausweitung der bolschewistischen Herrschaft in Russland. Ein Bericht des Außenministeriums von 1918 aus unserer Stockholmer Botschaft beschreibt diese Finanztransfers im Detail. Das Ministerium lobte seinen Verfasser und erklärte, dass seine "Berichte über die Verhältnisse in Russland, die Ausbreitung des Bolschewismus in Europa und finanzielle Fragen... sich für das Ministerium als äußerst hilfreich erwiesen haben. Das Ministerium ist sehr erfreut über Ihre fähige Führung der Geschäfte der Gesandtschaft."[172] Diesem Bericht zufolge war einer dieser "bolschewistischen Bankiers", die im Namen des entstehenden Sowjetregimes handelten, Dmitri Rubenstein von der ehemaligen Russisch-Französischen Bank in Petrograd. Rubenstein,

---

[171] *New York Times*, 21. Juni 1919.

[172] Dezimaldatei des US-Außenministeriums, 861.51/411, 23. November 1918.

ein Mitarbeiter des berüchtigten Grigori Rasputin, war im vorrevolutionären Petrograd im Zusammenhang mit dem Verkauf der Zweiten Russischen Lebensversicherungsgesellschaft inhaftiert worden. Der amerikanische Manager und Direktor der Zweiten Russischen Lebensversicherungsgesellschaft war John MacGregor Grant, der seinen Sitz am 120 Broadway in New York City hatte. Grant war auch der New Yorker Vertreter von Putiloffs Banque Russo-Asiatique. Im August 1918 stand Grant (aus unbekannten Gründen) auf der "Verdächtigenliste" des Military Intelligence Bureau.[173] Dies könnte darauf zurückzuführen sein, dass Olof Aschberg Anfang 1918 berichtete, er habe in Petrograd einen Auslandskredit "bei der John MacGregor Grant Co. eröffnet, einem Exportunternehmen, das er [Aschberg] in Schweden finanziert und das in Amerika von der Guarantee [sic] Trust Co. finanziert wird".[174] Nach der Revolution zog Dmitri Rubenstein nach Stockholm und wurde Finanzagent für die Bolschewiki. Das Außenministerium stellte fest, dass Rubenstein zwar "kein Bolschewik war, aber skrupellos im Geldverdienen, und es wird vermutet, dass er den geplanten Besuch in Amerika in bolschewistischem Interesse und für bolschewistisches Geld unternimmt.[175]

Ein weiterer Stockholmer "bolschewistischer Bankier" war Abram Givatovzo, der Schwager von Trotzki und Lew Kamenjew. Im Bericht des Außenministeriums heißt es, dass Givatovzo zwar vorgab, "sehr antibolschewistisch" zu sein, in Wirklichkeit aber "große Summen" von den Bolschewiki per Kurier zur Finanzierung revolutionärer Operationen erhalten hatte. Givatovzo war Teil eines Syndikats, zu dem auch Denisoff von der ehemaligen Sibirischen Bank, Kamenka von der Asoff-Don-Bank und Davidoff von der Bank für Außenhandel gehörten. Dieses Syndikat verkaufte die Vermögenswerte der ehemaligen Sibirischen Bank an die britische

---

[173] Ibid., 316-125-1212.

[174] U.S., Department of State, Foreign Relations of the United States: 1918, Russland, 1:373.

[175] Dezimaldatei des US-Außenministeriums, 861.00/4878, Juli' 21, 1919.

Regierung.

Ein weiterer zaristischer Privatbankier, Gregory Lessine, wickelte über die Firma Dardel und Hagborg bolschewistische Geschäfte ab. Weitere "bolschewistische Bankiers", die in dem Bericht genannt werden, sind Rührer und Jakob Berline, der zuvor über seine Frau die Petrograder Nelkens-Bank kontrollierte. Isidor Kon wurde von diesen Bankiers als Agent eingesetzt.

Der interessanteste dieser in Europa ansässigen Bankiers, die für die Bolschewiki arbeiteten, war Gregory Benenson, ehemals Vorsitzender der Russischen und Englischen Bank in Petrograd - einer Bank, in deren Vorstand Lord Balfour (Staatssekretär für Auswärtige Angelegenheiten in England) und Sir I. M. H. Amory sowie S. H. Cripps und H. Guedalla saßen. Benenson reiste nach der Revolution nach Petrograd und dann weiter nach Stockholm. Er kam, so ein Beamter des Außenministeriums, "und brachte meines Wissens zehn Millionen Rubel mit, die er mir zu einem hohen Preis für die Nutzung unserer Botschaft Archangel anbot." Benenson hatte eine Vereinbarung mit den Bolschewiken, sechzig Millionen Rubel gegen 1,5 Millionen Pfund Sterling zu tauschen.

Im Januar 1919 wurden die Privatbankiers in Kopenhagen, die mit bolschewistischen Institutionen in Verbindung standen, durch Gerüchte alarmiert, dass die dänische politische Polizei die sowjetische Gesandtschaft und die Personen, die mit den Bolschewiki in Kontakt standen, zur Ausweisung aus Dänemark markiert hatte. Diese Bankiers und die Gesandtschaft versuchten eilig, ihre Gelder von dänischen Banken abzuheben - insbesondere sieben Millionen Rubel von den Revisionsbanken.[176] Außerdem wurden vertrauliche Dokumente in den Büros der Martin Larsen Insurance Company versteckt.

Es lässt sich also ein Muster der Unterstützung der Sowjetunion durch kapitalistische Bankiers erkennen. Einige von ihnen waren amerikanische Bankiers, einige waren zaristische Bankiers, die im Exil in Europa lebten, und einige waren europäische Bankiers. Ihr gemeinsames Ziel war der Profit, nicht die Ideologie.

---

[176] Ebd., 316-21-115/21.

Die fragwürdigen Aspekte der Arbeit dieser "bolschewistischen Bankiers", wie sie genannt wurden, ergeben sich aus dem Rahmen der zeitgenössischen Ereignisse in Russland. Im Jahr 1919 kämpften französische, britische und amerikanische Truppen in der Region Archangel gegen sowjetische Truppen. Bei einem Zusammenstoß im April 1919 zählten die Amerikaner beispielsweise einen Offizier, fünf Gefallene und neun Vermisste.[177] Zu einem bestimmten Zeitpunkt im Jahr 1919 bestätigte General Tasker H. Bliss, der US-Befehlshaber in Archangel, die britische Erklärung, dass die alliierten Truppen in den Bezirken Murmansk und Archangel in Gefahr seien, vernichtet zu werden, wenn sie nicht schnellstens verstärkt würden.[178] Die Verstärkung unter dem Kommando von Brigadegeneral W. P. Richardson war bereits auf dem Weg.

Kurz gesagt, während Guaranty Trust und erstklassige amerikanische Firmen die Bildung des sowjetischen Büros in New York unterstützten, befanden sich amerikanische Truppen in Nordrussland im Konflikt mit sowjetischen Truppen. Außerdem wurde über diese Konflikte täglich in der *New Yorker Times berichtet, die* vermutlich von diesen Bankiers und Geschäftsleuten gelesen wurde. Wie wir in Kapitel zehn sehen werden, gründeten die Finanzkreise, die das Sowjetische Büro in New York unterstützten, in New York auch die "United Americans" - eine vehement antikommunistische Organisation, die eine blutige Revolution, Massenhunger und Panik in den Straßen von New York vorhersagte.

---

[177] *New York Times,* 5. April 1919.

[178] Ebd.

Kapitel VIII

120 Broadway, New York City

William B. Thompson, der sich von Juli bis November letzten Jahres in Petrograd aufhielt, hat den Bolschewiki eine persönliche Spende von 1.000.000 Dollar für die Verbreitung ihrer Doktrin in Deutschland und Österreich zukommen lassen...

Washington Post, 2. Februar 1918

Beim Sammeln von Material für dieses Buch rückte ein einziger Ort und eine einzige Adresse im Bereich der Wall Street in den Vordergrund - 120 Broadway, New York City. Es ist denkbar, dass dieses Buch nur über Personen, Firmen und Organisationen geschrieben worden wäre, die im Jahr 1917 am 120 Broadway ansässig waren. Diese Recherchemethode wäre zwar gezwungen und unnatürlich gewesen, hätte aber nur einen relativ kleinen Teil der Geschichte ausgeschlossen.

Das ursprüngliche Gebäude am 120 Broadway wurde vor dem Ersten Weltkrieg durch ein Feuer zerstört. Anschließend wurde das Gelände an die Equitable Office Building Corporation verkauft, die von General T. Coleman du Pont, Präsident der du Pont de Nemours Powder Company, gegründet wurde.[179] Ein neues Gebäude wurde 1915 fertiggestellt, und die Equitable Life Assurance Company zog an ihren alten Standort zurück. Am Rande sei noch auf eine

---

[179] Durch eine Laune des Schicksals wurden die Gründungsunterlagen für das Equitable Office Building von Dwight W. Morrow verfasst, der später Partner von Morgan wurde, aber damals Mitglied der Anwaltskanzlei Simpson, Thacher & Bartlett war. Die Kanzlei Thacher stellte 1917 zwei Mitglieder der Mission des Amerikanischen Roten Kreuzes in Russland (siehe Kapitel fünf).

interessante Verflechtung in der Geschichte der Equitable hingewiesen. Im Jahr 1916 war der Kassierer des Berliner Equitable Life-Büros William Schacht, der Vater von Hjalmar Horace Greeley Schacht - dem späteren Bankier und Finanzgenie Hitlers. William Schacht war amerikanischer Staatsbürger, arbeitete dreißig Jahre lang für Equitable in Deutschland und besaß ein Berliner Haus, das als "Equitable Villa" bekannt war. Bevor er sich Hitler anschloss, war der junge Hjalmar Schacht Mitglied des Arbeiter- und Soldatenrates (eines Sowjets) von Zehlendoff; diesen verließ er 1918, um in den Vorstand der Nationalbank für Deutschland einzutreten. Sein Co-Direktor bei der DONAT war Emil Wittenberg, der zusammen mit Max May von der Guaranty Trust Company of New York Direktor der ersten sowjetischen internationalen Bank, der Ruskombank, war.

Auf jeden Fall war das Gebäude am 120 Broadway im Jahr 1917 als Equitable Life Building bekannt. Dieses große Gebäude, wenn auch nicht das größte Bürogebäude in New York City, erstreckt sich über einen Block an der Ecke Broadway und Pine und hat vierunddreißig Stockwerke. Der Bankers Club befand sich in der vierunddreißigsten Etage. Die Mieterliste von 1917 spiegelte die amerikanische Beteiligung an der bolschewistischen Revolution und deren Folgen wider. So befand sich zum Beispiel der Hauptsitz des Distrikts Nr. 2 des Federal Reserve Systems - des New Yorker Gebiets -, des bei weitem wichtigsten Distrikts der Federal Reserve, am 120 Broadway. Die Büros einiger Direktoren der Federal Reserve Bank of New York und vor allem der American International Corporation befanden sich ebenfalls am 120 Broadway. Im Gegensatz dazu war Ludwig Martens, der von den Sowjets zum ersten bolschewistischen "Botschafter" in den Vereinigten Staaten und Leiter des sowjetischen Büros ernannt wurde, 1917 Vizepräsident von Weinberg & Posner - und hatte ebenfalls Büros am 120 Broadway.[180]

Ist diese Konzentration ein Zufall? Hat die geografische Nähe eine

---

[180] Die John MacGregor Grant Co. als Vertreter der Russisch-Asiatischen Bank (die an der Finanzierung der Bolschewiki beteiligt war) befand sich am 120 Broadway - und wurde von der Guaranty Trust Company finanziert.

Bedeutung? Bevor wir versuchen, eine Antwort zu geben, müssen wir unseren Bezugsrahmen ändern und das linke und rechte Spektrum der politischen Analyse verlassen.

Die akademische Welt hat die internationalen politischen Beziehungen mit fast einhelliger Wahrnehmungslosigkeit im Kontext eines unerbittlichen Konflikts zwischen Kapitalismus und Kommunismus beschrieben und analysiert, und das starre Festhalten an dieser Marxschen Formel hat die moderne Geschichte verzerrt. Von Zeit zu Zeit werden merkwürdige Bemerkungen dahingehend gemacht, dass die Polarität in der Tat falsch ist, aber diese werden schnell in die Vorhölle verwiesen. Carroll Quigley, Professor für internationale Beziehungen an der Georgetown University, äußerte sich beispielsweise wie folgt zum Haus Morgan:

Vor mehr als fünfzig Jahren beschloss die Firma Morgan, die politischen Bewegungen des linken Flügels in den Vereinigten Staaten zu infiltrieren. Das war relativ leicht zu bewerkstelligen, denn diese Gruppen brauchten dringend Geld und eine Stimme, um das Volk zu erreichen. Die Wall Street lieferte beides. Das Ziel war nicht, sie zu zerstören, zu dominieren oder zu übernehmen...[181]

Die Bemerkung von Professor Quigley, die sich offenbar auf vertrauliche Unterlagen stützt, hat das Zeug zu einem historischen Paukenschlag, wenn man sie belegen kann. Wir vermuten, dass die Firma Morgan nicht nur die inländische Linke infiltriert hat, wie Quigley feststellt, sondern auch die ausländische Linke - das heißt die bolschewistische Bewegung und die Dritte Internationale. Darüber hinaus haben Morgan und verbündete Finanzinteressen, insbesondere die Rockefeller-Familie, durch ihre Freunde im US-Außenministerium einen starken Einfluss auf die amerikanisch-russischen Beziehungen vom Ersten Weltkrieg bis in die Gegenwart ausgeübt. Die in diesem Kapitel vorgestellten Beweise legen nahe, dass zwei der operativen Instrumente zur Unterwanderung oder Beeinflussung ausländischer revolutionärer Bewegungen am 120 Broadway angesiedelt waren: zum einen die Federal Reserve Bank

---

[181] Carroll Quigley, *Tragedy and Hope* (New York: Macmillan, 1966), S. 938. Quigley schrieb 1965, so dass der Beginn der Infiltration um 1915 anzusetzen ist, ein Datum, das mit den hier vorgelegten Beweisen übereinstimmt.

of New York, die stark mit von Morgan ernannten Personen besetzt war, zum anderen die von Morgan kontrollierte American International Corporation. Außerdem gab es eine wichtige Verflechtung zwischen der Federal Reserve Bank of New York und der American International Corporation - C. A. Stone, der Präsident von American International, war auch Direktor der Federal Reserve Bank.

Die vorläufige Hypothese lautet daher, dass diese ungewöhnliche Konzentration an einer einzigen Adresse Ausdruck zielgerichteter Aktionen bestimmter Firmen und Personen war und dass diese Aktionen und Ereignisse nicht innerhalb des üblichen Spektrums des politischen Links-Rechts-Gegensatzes analysiert werden können.

Amerikanische Internationale Gesellschaft

Die American International Corporation (AIC) wurde am 22. November 1915 in New York von den Interessen von J.P. Morgan gegründet, unter maßgeblicher Beteiligung von Stillman's National City Bank und den Interessen von Rockefeller. Der Hauptsitz der AIC befand sich am 120 Broadway. Die Satzung der Gesellschaft ermächtigte sie, in jedem Land der Welt jede Art von Geschäft zu betreiben, mit Ausnahme von Bankgeschäften und öffentlichen Versorgungsbetrieben. Der erklärte Zweck der Gesellschaft war die Entwicklung in- und ausländischer Unternehmen, die Ausweitung der amerikanischen Aktivitäten im Ausland und die Förderung der Interessen amerikanischer und ausländischer Bankiers, Unternehmen und Ingenieure.

Frank A. Vanderlip hat in seinen Memoiren beschrieben, wie American International gegründet wurde und welche Aufregung an der Wall Street über das Geschäftspotenzial des Unternehmens herrschte.[182] Die ursprüngliche Idee entstand aus einer Diskussion zwischen Stone & Webster - den internationalen Eisenbahnunternehmern, die "davon überzeugt waren, dass es in den

---

[182] Frank A. Vanderlip, *Vom Bauernjungen zum Financier* (New York: A. Appleton-Century, 1935).

Vereinigten Staaten nicht mehr viel Eisenbahnbau zu tun gab" - und Jim Perkins und Frank A. Vanderlip von der National City Bank (NCB).[183] Die ursprüngliche Kapitalausstattung betrug 50 Millionen Dollar, und im Vorstand waren die führenden Köpfe der New Yorker Finanzwelt vertreten. Vanderlip berichtet, dass er an den Präsidenten der NCB, Stillman, schrieb und von dem enormen Potenzial der American International Corporation schwärmte:

James A. Farrell und Albert Wiggin wurden eingeladen [in den Vorstand zu kommen], mussten aber ihre Ausschüsse konsultieren, bevor sie zusagten. Ich denke auch daran, Henry Walters und Myron T. Herrick zu fragen. Mr. Herrick wird von Mr. Rockefeller sehr abgelehnt, aber Mr. Stone will ihn, und ich bin überzeugt, dass er in Frankreich besonders wünschenswert wäre. Die ganze Sache hat sich erfreulich reibungslos entwickelt und wurde mit einem Enthusiasmus aufgenommen, der mich selbst überrascht hat ( ), obwohl ich so fest davon überzeugt war, dass wir auf dem richtigen Weg sind.

Ich habe heute zum Beispiel James J. Hill getroffen. Er sagte zunächst, dass er nicht daran denken könne, seine Verantwortlichkeiten zu erweitern, aber nachdem ich ihm erklärt hatte, was wir zu tun gedenken, sagte er, dass er gerne in den Vorstand eintreten würde, dass er eine große Menge an Aktien nehmen würde und dass er vor allem eine beträchtliche Beteiligung an der City Bank wolle, und beauftragte mich, ihm die Aktien auf dem Markt zu kaufen.

Ich habe heute zum ersten Mal mit Ogden Armour über diese Angelegenheit gesprochen. Er saß in vollkommener Stille da, während ich die Geschichte erzählte, und ohne eine einzige Frage zu stellen, sagte er, er würde in den Vorstand gehen und wollte 500.000 Dollar Aktien.

Mr. Coffin [von General Electric] ist ein weiterer Mann, der sich von allem zurückzieht, aber "so begeistert von dieser Sache ist, dass er bereit war, in den Vorstand zu gehen, und die aktivste Mitarbeit anbietet.

---

[183] Ebd., S. 267.

Ich habe mich sehr gut gefühlt, weil ich Sabin bekommen habe. Der Guaranty Trust ist insgesamt der aktivste Wettbewerber, den wir in diesem Bereich haben, und es ist von großem Wert, ihn auf diese Weise in die Schar zu holen. Bei Kuhn, Loeb waren sie besonders enthusiastisch. Sie wollen bis zu 2.500.000 $ übernehmen. Es gab wirklich einen kleinen Wettbewerb, wer in den Vorstand kommen sollte, aber da ich zufällig mit Kahn gesprochen und ihn zuerst eingeladen hatte, wurde beschlossen, dass er in den Vorstand kommen sollte. Er ist vielleicht der enthusiastischste von allen. Sie wollen eine halbe Million Aktien für Sir Ernest Castle[184], dem sie den Plan telegrafiert haben und von dem sie die Zustimmung dazu erhalten haben.

Ich habe die ganze Angelegenheit am Dienstag vor dem Vorstand [der City Bank] erläutert und nur positive Kommentare erhalten.[185]

Alle begehrten die AIC-Aktien. Joe Grace (von W. R. Grace & Co.) wollte 600.000 $ zusätzlich zu seiner Beteiligung an der National City Bank. Ambrose Monell wollte 500.000 $. George Baker wollte 250.000 $. Und "William Rockefeller versuchte vergeblich, mich dazu zu bringen, ihm 5.000.000 $ des Stammkapitals anzubieten."[186]

Bis 1916 beliefen sich die Auslandsinvestitionen der AIC auf mehr als 23 Millionen Dollar und 1917 auf mehr als 27 Millionen Dollar. Das Unternehmen eröffnete Vertretungen in London, Paris, Buenos Aires und Peking sowie in Petrograd, Russland. Weniger als zwei Jahre nach ihrer Gründung war die AIC in großem Umfang in Australien, Argentinien, Uruguay, Paraguay, Kolumbien, Brasilien, Chile, China, Japan, Indien, Ceylon, Italien, der Schweiz, Frankreich, Spanien, Kuba, Mexiko und anderen Ländern Mittelamerikas tätig.

American International besaß mehrere Tochtergesellschaften, war

---

[184] Sir Ernest Cassel, prominenter britischer Financier.

[185] Ebd., S. 268-69. Es sei darauf hingewiesen, dass mehrere von Vanderlip erwähnte Namen an anderer Stelle in diesem Buch auftauchen: Rockefeller, Armour, Guaranty Trust und (Otto) Kahn hatten alle mehr oder weniger mit der bolschewistischen Revolution und ihren Folgen zu tun.

[186] Ebd., S. 269.

in erheblichem Umfang an weiteren Unternehmen beteiligt und betrieb noch weitere Firmen in den Vereinigten Staaten und im Ausland. Die Allied Machinery Company of America wurde im Februar 1916 gegründet, und das gesamte Aktienkapital wurde von der American International Corporation übernommen. Der Vizepräsident der American International Corporation war Frederick Holbrook, ein Ingenieur und ehemaliger Leiter der Holbrook Cabot & Rollins Corporation. Im Januar 1917 wurde die Grace Russian Company gegründet, deren gemeinsame Eigentümer die W. R. Grace & Co. und die San Galli Trading Company aus Petrograd waren. Die American International Corporation hielt eine beträchtliche Beteiligung an der Grace Russian Company und hatte über Holbrook ein Direktorenamt inne.

Die AIC investierte auch in die United Fruit Company, die in den 1920er Jahren an den Revolutionen in Mittelamerika beteiligt war. Die American International Shipbuilding Corporation, die sich zu 100 % im Besitz der AIC befand, schloss mit der Emergency Fleet Corporation umfangreiche Verträge für Kriegsschiffe ab: ein Vertrag sah fünfzig Schiffe vor, gefolgt von einem weiteren Vertrag über vierzig Schiffe und einem weiteren Vertrag über sechzig Frachtschiffe. American International Shipbuilding war der größte einzelne Empfänger von Aufträgen, die von der Emergency Fleet Corporation der US-Regierung vergeben wurden. Ein weiteres Unternehmen der AIC war die G. Amsinck & Co. in New York, die im November 1917 die Kontrolle über das Unternehmen übernahm. Amsinck war die Finanzierungsquelle für die deutsche Spionage in den Vereinigten Staaten (siehe Seite 66). Im November 1917 gründete die American International Corporation die Symington Forge Corporation, einen bedeutenden staatlichen Auftragnehmer für die Herstellung von Schmiedestücken für Granaten, und war deren alleiniger Eigentümer. Folglich hatte die American International Corporation ein erhebliches Interesse an Kriegsaufträgen in den Vereinigten Staaten und in Übersee. Sie hatte, kurz gesagt, ein ureigenes Interesse am Fortbestand des Ersten Weltkriegs.

Die Direktoren von American International und einige ihrer Verbände waren (im Jahr 1917):

J. OGDEN ARMOUR Fleischverpacker, von Armour & Company,

Chicago; Direktor der National City Bank of New York; und erwähnt von A. A. Heller in Verbindung mit dem Sowjetischen Büro.

GEORGE JOHNSON BALDWIN von Stone & Webster, 120 Broadway. Während des Ersten Weltkriegs war Baldwin Vorstandsvorsitzender von American International Shipbuilding, Senior Vice President der American International Corporation, Direktor von G. Amsinck (Von Pavenstedt von Amsinck war ein deutscher Spionage-Zahlmeister in den USA, siehe Seite 65) und Treuhänder der Carnegie-Stiftung, die den Marburger Plan für den internationalen Sozialismus finanzierte, der hinter den Kulissen von der Weltfinanz kontrolliert werden sollte (siehe Seite 174-6).

C. A. COFFIN Vorsitzender von General Electric (Sitz der Geschäftsführung: 120 Broadway), Vorsitzender des Kooperationsausschusses des Amerikanischen Roten Kreuzes.

W. E. COREY (14 Wall Street) Direktor der American Bank Note Company, der Mechanics and Metals Bank, der Midvale Steel and Ordnance, und der International Nickel Company; später Direktor der National City Bank.

ROBERT DOLLAR Schifffahrtsmagnat aus San Francisco, der 1920 im Auftrag der Sowjets versuchte, zaristische Goldrubel in die USA einzuführen, was gegen die US-Vorschriften verstieß.

PIERRE S. DU PONT Aus der Familie du Pont.

PHILIP A. S. FRANKLIN Direktor der National City Bank.

J.P. GRACE Direktor der National City Bank.

R. F. HERRICK Direktor, New York Life Insurance; ehemaliger Präsident der American Bankers Association; Treuhänder der Carnegie Foundation.

OTTO H. KAHN Partner bei Kuhn, Loeb. Kahns Vater kam 1948 nach Amerika, "nachdem er an der erfolglosen deutschen Revolution in jenem Jahr teilgenommen hatte". Laut J. H. Thomas (britischer Sozialist, von den Sowjets finanziert) "ist Otto Kahns Gesicht dem Licht zugewandt".

H. W. PRITCHETT Treuhänder der Carnegie-Stiftung.

PERCY A. ROCKEFELLER Sohn von John D. Rockefeller; verheiratet mit Isabel, Tochter von J. A. Stillman von der National City Bank.

JOHN D. RYAN Direktor von Kupferminengesellschaften, der National City Bank und der Mechanics and Metals Bank. (Siehe Frontispiz zu diesem Buch.)

W. L. SAUNDERS Direktor der Federal Reserve Bank of New York, 120 Broadway, und Vorsitzender von Ingersoll-Rand. Laut der *National Cyclopaedia* (26:81): "Während des gesamten Krieges war er einer der vertrauenswürdigsten Berater des Präsidenten." Zu seinen Ansichten über die Sowjets siehe Seite 15.

J. A. STILLMAN Präsident der National City Bank, nachdem sein Vater (J. Stillman, Vorsitzender der NCB) im März 1918 gestorben war.

C. A. STONE Direktor (1920-22) der Federal Reserve Bank of New York, 120 Broadway; Vorsitzender von Stone & Webster, 120 Broadway; Präsident (1916-23) der American International Corporation, 120 Broadway.

T. N. VAIL Präsident der National City Bank von Troy, New York

F. A. VANDERLIP Präsident der National City Bank.

E. S. WEBSTER von Stone & Webster, 120 Broadway.

A. H. WIGGIN Direktor der Federal Reserve Bank of New York in den frühen 1930er Jahren.

BECKMAN WINTHROPE Direktor der National City Bank.

WILLIAM WOODWARD Direktor der Federal Reserve Bank of New York, 120 Broadway, und der Hanover National Bank.

Die Verflechtung der zweiundzwanzig Direktoren der American International Corporation mit anderen Institutionen ist signifikant. Die National City Bank hatte nicht weniger als zehn Direktoren im Vorstand der AIC; Stillman von der NCB war zu dieser Zeit ein Vermittler zwischen den Rockefeller- und Morgan-Interessen, und sowohl die Morgan- als auch die Rockefeller-Interessen waren direkt in der AIC vertreten. Kuhn, Loeb und die du Ponts hatten jeweils einen Direktor. Stone & Webster hatte drei Direktoren.

Nicht weniger als vier Direktoren der AIC (Saunders, Stone, Wiggin, Woodward) waren entweder Direktoren der Federal Reserve Bank of New York oder traten ihr später bei. In einem früheren Kapitel haben wir festgestellt, dass William Boyce Thompson, der die bolschewistische Revolution mit Geldmitteln und seinem beträchtlichen Prestige unterstützte, ebenfalls Direktor der Federal Reserve Bank of New York war - das Direktorium der FRB of New York bestand nur aus neun Mitgliedern.

Der Einfluss der amerikanischen Internationale auf die Revolution

Nachdem wir die Direktoren der AIC identifiziert haben, müssen wir nun ihren revolutionären Einfluss ermitteln.

Als die bolschewistische Revolution in Zentralrussland Fuß fasste, bat Außenminister Robert Lansing die American International Corporation um eine Stellungnahme zu der gegenüber dem Sowjetregime zu verfolgenden Politik. Am 16. Januar 1918 - kaum zwei Monate nach der Machtübernahme in Petrograd und Moskau und bevor ein Bruchteil Russlands unter bolschewistische Kontrolle geraten war - übermittelte William Franklin Sands, geschäftsführender Sekretär der American International Corporation, das angeforderte Memorandum zur politischen Lage in Russland an Außenminister Lansing. Das Anschreiben von Sands, das mit 120 Broadway überschrieben war, begann:

> An den ehrenwerten 16. Januar 1918 Staatssekretär
>
> Washington D.C.

> *Sir*
> *Ich beehre mich, Ihnen das Memorandum über meine Einschätzung der politischen Lage in Rußland beizufügen, um das Sie mich gebeten haben.*
> *Ich habe ihn in drei Teile gegliedert: eine möglichst kurze Erklärung der historischen Ursachen der Revolution, einen Vorschlag für die Politik und eine Aufzählung der verschiedenen Zweige der amerikanischen Tätigkeit, die*

jetzt in Russland tätig sind.[187]

Obwohl die Bolschewiki in Russland nur eine prekäre Kontrolle hatten - und im Frühjahr 1918 sogar kurz davor standen, diese zu verlieren -, schrieb Sands, dass die Vereinigten Staaten bereits im Januar 1918 mit der Anerkennung Trotzkis zu lange gezögert hätten. Er fügte hinzu: "Was auch immer an Boden verloren gegangen sein mag, sollte jetzt wiedergewonnen werden, selbst um den Preis eines kleinen persönlichen Triumphs für Trotzki."[188]

Unternehmen, die sich am oder in der Nähe des 120 Broadway befinden:

American International Corp 120 Broadway

National City Bank 55 Wall Street

Bankers Trust Co Bldg 14 Wall Street

New York Stock Exchange 13 Wall Street/12 Broad

Morgan Building Ecke Wall & Broad

Federal Reserve Bank of NY 120 Broadway

Equitable Building 120 Broadway

Bankers Club 120 Broadway

Simpson, Thather & Bartlett 62 Cedar St

William Boyce Thompson 14 Wall Street

Hazen, Whipple & Fuller Gebäude 42nd Street

Chase National Bank 57 Broadway

McCann Co 61 Broadway

Stetson, Jennings & Russell 15 Broad Street

Guggenheim-Erkundung 120 Broadway

---

[187] U.S. Stale Dept. Decimal File, 861.00/961.

[188] Sands Memorandum an Lansing, S. 9.

Weinberg & Posner 120 Broadway

Sowjetisches Büro 110 West 40th Street

John MacGregor Grant Co 120 Broadway

Stone & Webster 120 Broadway

General Electric Co 120 Broadway

Morris Plan of NY 120 Broadway

Sinclair Gulf Corp 120 Broadway

Guaranty Securities 120 Broadway

Guaranty Trust 140 Broadway

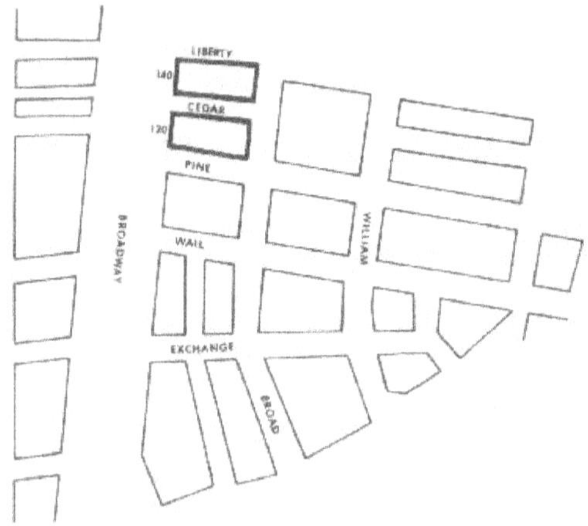

Karte der Wall Street Area mit Bürostandorten

Sands geht dann darauf ein, wie die USA die verlorene Zeit aufholen könnten, zieht Parallelen zwischen der bolschewistischen Revolution und "unserer eigenen Revolution" und schließt: "Ich habe allen Grund zu der Annahme, dass die Pläne der Regierung für Russland jede mögliche Unterstützung des Kongresses und die herzliche Zustimmung der öffentlichen Meinung in den Vereinigten Staaten erhalten werden."

Kurz gesagt, Sands hat als geschäftsführender Sekretär eines Unternehmens, dessen Direktoren zu den angesehensten der Wall Street gehörten, die Bolschewiki und die bolschewistische

Revolution nachdrücklich unterstützt, und das nur wenige Wochen nach Beginn der Revolution. Und als Direktor der Federal Reserve Bank of New York hatte Sands gerade 1 Million Dollar an die Bolschewiki gespendet - eine solche Unterstützung der Bolschewiki durch Bankeninteressen ist zumindest konsequent.

Außerdem war William Sands von American International ein Mann mit wirklich ungewöhnlichen Verbindungen und Einfluss im Außenministerium.

Sands' Karriere verlief abwechselnd im Außenministerium und an der Wall Street. Im späten neunzehnten und frühen zwanzigsten Jahrhundert bekleidete er verschiedene diplomatische Posten in den USA. Jahrhunderts verschiedene diplomatische Posten in den USA inne. 1910 verließ er das Ministerium, um bei der Bankfirma James Speyer ein Darlehen für Ecuador auszuhandeln, und vertrat in den folgenden zwei Jahren die Central Aguirre Sugar Company in Puerto Rico. Im Jahr 1916 war er in Russland im Auftrag des "Roten Kreuzes" tätig - in Wirklichkeit handelte es sich um eine zweiköpfige "Sondermission" mit Basil Miles - und kehrte zurück, um bei der American International Corporation in New York zu arbeiten.[189]

Anfang 1918 wurde Sands der bekannte und beabsichtigte Empfänger bestimmter russischer "Geheimverträge". Wenn man den Akten des Außenministeriums Glauben schenken darf, war Sands auch als Kurier tätig und hatte bereits vorher Zugang zu offiziellen Dokumenten, d. h. vor den US-Regierungsbeamten. Am 14. Januar 1918, nur zwei Tage bevor Sands sein Memo über die

---

[189] William Franklin Sands schrieb mehrere Bücher, darunter *Undiplomatische Memoiren* (New York: McGraw-Hill, 1930), eine Biografie über die Jahre bis 1904. Später schrieb er *Our Jungle Diplomacy* (Chapel Hill: University of North Carolina Press, 1941), eine unauffällige Abhandlung über den Imperialismus in Lateinamerika. Das letztgenannte Werk ist nur wegen eines kleinen Punktes auf Seite 102 bemerkenswert: die Bereitschaft, ein besonders unappetitliches imperialistisches Abenteuer Adolf Stahl, einem New Yorker Bankier, in die Schuhe zu schieben, während er völlig unnötig darauf hinweist, dass Stahl "deutsch-jüdischer Herkunft" war. Im August 1918 veröffentlichte er in *Asia* einen Artikel mit dem Titel "Salvaging Russia" (Rettung Russlands*)*, *um* seine Unterstützung für das bolschewistische Regime zu erklären.

Politik gegenüber den Bolschewiken verfasste, veranlasste Minister Lansing, dass das folgende Telegramm in Grüner Chiffre an die amerikanische Gesandtschaft in Stockholm geschickt wurde: "Wichtige offizielle Papiere, die Sands hierher bringen sollte, wurden in der Gesandtschaft hinterlassen. Haben Sie sie weitergeleitet? Lansing". Die Antwort vom 16. Januar von Morris in Stockholm lautet: "Ihr 460 Januar 14, 17 Uhr. Besagte Dokumente wurden am 28. Dezember in Beutel Nummer 34 an die Abteilung weitergeleitet." Diesen Dokumenten ist ein weiterer Vermerk beigefügt, der mit "BM" (Basil Miles, ein Mitarbeiter von Sands) unterzeichnet ist: "Mr. Phillips. Sie haben es versäumt, Sands die erste Rate der geheimen Verträge zu geben, wh. [die] er von Petrograd nach Stockholm gebracht hat."[190]

Sieht man einmal von der Frage ab, warum ein Privatmann russische Geheimverträge mit sich führen sollte, und von der Frage nach dem Inhalt solcher Geheimverträge (wahrscheinlich eine frühe Version der so genannten Sisson-Dokumente), können wir zumindest ableiten, dass der Exekutivsekretär der AIC Ende 1917 von Petrograd nach Stockholm reiste und tatsächlich ein privilegierter und einflussreicher Bürger gewesen sein muss, der Zugang zu Geheimverträgen hatte.[191]

Einige Monate später, am 1. Juli 1918, schlug Sands in einem Schreiben an Finanzminister McAdoo eine Kommission für "Wirtschaftshilfe für Russland" vor. Er drängte darauf, dass es für eine Regierungskommission schwierig sein würde, "die Maschinerie" für eine solche Hilfe bereitzustellen, "es scheint daher notwendig, die finanziellen, kommerziellen und produktiven Interessen der Vereinigten Staaten aufzurufen, um eine solche Maschinerie unter der Kontrolle des Hauptkommissars oder eines anderen vom Präsidenten für diesen Zweck ausgewählten Beamten

---

[190] Alle obigen Angaben in der Dezimaldatei des US-Außenministeriums, 861.00/969.

[191] Der Autor kann es sich nicht verkneifen, einen Vergleich mit der Behandlung von akademischen Forschern anzustellen. So wurde dem Autor noch 1973 der Zugang zu einigen Akten des State Department *aus dem Jahr 1919* verwehrt.

bereitzustellen."[192] Mit anderen Worten: Sands beabsichtigte offensichtlich, dass jede kommerzielle Ausbeutung des bolschewistischen Russlands 120 Broadway einschließen würde.

Die Federal Reserve Bank von New York

Die Gründungsurkunde der Federal Reserve Bank of New York wurde am 18. Mai 1914 eingereicht. Sie sah drei Direktoren der Klasse A vor, die die Mitgliedsbanken im Distrikt vertraten, drei Direktoren der Klasse B, die Handel, Landwirtschaft und Industrie repräsentierten, und drei Direktoren der Klasse C, die das Federal Reserve Board vertraten. Die ersten Direktoren wurden 1914 gewählt; sie entwickelten ein energisches Programm. Im ersten Jahr ihrer Gründung hielt die Federal Reserve Bank of New York nicht weniger als 50 Sitzungen ab.

Interessant ist aus unserer Sicht die Verbindung zwischen den Direktoren der Federal Reserve Bank (im Distrikt New York) und der American International Corporation einerseits und dem entstehenden Sowjetrussland andererseits.

Im Jahr 1917 waren die drei Direktoren der Klasse A Franklin D. Locke, William Woodward und Robert H. Treman. William Woodward war ein Direktor der American International Corporation (120 Broadway) und der von Rockefeller kontrollierten Hanover National Bank. Weder Locke noch Treman tauchen in unserer Geschichte auf. Die drei Direktoren der Klasse B im Jahr 1917 waren William Boyce Thompson, Henry R. Towne und Leslie R. Palmer. Wir haben bereits William B. Thompsons beträchtliche Geldspende für die bolschewistische Sache erwähnt. Henry R. Towne war Vorsitzender des Vorstands der Morris Plan of New York mit Sitz am 120 Broadway; sein Sitz wurde später von Charles A. Stone von der American International Corporation (120 Broadway) und von Stone & Webster (120 Broadway) übernommen. Leslie R. Palmer kommt in unserer Geschichte nicht vor. Die drei Direktoren der Klasse C waren Pierre Jay, W. L. Saunders und George Foster Peabody. Über Pierre Jay ist nichts

---

[192] Dezimaldatei des US-Außenministeriums, 861.51/333.

bekannt, außer dass sich sein Büro am 120 Broadway befand und er nur als Eigentümer der Brearley School, Ltd. von Bedeutung zu sein schien. William Lawrence Saunders war auch Direktor der American International Corporation; er bekannte sich, wie wir gesehen haben, offen zu pro-bolschewistischen Sympathien, die er in einem Brief an Präsident Woodrow Wilson offenlegte (siehe Seite 15). George Foster Peabody war ein aktiver Sozialist (siehe Seite 99-100).

Kurz gesagt, von den neun Direktoren der Federal Reserve Bank of New York waren vier physisch am 120 Broadway ansässig und zwei waren damals mit der American International Corporation verbunden. Und mindestens vier Mitglieder des Vorstands der AIC waren zu irgendeinem Zeitpunkt Direktoren der FRB of New York. Wir könnten all dies als bedeutsam bezeichnen, aber nicht unbedingt als beherrschendes Interesse ansehen.

Amerikanisch-Russisches Industrie-Syndikat Inc.

Der Vorschlag von William Franklin Sands, eine Wirtschaftskommission für Russland einzusetzen, wurde nicht angenommen. Stattdessen wurde eine private Organisation gegründet, um die russischen Märkte und die frühere Unterstützung der Bolschewiki zu nutzen. Eine Gruppe von Industriellen aus 120 Broadway-Staaten gründete die American-Russian Industrial Syndicate Inc. um diese Möglichkeiten zu entwickeln und zu fördern. Finanzielle Unterstützung erhielt das neue Unternehmen von den Gebrüdern Guggenheim, 120 Broadway, die zuvor mit William Boyce Thompson verbunden waren (Guggenheim kontrollierte American Smelting and Refining sowie die Kupferunternehmen Kennecott und Utah), von Harry F. Sinclair, Präsident der Sinclair Gulf Corp. ebenfalls 120 Broadway, und von James G. White von der J. G. White Engineering Corp. am Exchange Place 43 - der Adresse des amerikanisch-russischen Industriesyndikats.

Im Herbst 1919 telegrafierte die US-Botschaft in London an Washington über die Herren Lubovitch und Rossi als "Vertreter des American-Russian Industrial Syndicate Incorporated". "Wie ist der Ruf und die Haltung des Ministeriums gegenüber dem Syndikat und den Personen?[193]

Auf dieses Telegramm antwortete der Beamte des Außenministeriums Basil Miles, ein ehemaliger Mitarbeiter von Sands:

... Die genannten Herren und ihr Unternehmen haben einen guten Ruf und werden von den White-, Sinclair- und Guggenheim-Interessen finanziell unterstützt, um Geschäftsbeziehungen mit Russland zu knüpfen.[194]

Daraus lässt sich schließen, dass die Interessen der Wall Street ganz bestimmte Vorstellungen von der Art und Weise hatten, wie der neue russische Markt ausgenutzt werden sollte. Die Unterstützung und die Ratschläge, die den Bolschewiki von interessierten Kreisen in Washington und anderswo angeboten wurden, sollten nicht unbelohnt bleiben.

John Reed: Revolutionär des Establishments

Ganz abgesehen von dem Einfluss von American International im Außenministerium ist die intime Beziehung - die die AIC selbst als "Kontrolle" bezeichnet - zu einem bekannten Bolschewiken: John Reed. Reed war ein produktiver, vielgelesener Autor aus der Zeit des Ersten Weltkriegs, der für die bolschewistisch orientierte *Masses.*[195] und für die von Morgan kontrollierte Zeitschrift *Metropolitan* schrieb. Reeds Buch über die bolschewistische Revolution, *Ten Days That Shook the World (Zehn Tage, die die Welt erschütterten)*, ist mit einer Einleitung von Nikolai Lenin versehen und wurde zu Reeds bekanntestem und meistgelesenem literarischen Werk. Heute liest sich das Buch wie ein oberflächlicher Kommentar zu aktuellen Ereignissen, ist durchsetzt mit

---

[193] Dezimaldatei des US-Außenministeriums, 861.516 84, 2. September 1919.

[194] Ebd.

[195] Weitere in diesem Buch erwähnte Mitwirkende an den *Masses* waren der Journalist Robert Minor, Vorsitzender des U.S. Public Info, marion Committee, George Creel, Carl Sandburg, Dichter und Historiker, und Boardman Robinson, Künstler.

bolschewistischen Proklamationen und Dekreten und durchdrungen von jener mystischen Inbrunst, von der die Bolschewiki wussten, dass sie ausländische Sympathisanten erwecken würde. Nach der Revolution wurde Reed ein amerikanisches Mitglied des Exekutivkomitees der Dritten Internationale. Er starb 1920 in Russland an Typhus.

Die entscheidende Frage, die sich hier stellt, ist nicht Reeds bekanntermaßen pro-bolschewistischer Tenor und seine Aktivitäten, sondern die Frage, wie Reed, der das volle Vertrauen Lenins genoss ("Hier ist ein Buch, von dem ich mir wünsche, dass es in Millionen Exemplaren veröffentlicht und in alle Sprachen übersetzt wird", kommentierte Lenin in *Ten Days*), der Mitglied der Dritten Internationale war und der einen Passierschein des Militärrevolutionären Komitees (Nr. 955, ausgestellt am 16. November 1917) besaß, der ihm jederzeit als Vertreter der "amerikanischen sozialistischen Presse" Zutritt zum Smolny-Institut (dem Revolutionshauptquartier) gewährte, trotzdem eine Marionette war. 955, ausgestellt am 16. November 1917) besaß, der ihm als Vertreter der "amerikanischen sozialistischen Presse" jederzeit Zutritt zum Smolny-Institut (dem revolutionären Hauptquartier) gewährte, war auch - trotz dieser Dinge - eine Marionette unter der "Kontrolle" der Morgan-Finanzinteressen durch die American International Corporation. Für diesen scheinbaren Konflikt gibt es dokumentarische Belege (siehe unten und Anhang 3).

Erläutern wir den Hintergrund. Durch Artikel für den *Metropolitan* and the *Masses* fand John Reed ein breites Publikum für seine Berichterstattung über die mexikanische und die russische bolschewistische Revolution. Reeds Biograf Granville Hicks hat in *John Reed* angedeutet, dass "er... der Sprecher der Bolschewiki in den Vereinigten Staaten war". Andererseits kam Reeds finanzielle Unterstützung von 1913 bis 1918 in hohem Maße von der *Metropolitan* - im Besitz von Harry Payne Whitney, einem Direktor des Guaranty Trust, einer Institution, die in jedem Kapitel dieses Buches zitiert wird - und auch von dem New Yorker Privatbankier und Händler Eugene Boissevain, der Reed sowohl direkt als auch über Gelder an die pro-bolschewistischen *Massen* leitete. Mit anderen Worten: John Reeds finanzielle Unterstützung kam von zwei vermeintlich konkurrierenden Elementen des politischen

Spektrums. Diese Gelder waren für die Schriftstellerei bestimmt und können wie folgt klassifiziert werden: Zahlungen von *Metropolitan* ab 1913 für Artikel; Zahlungen von *Masses* ab 1913, deren Einnahmen zumindest zum Teil von Eugene Boissevain stammten. Eine dritte Kategorie sollte erwähnt werden: Reed erhielt einige geringfügige und anscheinend nicht zusammenhängende Zahlungen vom Rotkreuzbeauftragten Raymond Robins in Petrograd. Vermutlich erhielt er auch kleinere Beträge für Artikel, die er für andere Zeitschriften schrieb, und für Buchtantiemen; es wurden jedoch keine Belege über die Höhe dieser Zahlungen gefunden.

John Reed und das *Metropolitan* Magazine

The *Metropolitan* unterstützte zeitgenössische Anliegen des Establishments, wie z. B. die Kriegsvorbereitung. Eigentümer der Zeitschrift war Harry Payne Whitney (1872-1930), der die Navy League gegründet hatte und Partner der Firma J.P. Morgan war. In den späten 1890er Jahren wurde Whitney Direktor von American Smelting and Refining und von Guggenheim Exploration. Nach dem Tod seines Vaters im Jahr 1908 wurde er Direktor zahlreicher anderer Unternehmen, darunter die Guaranty Trust Company. Reed begann im Juli 1913 für Whitney's *Metropolitan* zu schreiben und verfasste ein halbes Dutzend Artikel über die mexikanischen Revolutionen: "With Villa in Mexico", "The Causes Behind/Mexico's Revolution", "If We Enter Mexico", "With Villa on the March" usw. Reeds Sympathien galten dem Revolutionär Pancho Villa. Sie werden sich an die Verbindung (siehe Seite 65) zwischen Guaranty Trust und Villas Munitionslieferungen erinnern.

Auf jeden Fall war die *Metropolitan* Reeds Haupteinkommensquelle. In den Worten des Biographen Granville Hicks: "Geld bedeutete in erster Linie Arbeit für die *Metropolitan* und nebenbei Artikel und Geschichten für andere bezahlte Zeitschriften." Die Beschäftigung bei der *Metropolitan* hinderte Reed jedoch nicht daran, kritische Artikel über die Interessen von Morgan und Rockefeller zu schreiben. Einer dieser Artikel, *"At the Throat of the Republic" (Masses*, Juli 1916), zeichnete die Beziehung zwischen der Rüstungsindustrie, der Lobby für nationale Sicherheitsvorsorge und den ineinander greifenden Direktorien der Morgan-Rockefeller-Interessen nach und zeigte, dass sie sowohl die

Vorsorgegesellschaften als auch die neu gegründete American International Corporation beherrschten, die für die Ausbeutung rückständiger Länder organisiert war."[196]

1915 wurde John Reed in Russland von den zaristischen Behörden verhaftet, und der *Metropolitan* intervenierte beim Außenministerium zu Reeds Gunsten. Am 21. Juni 1915 schrieb H. J. Whigham an Außenminister Robert Lansing und teilte ihm mit, dass John Reed und Boardman Robinson (ebenfalls verhaftet und ebenfalls Mitarbeiter der *Masses)* sich in Russland aufhielten, "um im Auftrag der Zeitschrift *Metropolitan* Artikel zu schreiben und Illustrationen für das östliche Kriegsgebiet anzufertigen." Whigham wies darauf hin, dass keiner von ihnen "den Wunsch oder die Vollmacht von uns hatte, sich in die Operationen der kriegführenden Mächte einzumischen". Der Brief von Whigham geht weiter:

> *Wenn Mr. Reed von Bukarest aus Empfehlungsschreiben an antirussisch gesinnte Menschen in Galizien überbrachte, bin ich sicher, dass er dies in der einfachen Absicht tat, so viele Menschen wie möglich zu treffen...*

Whigham weist Sekretär Lansing darauf hin, dass John Reed im Weißen Haus bekannt sei und der Regierung in mexikanischen Angelegenheiten "einige Hilfe" geleistet habe; er schließt damit: *"Wir* schätzen Reeds große Qualitäten als Schriftsteller und Denker sehr und sind sehr besorgt um seine Sicherheit."[197] Der Brief von Whigham stammt wohlgemerkt nicht von einer Zeitschrift des Establishments zur Unterstützung eines bolschewistischen Schriftstellers; er stammt von einer Zeitschrift des Establishments zur Unterstützung eines bolschewistischen Schriftstellers für die *Massen* und ähnliche revolutionäre Blätter, eines Schriftstellers, der auch Autor scharfer Angriffe war ("The Involuntary Ethics of Big Business: A Fable for Pessimists", zum Beispiel) gegen dieselben Morgan-Interessen, denen die *Metropolitan* gehört.

---

[196] Granville Hicks, *John Reed, 1887-1920* (New York: Macmillan, 1936), S. 215.

[197] Dezimaldatei des US-Außenministeriums, 860d.1121 R 25/4.

Die Beweise für die Finanzierung durch den Privatbankier Boissevain sind unumstößlich. Am 23. Februar 1918 schickte die amerikanische Gesandtschaft in Christiania, Norwegen, im Namen von John Reed ein Telegramm nach Washington, das dem Führer der Sozialistischen Partei, Morris Hillquit, übergeben wurde. In dem Telegramm heißt es unter anderem: "Sagen Sie Boissevain, er soll sich auf ihn stützen, aber vorsichtig". In einer kryptischen Notiz von Basil Miles in den Akten des Außenministeriums, datiert auf den 3. April 1918, heißt es: "Wenn Reed nach Hause kommt, kann er genauso gut Geld haben. Soweit ich weiß, sind die Alternativen die Ausweisung durch Norwegen oder die höfliche Rückkehr. Wenn dies so ist, scheint letzteres vorzuziehen." Auf diese Schutznote folgt ein Telegramm vom 1. April 1918, ebenfalls von der amerikanischen Gesandtschaft in Christiania: "John Reed fordert Eugene Boissevain, 29 Williams Street, New York, dringend auf, der Gesandtschaft 300,00 Dollar zu telegrafieren."[198] Dieses Telegramm wurde vom Außenministerium am 3. April 1918 an Eugene Boissevain weitergeleitet.

Reed hat offenbar seine Gelder erhalten und ist sicher in die Vereinigten Staaten zurückgekehrt. Das nächste Dokument in den Akten des Außenministeriums ist ein Brief von John Reed an William Franklin Sands, datiert vom 4. Juni 1918 und geschrieben von Crotonon-Hudson, New York. In dem Schreiben erklärt Reed, er habe ein Memorandum für das Außenministerium verfasst, und appelliert an Sands, seinen Einfluss geltend zu machen, um die Freigabe der aus Russland mitgebrachten Kisten mit Papieren zu erreichen. Reed schließt mit den Worten: "Verzeihen Sie, dass ich Sie belästige, aber ich weiß nicht, an wen ich mich sonst wenden soll, und eine weitere Reise nach Washington kann ich mir nicht leisten." In der Folge erhielt Frank Polk, der amtierende Außenminister, ein Schreiben von Sands bezüglich der Freigabe von John Reeds Papieren. Das Schreiben von Sands, datiert vom 5. Juni 1918, aus 120 Broadway, wird hier vollständig wiedergegeben; es

---

[198] Ebd., 360d.1121/R25/18. Laut Granville Hicks in *John Reed* "konnte *Masses* seine [Reeds] Ausgaben nicht bezahlen. Schließlich brachten Freunde der Zeitschrift, vor allem Eugene Boissevain, das Geld auf" (S. 249).

enthält recht eindeutige Aussagen über die Kontrolle von Reed:

120 BROADWAY NEW YORK

Fünfter Juni 1918

Mein lieber Mr. Polk:

> *Ich erlaube mir, Ihnen einen Appell von John ("Jack") Reed beizufügen, ihm nach Möglichkeit zu helfen, die Freigabe der Papiere zu erwirken, die er aus Russland mit ins Land gebracht hat.*
>
> *Ich hatte ein Gespräch mit Mr. Reed, als er ankam, in dem er einige Versuche der sowjetischen Regierung skizzierte, eine konstruktive Entwicklung einzuleiten, und den Wunsch äußerte, alle Beobachtungen, die er gemacht hatte, oder Informationen, die er durch seine Verbindung mit Leo Trotzki erhalten hatte, unserer Regierung zur Verfügung zu stellen. Ich schlug ihm vor, ein Memorandum zu diesem Thema für Sie zu verfassen, und versprach, nach Washington zu telefonieren, um Sie zu bitten, ihm zu diesem Zweck ein Gespräch zu geben. Er brachte eine Menge Papiere mit nach Hause, die ihm zur Untersuchung abgenommen worden waren, und auch zu diesem Thema wollte er mit einem Verantwortlichen sprechen, um der Regierung freiwillig Informationen anzubieten, die sie enthalten könnten, und um die Freigabe der Papiere zu erbitten, die er für seine Zeitungs- und Zeitschriftenarbeit benötigte.*
>
> *Ich glaube nicht, dass Mr. Reed ein "Bolschewik" oder ein "gefährlicher Anarchist" ist, wie ich ihn habe beschreiben hören. Er ist zweifellos ein sensationeller Journalist, aber das ist auch schon alles. Er versucht nicht, unsere Regierung in Verlegenheit zu bringen, und lehnte aus diesem Grund den "Schutz" ab, der ihm meines Wissens von Trotzki angeboten wurde, als er nach New York zurückkehrte, um sich der Anklage gegen ihn im "Massen"-Prozess zu stellen. Er wird jedoch von den Petrograder Bolschewiki gemocht, und deshalb wird alles, was unsere Polizei tun könnte, was nach "Verfolgung" aussieht, in Petrograd auf Ablehnung stoßen, was ich für unerwünscht, weil unnötig halte. Er lässt sich auf andere Weise viel besser handhaben und*

kontrollieren als durch die Polizei.

Ich habe das Memorandum, das er Mr. Bullitt gegeben hat, nicht gesehen - ich wollte, dass er es mir zuerst zeigt und vielleicht redigiert, aber er hatte keine Gelegenheit, dies zu tun.

Ich hoffe, dass Sie mich in dieser Angelegenheit nicht für aufdringlich halten oder sich in Dinge einmischen, die mich nichts angehen. Ich halte es für klug, die bolschewistischen Führer nicht zu beleidigen, solange es nicht notwendig ist - falls es notwendig sein sollte -, und es ist unklug, jeden als verdächtige oder gar gefährliche Person zu betrachten, der freundschaftliche Beziehungen zu den Bolschewiki in Russland unterhält. Ich halte es für die bessere Politik, zu versuchen, solche Leute für unsere eigenen Zwecke bei der Entwicklung unserer Politik gegenüber Russland zu nutzen, wenn es möglich ist, dies zu tun. Der Vortrag, an dem Reed von der Polizei in Philadelphia gehindert wurde (er verlor seinen Kopf, geriet in Konflikt mit der Polizei und wurde verhaftet), ist der einzige Vortrag über Russland, für den ich bezahlt hätte, wenn ich nicht schon seine Aufzeichnungen zu diesem Thema gesehen hätte. Er behandelte ein Thema, das wir möglicherweise als Kontaktpunkt mit der sowjetischen Regierung finden könnten, von dem aus wir eine konstruktive Arbeit beginnen könnten!

Können wir ihn nicht gebrauchen, anstatt ihn zu verbittern und zu einem Feind zu machen? Er ist nicht sehr ausgeglichen, aber er ist, wenn ich mich nicht sehr täusche, empfänglich für eine diskrete Führung und könnte recht nützlich sein.

Mit freundlichen Grüßen, William Franklin Sands
Der ehrenwerte Frank Lyon Polk
Beraterin des Außenministeriums Washington, D.C.
WFS:AO-Gehäuse[199]

Die Bedeutung dieses Dokuments liegt in der harten Enthüllung der

---

[199] U.S. State Dept. Decimal File, 360. D. II21.R/20/221/2, /R25 (John Reed). Der Brief wurde am 2. Mai 1935 von Herrn Polk an das Archiv des Außenministeriums übergeben. Alle Kursivschrift hinzugefügt.

direkten Intervention eines Offiziers (Executive Secretary) der American International Corporation zugunsten eines bekannten Bolschewiken. Denken Sie über einige Aussagen von Sands über Reed nach: "Er kann auf andere Weise viel besser gehandhabt und kontrolliert werden als durch die Polizei"; und: "Können wir ihn nicht benutzen, anstatt ihn zu verbittern und zu einem Feind zu machen?... er ist, wenn ich mich nicht sehr irre, für eine diskrete Führung empfänglich und könnte recht nützlich sein." Ganz offensichtlich betrachtete die American International Corporation John Reed als einen Agenten oder potenziellen Agenten, der unter ihre Kontrolle gebracht werden konnte und wahrscheinlich auch schon gebracht wurde. Die Tatsache, dass Sands in der Lage war, die Bearbeitung eines Memorandums von Reed (für Bullitt) zu verlangen, lässt darauf schließen, dass bereits ein gewisses Maß an Kontrolle ausgeübt wurde.

Man beachte auch die möglicherweise feindselige Haltung von Sands gegenüber den Bolschewiken - und die kaum verhüllte Absicht, sie zu provozieren: "Ich halte es für klug, die bolschewistischen Führer nicht zu beleidigen, es sei denn, *es wird notwendig werden* - falls es notwendig werden sollte..." (Kursivschrift hinzugefügt).

Dies ist ein außergewöhnlicher Brief eines privaten US-Bürgers im Namen eines sowjetischen Agenten, dessen Rat das Außenministerium gesucht hatte und weiterhin sucht.

Ein späteres Memorandum vom 19. März 1920 in den staatlichen Akten berichtet über die Verhaftung von John Reed durch die finnischen Behörden in Abo und Reeds Besitz von englischen, amerikanischen und deutschen Pässen. Reed, der unter dem Decknamen Casgormlich reiste, führte Diamanten, eine große Geldsumme, sowjetische Propagandaliteratur und Filme mit sich. Am 21. April 1920 telegrafierte die amerikanische Gesandtschaft in Helsingfors an das Außenministerium:

> *Ich sende mit dem nächsten Briefumschlag beglaubigte Kopien von Briefen von Emma Goldman, Trotzki, Lenin und Sirola, die in Reeds Besitz gefunden wurden. Das Auswärtige Amt hat zugesagt, ein vollständiges Protokoll über das Gerichtsverfahren zu liefern.*

Erneut meldete sich Sands zu Wort: "Ich kannte Mr. Reed persönlich."[200] Und wie schon 1915 kam auch die Zeitschrift *Metropolitan* Reed zu Hilfe. H. J. Whigham schrieb am 15. April 1920 an Bainbridge Colby im Außenministerium: "Ich habe gehört, dass John Reed in Finnland Gefahr läuft, hingerichtet zu werden. Ich hoffe, dass das Außenministerium sofort Maßnahmen ergreifen kann, damit er einen ordentlichen Prozess bekommt. Ich bitte dringend um sofortiges Handeln."[201] Dies war eine Ergänzung zu einem Telegramm vom 13. April 1920 von Harry Hopkins, der unter Präsident Roosevelt zu Ruhm gelangen sollte:

> *Soweit ich weiß, hat das Außenministerium Informationen, dass Jack Reed in Finnland verhaftet und hingerichtet werden soll. Als einer seiner Freunde und im Namen seiner Frau bitten wir Sie dringend, unverzüglich Maßnahmen zu ergreifen, um die Hinrichtung zu verhindern und die Freilassung sicherzustellen. Ich bin sicher, dass ich mich auf Ihr sofortiges und wirksames Eingreifen verlassen kann.[202]*

John Reed wurde anschließend von den finnischen Behörden freigelassen.

Für diese paradoxe Darstellung der Intervention im Namen eines sowjetischen Agenten gibt es mehrere Erklärungen. Eine Hypothese, die zu anderen Beweisen in Bezug auf die Wall Street und die bolschewistische Revolution passt, ist, dass John Reed in Wirklichkeit ein Agent der Morgan-Interessen war - vielleicht nur halb im Bewusstsein seiner Doppelrolle -, dass seine antikapitalistischen Schriften den wertvollen Mythos aufrechterhielten, dass *alle* Kapitalisten in einem ständigen Krieg

---

[200] Ibid., 360d.1121 R 25/72.

[201] Ebd.

[202] Dieses Schreiben war an Bainbridge Colby gerichtet, ebd., 360d.1121 R 25/30. Ein weiteres Schreiben vom 14. April 1920, das an den Staatssekretär von 100 Broadway, New York, gerichtet war, stammte von W. Bourke Cochrane; es plädierte ebenfalls für die Freilassung von John Reed.

mit allen sozialistischen Revolutionären stehen. Carroll Quigley hat, wie wir bereits festgestellt haben, berichtet, dass die Morgan-Interessen inländische revolutionäre Organisationen und antikapitalistische Schriften finanziell unterstützten.[203] Und wir haben in diesem Kapitel unwiderlegbare dokumentarische Beweise dafür vorgelegt, dass die Morgan-Interessen auch die Kontrolle über einen sowjetischen Agenten ausübten, in seinem Namen intervenierten und, was noch wichtiger ist, allgemein im Namen der sowjetischen Interessen bei der US-Regierung intervenierten. Diese Aktivitäten konzentrierten sich auf eine einzige Adresse: 120 Broadway, New York City.

---

[203] Quigley, op. cit.

Kapitel IX

Guaranty Trust geht nach Russland

Die sowjetische Regierung wünscht, dass die Guarantee [sic] Trust Company in den Vereinigten Staaten Steuervertreter für alle sowjetischen Geschäfte wird, und erwägt den Kauf der Eestibank durch die Amerikaner, um das sowjetische Vermögen vollständig mit den amerikanischen Finanzinteressen zu verknüpfen.
William H. Coombs, Bericht an die US-Botschaft in London, 1. Juni 1920 (U.S. State Dept. Decimal File, 861.51/752). ("Eestibank" war eine estnische Bank)

1918 sahen sich die Sowjets mit einer verwirrenden Reihe von internen und externen Problemen konfrontiert. Sie besetzten nur einen Bruchteil von Russland. Um den Rest zu unterwerfen, benötigten sie ausländische Waffen, importierte Lebensmittel, finanzielle Unterstützung von außen, diplomatische Anerkennung und - vor allem - Außenhandel. Um diplomatische Anerkennung und Außenhandel zu erlangen, brauchten die Sowjets zunächst eine Vertretung im Ausland, und eine Vertretung wiederum erforderte eine Finanzierung durch Gold oder ausländische Währungen. Wie wir bereits gesehen haben, war der erste Schritt die Einrichtung des sowjetischen Büros in New York unter Ludwig Martens. Gleichzeitig bemühte man sich um den Transfer von Geldern in die Vereinigten Staaten und nach Europa, um dort benötigte Waren zu kaufen. Dann wurde in den USA Einfluss genommen, um Anerkennung zu erlangen oder die für den Versand von Waren nach Russland erforderlichen Exportlizenzen zu erhalten.

New Yorker Banker und Anwälte leisteten bei jeder dieser Aufgaben erhebliche - in einigen Fällen sogar entscheidende - Unterstützung. Als Professor George V. Lomonossoff, der russische

Technikexperte im sowjetischen Büro, Gelder vom sowjetischen Hauptagenten in Skandinavien überweisen musste, kam ihm ein prominenter Wall-Street-Anwalt zu Hilfe - unter Nutzung der offiziellen Kanäle des Außenministeriums und des amtierenden Staatssekretärs als Vermittler. Als Gold in die Vereinigten Staaten transferiert werden musste, waren es die American International Corporation, Kuhn, Loeb & Co. und Guaranty Trust, die um die entsprechenden Einrichtungen baten und ihren Einfluss in Washington nutzten, um den Weg zu ebnen. Und als es um die Anerkennung ging, plädierten amerikanische Firmen beim Kongress und in der Öffentlichkeit dafür, das sowjetische Regime zu unterstützen.

Damit der Leser aus diesen Behauptungen nicht vorschnell ableitet, dass die Wall Street tatsächlich rot gefärbt war oder dass auf den Straßen rote Fahnen wehten (siehe Titelbild), präsentieren wir in einem späteren Kapitel auch den Beweis, dass die Firma J.P. Morgan Admiral Koltschak in Sibirien finanzierte. Alexander Koltschak kämpfte gegen die Bolschewiki, um seine eigene Art der autoritären Herrschaft zu installieren. Das Unternehmen unterstützte auch die antikommunistische Organisation United Americans.

Wall Street kommt Professor Lomonossoff zu Hilfe

Der Fall von Professor Lomonossoff ist ein detailliertes Beispiel für die Unterstützung des frühen Sowjetregimes durch die Wall Street. Ende 1918 fand sich George V. Lomonossoff, Mitglied des sowjetischen Büros in New York und später erster sowjetischer Kommissar für das Eisenbahnwesen, ohne Geld in den Vereinigten Staaten wieder. Zu diesem Zeitpunkt wurde den bolschewistischen Geldgebern die Einreise in die Vereinigten Staaten verweigert; das Regime war offiziell überhaupt nicht anerkannt. Lomonossoff war Gegenstand eines Schreibens des US-Justizministeriums an das Außenministerium vom 24. Oktober 1918.[204] Das Schreiben bezog sich auf Lomonossoffs bolschewistische Eigenschaften und pro-bolschewistische Reden. Der Ermittler kam zu dem Schluss: "Prof.

---

[204] Dezimaldatei des US-Außenministeriums, 861.00/3094.

Lomonossoff ist kein Bolschewik, obwohl seine Reden eine eindeutige Unterstützung für die bolschewistische Sache darstellen." Dennoch war Lomonossoff in der Lage, auf höchster Ebene der Verwaltung die Fäden zu ziehen, um 25.000 Dollar aus der Sowjetunion über einen sowjetischen Spionageagenten in Skandinavien überweisen zu lassen (der später selbst vertraulicher Assistent von Reeve Schley, einem Vizepräsidenten der Chase Bank, werden sollte). Und das alles mit Hilfe eines Mitglieds einer prominenten Wall-Street-Anwaltskanzlei![205]

Die Beweise werden ausführlich dargestellt, weil die Details selbst die enge Beziehung zwischen bestimmten Interessen aufzeigen, die bisher als erbitterte Feinde galten. Der erste Hinweis auf Lornonossoffs Problem ist ein auf den 7. Januar 1919 datierter Brief von Thomas L. Chadbourne von Chadbourne, Babbitt 8e Wall, Wall Street 14 (dieselbe Adresse wie die von William Boyce Thompson) an Frank Polk, den amtierenden Außenminister. Man beachte die freundliche Anrede und die beiläufige Erwähnung von Michael Gruzenberg, alias Alexander Gumberg, dem sowjetischen Chefagenten in Skandinavien und späteren Assistenten von Lomonossoff:

> *Lieber Frank: Sie waren so freundlich, mir zu sagen, dass Sie, wenn ich Sie über den Status der 25.000 Dollar an persönlichen Geldern von Herrn und Frau Lomonossoff informieren könnte, die notwendige Maschinerie in Gang setzen würden, um sie hier für sie zu erhalten.*
> *Ich habe mit Herrn Lomonossoff darüber gesprochen, und er sagte mir, dass Herr Michael Gruzenberg, der vor den Schwierigkeiten zwischen Botschafter Bakhmeteff und Herrn Lomonossoff für Herrn Lomonossoff nach Russland reiste, ihm die Informationen über dieses Geld durch drei Russen übermittelte, die kürzlich aus Schweden kamen, und Herr Lomonossoff glaubt, dass*

---

[205] Dieser Abschnitt stammt aus U.S., Senate, *Russian Propaganda*, hearings before a subcommittee of the Committee on Foreign Relations, 66th Cong., 2d sess., 1920.

das Geld in der russischen Botschaft in Stockholm, Milmskilnad Gaten 37, aufbewahrt wird. Sollte eine Anfrage des Außenministeriums ergeben, dass dies nicht der Ort ist, an dem das Geld deponiert ist, kann die russische Botschaft in Stockholm die genaue Adresse von Herrn Gruzenberg angeben, der die entsprechenden Informationen darüber geben kann. Herr Lomonossoff erhält keine Briefe von Herrn Gruzenberg, obwohl er darüber informiert ist, dass sie geschrieben wurden; auch wurde keiner seiner Briefe an Herrn Gruzenberg zugestellt, wie ihm ebenfalls mitgeteilt wurde. Aus diesem Grund ist es nicht möglich, genauer zu sein, als ich es war, aber ich hoffe, dass etwas getan werden kann, um die Verlegenheit von Herrn Lomonossoff und seiner Frau wegen des Mangels an Geldmitteln zu lindern, und es braucht nur ein wenig Hilfe, um dieses Geld zu sichern, das ihnen gehört, um ihnen auf dieser Seite des Wassers zu helfen.
Ich danke Ihnen im Voraus für alles, was Sie tun können, und bitte Sie, mich wie immer zu behandeln,
Mit freundlichen Grüßen, Thomas L. Chadbourne.

Im Jahr 1919, als dieser Brief geschrieben wurde, war Chadbourne ein Mann mit einem Jahresgehalt in Washington, Berater und Direktor des U.S. War Trade Board und Direktor des U.S. Russian Bureau Inc. eine offizielle Scheinfirma der US-Regierung. Zuvor, im Jahr 1915, hatte Chadbourne Midvale Steel and Ordnance gegründet, um vom Kriegsgeschäft zu profitieren. 1916 wurde er Vorsitzender des Finanzausschusses der Demokraten und später Direktor von Wright Aeronautical und von Mack Trucks.

Der Grund dafür, dass Lomonossoff keine Briefe von Gruzenberg erhielt, liegt darin, dass diese höchstwahrscheinlich von einer von mehreren Regierungen abgefangen wurden, die ein großes Interesse an den Aktivitäten Gruzenbergs hatten.

Am 11. Januar 1919 telegrafierte Frank Polk an die amerikanische Gesandtschaft in Stockholm:

Der Abteilung liegen Informationen vor, dass 25.000 Dollar, persönliche Mittel von... Erkundigen Sie sich

bitte informell und persönlich bei der russischen Gesandtschaft, ob diese Gelder auf diese Weise gehalten werden. Falls nicht, ermitteln Sie die Adresse von Herrn Michael Gruzenberg, der im Besitz von Informationen zu diesem Thema sein soll. Die Abteilung ist nicht offiziell betroffen, sie stellt lediglich Nachforschungen im Namen eines ehemaligen russischen Beamten in diesem Land an.
Polk, Schauspielerei

Polk scheint in diesem Brief nichts von Lomonossoffs bolschewistischen Verbindungen zu wissen und bezeichnet ihn als "einen ehemaligen russischen Beamten in diesem Land". Wie dem auch sei, innerhalb von drei Tagen erhielt Polk eine Antwort von Morris von der US-Gesandtschaft in Stockholm:

14. Januar, 15.00 Uhr, Nr. 3492. Ihr 12. Januar, 15.00 Uhr, Nr. 1443.
Die Summe von 25.000 $ des ehemaligen Vorsitzenden der russischen Kommission für Kommunikationswege in den Vereinigten Staaten ist der russischen Gesandtschaft nicht bekannt; auch die Adresse von Herrn Michael Gruzenberg ist nicht zu erfahren.
Morris

Offenbar schrieb Frank Polk daraufhin an Chadbourne (der Brief ist nicht in der Quelle enthalten) und teilte mit, dass State weder Lomonossoff noch Michael Gruzenberg finden konnte. Chadbourne antwortete am 21. Januar 1919:

Lieber Frank: Vielen Dank für Deinen Brief vom 17. Januar. Soweit ich weiß, gibt es zwei russische Gesandtschaften in Schweden, die eine ist die sowjetische und die andere die Kerenski-Gesandtschaft, und ich nehme an, dass Deine Anfrage an die sowjetische Gesandtschaft gerichtet war, denn das war die Adresse, die ich Dir in meinem Brief gab, nämlich Milmskilnad Gaten 37, Stockholm.
Michael Gruzenbergs Adresse lautet Holmenkollen Sanitarium, Christiania, Norwegen, und ich denke, die sowjetische Gesandtschaft könnte über Gruzenberg alles

über die Fonds herausfinden, wenn sie mit ihm in Kontakt treten würde.
Ich danke Ihnen, dass Sie sich die Mühe gemacht haben, und versichere Sie meiner tiefen Wertschätzung und verbleibe,
Mit freundlichen Grüßen, Thomas L. Chadbourne

Wir sollten zur Kenntnis nehmen, dass ein Wall-Street-Anwalt die Adresse von Gruzenberg, dem bolschewistischen Chefagenten in Skandinavien, zu einem Zeitpunkt hatte, als der amtierende Außenminister und die US-Gesandtschaft in Stockholm keine Aufzeichnungen über die Adresse hatten; auch die Gesandtschaft konnte sie nicht ausfindig machen. Chadbourne ging auch davon aus, dass die Sowjets die offizielle Regierung Russlands waren, obwohl diese Regierung von den Vereinigten Staaten nicht anerkannt wurde und Chadbournes offizielle Regierungsposition im War Trade Board ihn dazu zwingen würde, dies zu wissen.

Frank Polk telegrafierte dann an die amerikanische Gesandtschaft in Christiania, Norwegen, mit der Adresse von Michael Gruzenberg. Es ist nicht bekannt, ob Polk wusste, dass er die Adresse eines Spionageagenten übermittelte, aber seine Nachricht lautete wie folgt:

An die amerikanische Gesandtschaft, Christiania. 25. Januar 1919. Es wird berichtet, dass Michael Gruzenberg im Holmenkollen Sanatorium ist. Ist es Ihnen möglich, ihn ausfindig zu machen und sich zu erkundigen, ob er irgendetwas über die Verwendung des $25.000 Fonds weiß, der dem ehemaligen Präsidenten der russischen Mission für Kommunikationswege in den Vereinigten Staaten, Professor Lomonossoff, gehört.
Polk, Schauspielerei

Der US-Vertreter (Schmedeman) in Christiania kannte Gruzenberg gut. Der Name war in Berichten von Schmedeman an Washington über Gruzenbergs prosowjetische Aktivitäten in Norwegen aufgetaucht. Schmedeman antwortete:

29. Januar, 20.00 Uhr 1543. Wichtig. Ihr Telegramm

vom 25. Januar, Nr. 650.

Vor seiner heutigen Abreise nach Rußland teilte Michael Gruzenberg unserem Marineattaché mit, daß er vor einigen Monaten in Rußland auf Lomonossoffs Ersuchen 25.000 Dollar vom Russischen Eisenbahnversuchsinstitut erhalten habe, dessen Präsident Prof. Lomonossoff war. Gruzenberg behauptet, dass er heute dem Anwalt von Lomonossoff in New York, Morris Hillquitt [sic], telegrafiert hat, dass er, Gruzenberg, im Besitz des Geldes ist und vor der Weiterleitung weitere Anweisungen aus den Vereinigten Staaten abwartet, wobei er in dem Telegramm darum bittet, dass Lomonossoff von Hillquitt bis zum Erhalt des Geldes mit Lebensmitteln für sich und seine Familie versorgt wird.[206]

Da Minister Morris im selben Zug wie Gruzenberg nach Stockholm reiste, erklärte dieser, dass er Morris in dieser Angelegenheit weiter beraten werde.

Schmedeman

Der US-Minister reiste mit Gruzenberg nach Stockholm, wo er das folgende Telegramm von Polk erhielt:

Es wird von der Gesandtschaft in Christiania berichtet, dass Michael Gruzenberg für Prof. G. Lomonossoff die... Summe von $25.000, die er vom russischen Eisenbahnversuchsinstitut erhalten hat. Wenn Sie dies tun können, ohne sich mit den bolschewistischen Behörden einzulassen, wäre die Abteilung froh, wenn Sie die Überweisung dieses Geldes an Prof. Lomonossoff in diesem Land erleichtern könnten. Bitte antworten Sie.

Polk, Schauspielerei

Dieses Telegramm zeigte Wirkung, denn am 5. Februar 1919 schrieb Frank Polk an Chadbourne über einen "gefährlichen bolschewistischen Agitator", Gruzenberg:

---

[206] Morris Hillquit war der Vermittler zwischen dem New Yorker Bankier Eugene Boissevain und John Reed in Petrograd.

Mein lieber Tom: Ich habe ein Telegramm aus Christiania, aus dem hervorgeht, dass Michael Gruzenberg die 25.000 $ von Prof. Lomonossoff hat und sie vom Russischen Eisenbahnversuchsinstitut erhalten hat, und dass er Morris Hillquitt [sic] in New York telegrafiert hat, Prof. Lomonossoff Geld für seinen Lebensunterhalt zu geben, bis ihm der fragliche Fonds übermittelt werden kann. Da Gruzenberg gerade aus Norwegen als gefährlicher bolschewistischer Agitator deportiert wurde, könnte er Schwierigkeiten gehabt haben, aus diesem Land zu telegrafieren. Ich habe gehört, dass er jetzt nach Christiania gegangen ist, und obwohl es nicht in den Zuständigkeitsbereich der Abteilung fällt, werde ich, wenn Sie es wünschen, gerne sehen, ob ich Herrn Gruzenberg veranlassen kann, das Geld von Stockholm aus an Prof. Lomonossoff zu überweisen, und ich telegrafiere unserem Minister dort, um herauszufinden, ob das möglich ist.

Mit freundlichen Grüßen, Ihr Frank L. Polk

Das in Polks Brief erwähnte Telegramm aus Christiania lautet wie folgt

3. Februar, 18.00 Uhr, 3580. Wichtig. Bezug nehmend auf das Schreiben der Abteilung vom 12. Januar, Nr. 1443, wurden jetzt 10.000 $ in Stockholm auf meine Anweisung hin hinterlegt, um von Michael Gruzenberg, einem der früheren Vertreter der Bolschewiken in Norwegen, an Prof. Lomonossoff weitergeleitet zu werden. Bevor ich dieses Geld annahm, teilte ich ihm mit, dass ich mich mit Ihnen in Verbindung setzen und mich erkundigen würde, ob es Ihr Wunsch ist, dass dieses Geld an Lomonossoff weitergeleitet wird. Ich bitte daher um Anweisungen für mein weiteres Vorgehen.

Morris

Anschließend bat Morris in Stockholm um Anweisungen für die Überweisung von 10.000 Dollar, die in einer Stockholmer Bank eingezahlt werden sollten. Seine Formulierung "[dies] war meine einzige Verbindung zu dieser Angelegenheit" deutet darauf hin, dass Morris sich bewusst war, dass die Sowjets dies als einen offiziell beschleunigten Geldtransfer beanspruchen konnten und wahrscheinlich auch würden, da diese Aktion *die* Zustimmung der USA zu solchen Geldtransfers *implizierte*. Bis zu diesem Zeitpunkt waren die Sowjets verpflichtet, Geld in die USA zu schmuggeln.

> *16.00 Uhr 12. Februar, 3610, Routine.*
> *Unter Bezugnahme auf mein Schreiben vom 3. Februar, 18 Uhr, Nr. 3580, und Ihr Schreiben vom 8. Februar, 19 Uhr, Nr. 1501. Es ist mir nicht klar, ob es Ihr Wunsch ist, dass ich durch Sie die 10.000 $ überweise, auf die sich Prof. Lomonossoff bezieht. Die Mitteilung von Gruzenberg, dass er dieses Geld im Auftrag von Lomonossoff in einer Stockholmer Bank hinterlegt hat und die Bank darauf hingewiesen hat, dass dieser Wechsel durch mich nach Amerika geschickt werden kann, sofern ich dies anordne, war meine einzige Verbindung mit dieser Angelegenheit. Bitte telegrafieren Sie Ihre Anweisungen.*
>
> *Morris*

Es folgt eine Reihe von Briefen über die Überweisung der 10.000 $ vom A/B Nordisk Resebureau an Thomas L. Chadbourne, 520 Park Avenue, New York City, durch das Außenministerium. Das erste Schreiben enthält Anweisungen von Polk zu den Modalitäten der Überweisung; das zweite, von Morris an Polk, enthält 10.000 $; das dritte, von Morris an A/B Nordisk Resebureau, bittet um einen Wechsel; das vierte ist eine Antwort der Bank mit einem Scheck; und das fünfte ist die Bestätigung.

> *Ihr 12. Februar, 16.00 Uhr, Nr. 3610.*
> *Geld kann direkt an Thomas L. Chadbourne, 520 Park Avenue, New York City, überwiesen werden,*
> *Polk, Schauspielerei*

* * * * *

> *Depesche, Nr. 1600, 6. März 1919:*
> *Der ehrenwerte Herr Außenminister, Washington*
> *Sir: Bezug nehmend auf mein Telegramm Nr. 3610 vom 12. Februar und die Antwort des Ministeriums Nr. 1524*

vom 19. Februar bezüglich der Summe von 10.000 $ für Professor Lomonossoff beehre ich mich, eine Kopie eines Briefes beizufügen, den ich am 25. Februar an A. B. Nordisk Resebureau, die Bank, bei der dieses Geld hinterlegt wurde, gerichtet habe. B. Nordisk Resebureau, der Bank, bei der dieses Geld hinterlegt wurde, eine Kopie des Antwortschreibens des A. B. Nordisk Resebureau vom 26. Februar und eine Kopie meines Schreibens an das A. B. Nordisk Resebureau vom 27. Februar beizufügen.

Aus dieser Korrespondenz geht hervor, dass die Bank den Wunsch hatte, dieses Geld an Professor Lomonossoff weiterzuleiten. Ich erklärte ihnen jedoch, wie aus meinem Schreiben vom 27. Februar hervorgeht, dass ich die Genehmigung erhalten hatte, das Geld direkt an Herrn Thomas L. Chadbourne, 520 Park Avenue, New York City, weiterzuleiten. Außerdem lege ich einen an Herrn Chadbourne adressierten Umschlag bei, dem ein Brief an ihn sowie ein Scheck der National City Bank of New York über 10.000 Dollar beigefügt sind.

Ich habe die Ehre, Ihr gehorsamer Diener zu sein, Sir,
Ira N. Morris

* * * * *

A. B. Nordisk Reserbureau,
Nr. 4 Vestra Tradgardsgatan, Stockholm.
Meine Herren: Nach Erhalt Ihres Schreibens vom 30. Januar, in dem Sie mitteilen, dass Sie 10.000 Dollar erhalten haben, die auf mein Ersuchen hin an Prof. G. V. Lomonossoff ausgezahlt werden sollen, habe ich sofort an meine Regierung telegrafiert und gefragt, ob sie wünschen, dass dieses Geld an Prof. Lomonossoff weitergeleitet wird. Ich habe heute eine Antwort erhalten, die mich ermächtigt, das Geld direkt an Mr. Thomas L. Chadbourne zu überweisen, zahlbar an Prof. Lomonossoff. Ich bin gerne bereit, das Geld gemäß den Anweisungen meiner Regierung weiterzuleiten.

Das bin ich, meine Herren,
Mit freundlichen Grüßen, Ira N. Morris

* * * * *

Mr. I. N. Morris,
Amerikanischer Minister, Stockholm
Sehr geehrter Herr: Wir bitten, den Empfang Ihrer gestrigen Gunst bezüglich der Zahlung von 10.000 Dollar an Professor G. V. Lomonossoff zu bestätigen, und wir haben hiermit das Vergnügen, einen Scheck über den genannten Betrag an die Adresse von Professor G. V. Lomonossoff beizufügen, den Sie, wie wir verstehen, freundlicherweise an diesen Gentleman weiterleiten. Wir würden uns freuen, wenn Sie uns eine Quittung dafür ausstellen würden, und bitten Sie, zu bleiben,
Mit freundlichen Grüßen,
A. B. Nordisk Reserbureau
E. Molin

* * * * *

A. B. Nordisk Resebureau, Stockholm
Sehr geehrte Herren: Ich bitte, den Empfang Ihres Schreibens vom 26. Februar zu bestätigen, dem ein Scheck über 10.000 Dollar beigefügt ist, der an Professor G. V. Lomonossoff zu zahlen ist. Wie ich Ihnen in meinem Schreiben vom 25. Februar mitgeteilt habe, bin ich ermächtigt worden, diesen Scheck an Herrn Thomas L. Chadbourne, 520 Park Avenue, New York City, weiterzuleiten, und ich werde ihn in den nächsten Tagen an diesen Herrn weiterleiten, sofern Sie nicht etwas anderes wünschen.
Mit freundlichen Grüßen, Ira N. Morris

Es folgen ein internes Memorandum des Außenministeriums und die Bestätigung von Chadbourne:

Mr. Phillips an Mr. Chadbourne, 3. April 1919.
Sir: Unter Bezugnahme auf frühere Korrespondenz bezüglich einer Überweisung von zehntausend Dollar vom A. B. Norsdisk Resebureau an Professor G. V. Lomonossoff, um deren Übermittlung über die

amerikanische Gesandtschaft in Stockholm Sie gebeten hatten, teilt Ihnen die Abteilung mit, dass sie eine Depesche des amerikanischen Ministers in Stockholm vom 6. März 1919 erhalten hat, die das beiliegende, an Sie adressierte Schreiben zusammen mit einem auf Professor Lomonossoff ausgestellten Scheck über den erwähnten Betrag enthält.

Ich bin, Sir, Ihr gehorsamer Diener
William Phillips, amtierender Außenminister.

Anlage: Versiegelter Brief an Mr. Thomas L. Chadbourne, dem 1.600 aus Schweden beiliegen.

* * * * *

Antwort von Mr. Chadbourne, 5. April 1919.

Sir: Ich bitte, den Empfang Ihres Schreibens vom 3. April zu bestätigen, dem ein an mich adressierter Brief mit einem auf Professor Lomonossoff ausgestellten Scheck über 10.000 Dollar beilag, den ich heute zugestellt habe.

Ich bitte, mit großem Respekt zu bleiben,
Mit freundlichen Grüßen, Thomas L. Chadbourne

Daraufhin erkundigte sich die Stockholmer Gesandtschaft nach Lomonossoffs Adresse in den USA und wurde vom Außenministerium darüber informiert, dass "soweit dem Ministerium bekannt ist, Professor George V. Lomonossoff unter der Obhut von Mr. Thomas L. Chadbourne, 520 Park Avenue, New York City, erreicht werden kann".

Es liegt auf der Hand, dass das Außenministerium entweder aufgrund der persönlichen Freundschaft zwischen Polk und Chadbourne oder aufgrund politischer Einflussnahme der Meinung war, einen bolschewistischen Agenten, der gerade aus Norwegen ausgewiesen worden war, begleiten und für ihn einspringen zu müssen. Aber warum sollte eine angesehene Anwaltskanzlei des Establishments so sehr an der Gesundheit und dem Wohlergehen eines bolschewistischen Emissärs interessiert sein? Vielleicht gibt ein zeitgenössischer Bericht des Außenministeriums Aufschluss darüber:

Martens, der bolschewistische Vertreter, und Professor Lomonossoff setzen darauf, dass Bullitt und seine Gruppe der Mission und dem Präsidenten einen günstigen Bericht über die Verhältnisse in Sowjetrussland vorlegen werden und dass die Regierung der Vereinigten Staaten auf der Grundlage dieses Berichts den von Martens vorgeschlagenen Umgang mit der Sowjetregierung befürworten wird. 29. März 1919.[207]

Die Bühne ist für die kommerzielle Nutzung von Russland

Es war die kommerzielle Ausbeutung Russlands, die die Wall Street begeisterte,, und die Wall Street hatte keine Zeit verloren, ihr Programm vorzubereiten. Am 1. Mai 1918 - ein günstiges Datum für rote Revolutionäre - wurde die American League to Aid and Cooperate with Russia gegründet und ihr Programm auf einer Konferenz im Senate Office Building in Washington, D.C., verabschiedet. Die Offiziere und das Exekutivkomitee der Liga repräsentierten einige oberflächlich betrachtet unterschiedliche Fraktionen. Ihr Präsident war Dr. Frank J. Goodnow, Präsident der Johns Hopkins University. Vizepräsidenten waren der stets aktive William Boyce Thompson, Oscar S. Straus, James Duncan und Frederick C. Howe, der *Bekenntnisse eines Monopolisten* schrieb, *das* Regelwerk, mit dem Monopolisten die Gesellschaft kontrollieren konnten. Der Schatzmeister war George P. Whalen, Vizepräsident der Vacuum Oil Company. Der Kongress war vertreten durch Senator William Edgar Borah und Senator John Sharp Williams vom Ausschuss für auswärtige Beziehungen des Senats, Senator William N. Calder und Senator Robert L. Owen, Vorsitzender des Banken- und Währungsausschusses. Mitglieder des Repräsentantenhauses waren Henry R. Cooper und Henry D. Flood, Vorsitzender des Außenpolitischen Ausschusses des Repräsentantenhauses. Die amerikanische Wirtschaft wurde von Henry Ford, Charles A. Coffin, dem Vorstandsvorsitzenden der General Electric Company, und M. A. Oudin, dem damaligen Auslandsmanager von General Electric, vertreten. George P. Whalen vertrat die Vacuum Oil Company, und Daniel Willard war

---

[207] Dezimaldatei des US-Außenministeriums, 861.00/4214a.

Präsident der Baltimore & Ohio Railroad. Das offenkundig revolutionäre Element wurde von Mrs. Raymond Robins vertreten, deren Name später in den Akten des sowjetischen Büros und in den Anhörungen des Lusk-Ausschusses auftauchte; Henry L. Slobodin, der als "prominenter patriotischer Sozialist" beschrieben wurde, und Lincoln Steffens, ein bekannter Kommunist aus dem Inland.

Mit anderen Worten, es handelte sich um ein gemischtes Exekutivkomitee, in dem revolutionäre Elemente aus dem Inland, der Kongress der Vereinigten Staaten und Finanzinteressen, die mit russischen Angelegenheiten zu tun hatten, vertreten waren.

Das Exekutivkomitee genehmigte ein Programm, das die Einrichtung einer offiziellen russischen Abteilung in der US-Regierung vorsah, die von "starken Männern" geleitet werden sollte. Diese Abteilung sollte die Hilfe von Universitäten, wissenschaftlichen Organisationen und anderen Institutionen in Anspruch nehmen, um die "russische Frage" zu untersuchen, sollte Organisationen innerhalb der Vereinigten Staaten "zum Schutz Russlands" koordinieren und vereinen, ein "spezielles Geheimdienstkomitee für die Untersuchung der russischen Angelegenheit" einrichten und ganz allgemein selbst die "russische Frage" untersuchen und untersuchen. Der Exekutivausschuss verabschiedete daraufhin eine Resolution, die die Botschaft von Präsident Woodrow Wilson an den Sowjetkongress in Moskau unterstützte, und die Liga bekräftigte ihre eigene Unterstützung für das neue Sowjetrussland.

Einige Wochen später, am 20. Mai 1918, suchten Frank J. Goodnow und Herbert A. Carpenter als Vertreter der Liga den stellvertretenden Außenminister William Phillips auf und überzeugten ihn von der Notwendigkeit der Einrichtung einer "offiziellen russischen Abteilung der Regierung zur Koordinierung aller russischen Angelegenheiten". Sie fragten mich [schrieb Phillips], ob sie diese Angelegenheit mit dem Präsidenten besprechen sollten".[208]

Phillips meldete dies direkt dem Außenminister und schrieb am

---

[208] Ebd., 861.00/1938.

nächsten Tag an Charles R. Crane in New York City und bat ihn um seine Meinung zur Amerikanischen Liga für Hilfe und Zusammenarbeit mit Russland. Phillips bat Crane: "Ich möchte wirklich Ihren Rat, wie wir die Liga behandeln sollen... Wir wollen keinen Ärger heraufbeschwören, indem wir die Zusammenarbeit mit ihnen verweigern. Andererseits ist es ein seltsames Komitee, und ich verstehe es nicht ganz".[209]

Anfang Juni ging im Außenministerium ein Schreiben von William Franklin Sands von der American International Corporation an Außenminister Robert Lansing ein. Sands schlug vor, dass die Vereinigten Staaten statt einer Kommission einen Verwalter in Russland einsetzen sollten, und meinte, dass "der Vorschlag einer alliierten Militärtruppe in Russland zum gegenwärtigen Zeitpunkt mir sehr gefährlich erscheint".[210] Sands betonte die Möglichkeit des Handels mit Russland und dass diese Möglichkeit "durch einen gut gewählten Verwalter, der das volle Vertrauen der Regierung genießt", gefördert werden könnte; er deutete an, dass "Mr. Hoover" für diese Rolle geeignet sein könnte.[211] Der Brief wurde von Basil Miles, einem ehemaligen Mitarbeiter von Sands, an Phillips weitergeleitet, mit der Bemerkung: "Ich denke, der Minister würde es lohnenswert finden, ihn durchzusehen."

Anfang Juni verabschiedete das dem Außenministerium unterstellte War Trade Board eine Resolution, und ein Ausschuss des Gremiums, dem Thomas L. Chadbourne (Professor Lomonossoffs Kontaktperson), Clarence M. Woolley und John Foster Dulles angehörten, übermittelte dem Außenministerium ein Memorandum, in dem er darauf drängte, Mittel und Wege zu prüfen, "um engere und freundlichere Handelsbeziehungen zwischen den Vereinigten Staaten und Russland herzustellen". Das Gremium empfahl eine Mission nach Russland und erörterte erneut die Frage, ob diese auf eine Einladung der sowjetischen Regierung zurückgehen sollte.

Am 10. Juni äußerte sich dann M. A. Oudin, Auslandsmanager der

---

[209] Ebd.

[210] Ibid., 861.00/2003.

[211] Ebd.

General Electric Company, zu Russland und sprach sich eindeutig für einen "konstruktiven Plan zur wirtschaftlichen Unterstützung" Russlands aus.[212] Im August 1918 schrieb Cyrus M. McCormick von International Harvester an Basil Miles im Außenministerium und lobte das Programm des Präsidenten für Russland, das McCormick für "eine goldene Gelegenheit" hielt.[213]

So kam es Mitte 1918 zu einer konzertierten Aktion eines Teils der amerikanischen Wirtschaft, der offensichtlich bereit war, den Handel zu öffnen, um seine eigene bevorzugte Position gegenüber den Sowjets auszunutzen.

Deutschland und die Vereinigten Staaten kämpfen um das Russlandgeschäft

Im Jahr 1918 wurde eine solche Unterstützung für das im Entstehen begriffene bolschewistische Regime mit dem Argument gerechtfertigt, Deutschland zu besiegen und die deutsche Ausbeutung Russlands zu verhindern. Dies war das Argument von W. B. Thompson und Raymond Robins, die 1918 bolschewistische Revolutionäre und Propagandateams nach Deutschland schickten. Das Argument wurde von Thompson auch 1917 verwendet, als er mit Premierminister Lloyd George konferierte, um britische Unterstützung für das entstehende bolschewistische Regime zu erhalten. Im Juni 1918 kehrten Botschafter Francis und sein Stab aus Russland zurück und forderten Präsident Wilson auf, "die russische Sowjetregierung anzuerkennen und zu unterstützen".[214] Diese Berichte des Botschaftspersonals an das Außenministerium wurden der Presse zugespielt und in großem Umfang gedruckt. Vor allem wurde behauptet, dass eine Verzögerung der Anerkennung der Sowjetunion Deutschland helfen würde "und den deutschen Plan unterstützt, Reaktion und Konterrevolution zu fördern."[215] Zur

---

[212] Ibid., 861.00/2002.

[213] Ebd.

[214] Ebd., M 316-18-1306.

[215] Ebd.

Untermauerung des Vorschlags wurden übertriebene Statistiken angeführt - zum Beispiel, dass die sowjetische Regierung neunzig Prozent des russischen Volkes repräsentiere "und die anderen zehn Prozent sind die ehemalige besitzende und regierende Klasse... Natürlich sind sie unzufrieden."[216] Ein ehemaliger amerikanischer Beamter wurde mit den Worten zitiert: "Wenn wir nichts tun - das heißt, wenn wir die Dinge einfach treiben lassen - tragen wir zur Schwächung der russischen Sowjetregierung bei. Und das spielt Deutschland in die Karten."[217] Deshalb wurde empfohlen, dass "eine Kommission, die mit Krediten und guten geschäftlichen Ratschlägen ausgestattet ist, sehr hilfreich sein könnte."

Inzwischen war die wirtschaftliche Lage in Russland kritisch geworden, und der Kommunistischen Partei und ihren Planern dämmerte die Unausweichlichkeit einer Umarmung mit dem Kapitalismus. Lenin brachte diese Erkenntnis vor dem Zehnten Kongress der Kommunistischen Partei Russlands auf den Punkt:

> *Ohne die Hilfe des Kapitals wird es für uns unmöglich sein, die proletarische Macht in einem unglaublich ruinierten Land zu erhalten, in dem die Bauernschaft, die ebenfalls ruiniert ist, die überwältigende Mehrheit bildet - und natürlich wird das Kapital für diese Hilfe Hunderte von Prozent aus uns herauspressen. Das ist es, was wir verstehen müssen. Also entweder diese Art von Wirtschaftsbeziehungen oder gar nichts.*[218]

Dann wurde Leo Trotzki mit den Worten zitiert: "Was wir hier brauchen, ist ein Organisator wie Bernard M. Baruch."[219]

Das sowjetische Bewusstsein über den drohenden wirtschaftlichen

---

[216] Ebd.

[217] Ebd.

[218] V. 1. Lenin, Bericht an den Zehnten Kongress der Kommunistischen Partei Russlands, (Bolschewiki), 15. März 1921.

[219] William Reswick, *I Dreamt Revolution* (Chicago: Henry Regnery, 1952), S. 78.

Untergang lässt vermuten, dass amerikanische und deutsche Unternehmen von der Möglichkeit angezogen wurden, den russischen Markt für benötigte Waren auszubeuten; die Deutschen begannen sogar schon früh im Jahr 1918 damit. Die ersten Geschäfte, die das sowjetische Büro in New York abschloss, deuten darauf hin, dass sich die frühere finanzielle und moralische Unterstützung der Bolschewiki durch die Amerikaner in Form von Verträgen auszahlte.

Der größte Auftrag in den Jahren 1919-20 ging an die Chicagoer Fleischverpackungsfirma Morris & Co. über fünfzig Millionen Pfund Lebensmittel im Wert von etwa 10 Millionen Dollar. Die Morris-Fleischfabrikantenfamilie war mit der Familie Swift verwandt. Helen Swift, die später mit dem Abraham Lincoln Center "Unity" in Verbindung gebracht wurde, war mit Edward Morris (von der Fleischverpackungsfirma) verheiratet und war außerdem der Bruder von Harold H. Swift, einem "Major" der Thompson-Rotkreuz-Mission von 1917 in Russland.

VERTRAGSABSCHLÜSSE DES SOWJETISCHEN BÜROS MIT US-UNTERNEHMEN IM JAHR 1919			
Datum des Vertragsabschlusses	**Firma**	**Verkaufte Waren**	**Wert**
7. Juli 1919	Milwaukee Shaper Co.*	Maschinenpark	$45,071
30. Juli 1919	Kempsmith Mfg. Co.*	Maschinenpark	97,470
10. Mai 1919	F. Mayer Stiefel & Schuhe*	Stiefel	1,201,250
August 1919	Steel Sole Shoe & Co.*	Stiefel	58,750
Juli 23, 1919	Eline Berlow, N.Y.	Stiefel	3,000,000
Juli 24, 1919	Fischmann & Co.	Kleidung	3,000,000
September 29, 1919	Weinberg & Posner	Maschinenpark	3,000,000
Oktober 27, 1919	LeHigh Machine Co.	Druckpressen	4,500,000

22. Januar 1920	Morris & Co. Chicago	50 Millionen Pfund an Lebensmitteln	10,000,000

*Später abgewickelt durch Bobroff Foreign Trade and Engineering Co. in Milwaukee.

QUELLE: U.S., Senat, *Russische Propaganda*, Anhörungen vor einem Unterausschuss des Ausschusses für auswärtige Beziehungen, 66th Cong., 2d sess., 1920, S. 71.

Ludwig Martens war früher Vizepräsident von Weinberg & Posner, 120 Broadway, New York City, und diese Firma erhielt einen Auftrag über 3 Millionen Dollar.

Sowjetisches Gold und amerikanische Banken

Gold war das einzige praktische Mittel, mit dem die Sowjetunion ihre Käufe im Ausland bezahlen konnte, und die internationalen Bankiers waren durchaus bereit, sowjetische Goldlieferungen zu erleichtern. Die russischen Goldexporte, hauptsächlich kaiserliche Goldmünzen, begannen Anfang 1920 nach Norwegen und Schweden. Diese wurden nach Holland und Deutschland umgeladen und von dort aus in andere Länder, darunter auch in die Vereinigten Staaten, geliefert.

Im August 1920 ging bei der Den Norske Handelsbank in Norwegen eine Lieferung russischer Goldmünzen ein, die als Garantie für die Bezahlung von 3.000 Tonnen Kohle durch Niels Juul and Company in den USA im Auftrag der sowjetischen Regierung diente. Diese Münzen wurden der Norges Bank zur sicheren Aufbewahrung übergeben. Die Münzen wurden geprüft und gewogen und es wurde festgestellt, dass sie vor dem Ausbruch des Krieges 1914 geprägt worden waren und es sich somit um echte kaiserlich-russische Münzen handelte.[220]

Kurz nach dieser ersten Episode erhielt die Robert Dollar Company in San Francisco auf ihrem Stockholmer Konto Goldbarren im Wert

---

[220] Dezimaldatei des US-Außenministeriums, 861.51/815.

von neununddreißig Millionen schwedischen Kronen; das Gold trug den Stempel der alten Zarenregierung von Russland". Der Vertreter der Dollar Company in Stockholm bat die American Express Company um die Möglichkeit, das Gold in die Vereinigten Staaten zu versenden. American Express weigerte sich,, die Lieferung zu übernehmen. Robert Dollar war übrigens ein Direktor der American International Company; die AIC war also an dem ersten Versuch beteiligt, Gold direkt nach Amerika zu verschiffen.[221]

Gleichzeitig wurde berichtet, dass drei Schiffe Reval auf der Ostsee mit sowjetischem Gold für die USA verlassen hatten. Die S.S. *Gauthod* hatte 216 Kisten Gold unter der Aufsicht von Professor Lomonossoff geladen, der jetzt in die Vereinigten Staaten zurückkehrt. Die S.S. *Carl Line lud* 216 Kisten mit Gold unter der Aufsicht von drei russischen Agenten. Die S.S. *Ruheleva* war mit 108 Kisten Gold beladen. Jede Kiste enthielt drei Päckchen Gold im Wert von je sechzigtausend Goldrubel. Es folgte eine Verladung mit der S.S. *Wheeling Mold.*

Kuhn, Loeb & Company, die offenbar im Auftrag der Guaranty Trust Company handelte, erkundigte sich daraufhin beim Außenministerium nach der offiziellen Haltung gegenüber der Annahme des sowjetischen Goldes. In einem Bericht drückte das Ministerium seine Besorgnis aus, denn wenn die Annahme verweigert würde, dann "würde das Gold wahrscheinlich in die Hände des Kriegsministeriums zurückkehren und dadurch eine direkte Verantwortung der Regierung und eine größere Verlegenheit verursachen".[222] In dem Bericht, der von Merle Smith in Absprache mit Kelley und Gilbert verfasst wurde, wird argumentiert, dass es unmöglich sei, die Annahme zu verweigern, solange der Besitzer nicht genau wisse, dass der Titel nicht perfekt sei. Man rechnete damit, dass die USA aufgefordert werden würden, das Gold in der Prüfstelle einzuschmelzen, und beschloss daraufhin, Kuhn, Loeb & Company zu telegrafieren, dass die Einfuhr von sowjetischem Gold in die Vereinigten Staaten nicht eingeschränkt würde.

---

[221] Ebd., 861.51/836.

[222] Ibid., 861.51,/837, 4. Oktober 1920.

Das Gold kam im New Yorker Assay Office an und wurde nicht von Kuhn, Loeb & Company, sondern von der Guaranty Trust Company in New York City hinterlegt. Guaranty Trust erkundigte sich daraufhin beim Federal Reserve Board, das sich wiederum beim US-Finanzministerium nach der Annahme und Bezahlung erkundigte. Der Superintendent des New Yorker Assay Office teilte dem Schatzamt mit, dass die etwa sieben Millionen Dollar Gold keine Erkennungszeichen aufwiesen und dass "die hinterlegten Barren bereits in Barren der US-Münzanstalt eingeschmolzen worden sind". Das Finanzministerium schlug dem Federal Reserve Board vor, festzustellen, ob die Guaranty Trust Company "auf eigene oder fremde Rechnung gehandelt hat, indem sie das Gold präsentierte", und insbesondere, "ob eine Kreditübertragung oder ein Tauschgeschäft aus der Einfuhr oder der Einzahlung des Goldes resultierte."[223]

Am 10. November 1920 schrieb A. Breton, ein Vizepräsident des Guaranty Trust, an Assistant Secretary Gilbert vom Finanzministerium und beschwerte sich darüber, dass Guaranty von der Prüfstelle nicht den üblichen sofortigen Vorschuss auf Einlagen von "gelbem Metall, das ihnen zur Reduzierung überlassen wurde", erhalten hatte. In dem Schreiben heißt es, Guaranty Trust habe zufriedenstellende Zusicherungen erhalten, dass die Barren aus dem Einschmelzen französischer und belgischer Münzen stammten, obwohl das Unternehmen das Metall in Holland gekauft habe. In dem Schreiben wurde das Schatzamt aufgefordert, die Zahlung für das Gold zu beschleunigen. In seiner Antwort argumentierte das Finanzministerium, dass es "kein Gold kauft, das den Münz- oder Prüfstellen der Vereinigten Staaten angeboten wird und von dem bekannt ist oder vermutet wird, dass es sowjetischen Ursprungs ist", und in Anbetracht der bekannten sowjetischen Goldverkäufe in Holland wurde das von der Guaranty Trust Company eingereichte Gold als "zweifelhafter Fall mit Hinweisen auf sowjetischen Ursprung" betrachtet. Sie schlug vor, dass die Guaranty Trust Company das Gold jederzeit von der Prüfstelle zurückziehen oder "dem Finanzministerium, der Federal Reserve Bank of New York oder dem Außenministerium weitere Beweise vorlegen kann, die

---

[223] Ebd., 861.51/837, 24. Oktober 1920.

notwendig sind, um das Gold von jedem Verdacht sowjetischer Herkunft zu befreien."[224]

Es gibt keine Unterlagen über die endgültige Abwicklung dieses Falles, aber vermutlich wurde die Guaranty Trust Company für die Lieferung bezahlt. Offensichtlich sollte mit dieser Goldeinlage das Mitte 1920 geschlossene Steuerabkommen zwischen Guaranty Trust und der sowjetischen Regierung umgesetzt werden, in dessen Rahmen das Unternehmen zum sowjetischen Vertreter in den Vereinigten Staaten wurde (siehe Vorspann zu diesem Kapitel).

Später wurde festgestellt, dass sowjetisches Gold auch an die schwedische Münzanstalt geschickt wurde. Die schwedische Münzanstalt "schmilzt russisches Gold, prüft es und bringt auf Wunsch schwedischer Banken oder anderer schwedischer Subjekte, die das Gold schulden, den Stempel der schwedischen Münzanstalt an".[225] Und zur gleichen Zeit bot Olof Aschberg, Leiter von Svenska Ekonomie A/B (dem sowjetischen Vermittler und Tochterunternehmen von Guaranty Trust), "unbegrenzte Mengen russischen Goldes" über schwedische Banken an.[226]

Kurz gesagt, wir können die American International Corporation, den einflussreichen Professor Lomonossoff, Guaranty Trust und Olof Aschberg (den wir bereits identifiziert haben) mit den ersten Versuchen in Verbindung bringen, sowjetisches Gold in die Vereinigten Staaten zu importieren.

Max May von Guaranty Trust wird Direktor der Ruskombank

Das Interesse von Guaranty Trust an Sowjetrussland wurde 1920 in Form eines Schreibens von Henry C. Emery, stellvertretender Leiter der Auslandsabteilung von Guaranty Trust, an De Witt C. Poole im

---

[224] Ebd., 861.51/853, 11. November 1920.

[225] Ibid., 316-119, 1132.

[226] Ebd., 316-119-785. Dieser Bericht enthält weitere Daten über den Transfer von russischem Gold über andere Länder und Zwischenhändler. Siehe auch 316-119-846.

Außenministerium erneuert. Der Brief war auf den 21. Januar 1920 datiert, nur wenige Wochen bevor Allen Walker, der Leiter der Auslandsabteilung, aktiv wurde und die virulente antisowjetische Organisation United Americans gründete (siehe Seite 165). Emery stellte zahlreiche Fragen zur Rechtsgrundlage der sowjetischen Regierung und zum Bankwesen in Russland und erkundigte sich, ob die sowjetische Regierung de facto die Regierung in Russland sei.[227] "Aufstand vor 1922 von den Roten geplant", behaupteten die United Americans 1920, aber Guaranty Trust hatte Verhandlungen mit eben diesen Roten aufgenommen und fungierte Mitte 1920 als sowjetischer Agent in den USA.

Im Januar 1922 setzte sich Handelsminister Herbert Hoover beim Außenministerium für ein Garantie-Treuhandprogramm ein, um Austauschbeziehungen mit der "Neuen Staatsbank in Moskau" herzustellen. Dieser Plan, so schrieb Herbert Hoover, "wäre nicht zu beanstanden, wenn die Bedingung gestellt würde, dass alle Gelder, die in ihren Besitz gelangen, für den Kauf von zivilen Gütern in den Vereinigten Staaten verwendet werden sollten"; und nachdem er erklärt hatte, dass solche Beziehungen im Einklang mit der allgemeinen Politik zu stehen schienen, fügte Hoover hinzu: "Es könnte vorteilhaft sein, diese Transaktionen so zu organisieren, dass wir wissen, was die Bewegung ist, anstelle der gegenwärtig stattfindenden unzusammenhängenden Transaktionen." Natürlich sind solche "disintegrierten Operationen" mit den Abläufen eines freien Marktes vereinbar, aber diesen Ansatz lehnte Herbert Hoover zugunsten einer Kanalisierung des Austauschs über bestimmte und kontrollierbare Quellen in New York ab. Außenminister Charles E. Hughes äußerte seine Abneigung gegen das Hoover-Garantietreuhandsystem, das seiner Meinung nach als faktische Anerkennung der Sowjets angesehen werden könnte, während die erworbenen ausländischen Kredite zum Nachteil der Vereinigten Staaten verwendet werden könnten. Der Staat antwortete dem Guaranty Trust unverbindlich. Guaranty machte jedoch weiter (mit Unterstützung von Herbert Hoover), beteiligte sich an der Gründung der ersten sowjetischen internationalen Bank, und Max May von Guaranty Trust wurde Leiter der Auslandsabteilung der neuen

---

[227] Ebd., 861.516/86.

Ruskombank.

Kapitel X

J.P. Morgan hilft der anderen Seite ein wenig

Ich würde mich nicht mit einem Morgan zum Mittagessen hinsetzen - außer vielleicht, um etwas über seine Motive und Einstellungen zu erfahren.

William E. Dodd, Botschafter
Dodds Tagebuch, 1933-1938

Bisher hat sich unsere Geschichte um ein einziges großes Finanzhaus gedreht - die Guaranty Trust Company, die größte Treuhandgesellschaft in den Vereinigten Staaten, die von der Firma J.P. Morgan kontrolliert wird. Guaranty Trust nutzte Olof Aschberg, den bolschewistischen Bankier, als Vermittler in Russland vor und nach der Revolution. Guaranty unterstützte Ludwig Martens und sein Soviet Bureau, die ersten sowjetischen Vertreter in den Vereinigten Staaten. Und Mitte 1920 war Guaranty der sowjetische Fiskalagent in den USA; die ersten Lieferungen von sowjetischem Gold in die Vereinigten Staaten gingen ebenfalls auf Guaranty Trust zurück.

Diese pro-bolschewistische Aktivität hat eine verblüffende Kehrseite: Guaranty Trust war Mitbegründer der United Americans, einer heftigen antisowjetischen Organisation, die 1922 lautstark mit einer roten Invasion drohte, behauptete, dass 20 Millionen Dollar an sowjetischen Geldern unterwegs seien, um die rote Revolution zu finanzieren, und eine Panik auf den Straßen und eine Massenverhungerung in New York City vorhersagte. Diese Doppelzüngigkeit wirft natürlich ernste Fragen über die Absichten der Guaranty Trust und ihrer Direktoren auf. Der Umgang mit den Sowjets, ja sogar deren Unterstützung, lässt sich durch unpolitische

Gier oder einfach durch Profitstreben erklären. Die Verbreitung von Propaganda, die darauf abzielt, Angst und Panik zu verbreiten und gleichzeitig die Bedingungen zu fördern, die zu Angst und Panik führen, ist hingegen ein wesentlich ernsteres Problem. Es deutet auf völlige moralische Verkommenheit hin. Schauen wir uns zunächst die antikommunistischen United Americans genauer an.

Gründung der Vereinigten Amerikaner zur Bekämpfung des Kommunismus[228]

Im Jahr 1920 wurde die Organisation United Americans gegründet. Sie beschränkte sich auf Bürger der Vereinigten Staaten und plante fünf Millionen Mitglieder, "deren einziger Zweck es sein würde, die Lehren der Sozialisten, Kommunisten, I.W.W., russischen Organisationen und radikalen Farmergesellschaften zu bekämpfen."

Mit anderen Worten: United Americans sollte alle Institutionen und Gruppen bekämpfen, die als antikapitalistisch galten.

Die leitenden Angestellten der ersten Organisation, die United Americans aufbauen sollte, waren Allen Walker von der Guaranty Trust Company, Daniel Willard, Präsident der Baltimore 8c Ohio Railroad, H. H. Westinghouse von der Westinghouse Air Brake Company und Otto H. Kahn von der Kuhn, Loeb 8c Company und der American International Corporation. Unterstützt wurden diese Wall Streeters von verschiedenen Universitätspräsidenten und Newton W. Gilbert (ehemaliger Gouverneur der Philippinen). Auf den ersten Blick war United Americans genau die Art von Organisation, von der man erwartet hätte, dass sie von etablierten Kapitalisten finanziert wird und ihnen beitritt. Ihre Gründung hätte keine große Überraschung sein dürfen.

Andererseits waren diese Finanziers, wie wir bereits gesehen haben, auch tief in die *Unterstützung* des neuen sowjetischen Regimes in Russland verwickelt - obwohl diese Unterstützung hinter den Kulissen stattfand, nur in Regierungsakten festgehalten wurde und 50 Jahre lang nicht öffentlich gemacht werden sollte. Als Teil der

---

[228] *New York Times*, 21. Juni 1919.

United Americans spielten Walker, Willard, Westinghouse und Kahn ein doppeltes Spiel. Otto H. Kahn, ein Gründer der antikommunistischen Organisation, wurde von dem britischen Sozialisten J. H. Thomas als "mit dem Gesicht zum Licht" bezeichnet. Kahn schrieb das Vorwort zu Thomas' Buch. Im Jahr 1924 sprach Otto Kahn vor der Liga für industrielle Demokratie und bekannte sich zu gemeinsamen Zielen mit dieser aktivistischen sozialistischen Gruppe (siehe Seite 49). Die Baltimore & Ohio Railroad (Willards Arbeitgeber) war in den 1920er Jahren aktiv an der Entwicklung von Russia beteiligt. Westinghouse betrieb 1920, dem Jahr der Gründung von United Americans, ein Werk in Russland, das von der Verstaatlichung ausgenommen war. Und die Rolle von Guaranty Trust wurde bereits ausführlich beschrieben.

United Americans enthüllt "Erstaunliche Enthüllungen" über Reds

Im März 1920 titelte die *New York Times* eine ausführliche, detaillierte Schreckensmeldung über eine rote Invasion der Vereinigten Staaten innerhalb von zwei Jahren, eine Invasion, die mit 20 Millionen Dollar aus sowjetischen Geldern finanziert werden sollte, die "durch Mord und Raub des russischen Adels erlangt wurden".[229]

United Americans hatte, wie sich herausstellte, eine Übersicht über "radikale Aktivitäten" in den Vereinigten Staaten erstellt, und zwar in ihrer Rolle als Organisation, die gegründet wurde, um "die Verfassung der Vereinigten Staaten mit der repräsentativen Regierungsform und dem Recht auf individuellen Besitz, das die Verfassung vorsieht, zu bewahren".

Außerdem wurde verkündet, dass die Umfrage vom Vorstand unterstützt wurde, "einschließlich Otto H. Kahn, Allen Walker von der Guaranty Trust Company, Daniel Willard" und anderen. In der Umfrage wurde behauptet, dass die radikalen Führer zuversichtlich sind, innerhalb von zwei Jahren eine Revolution zu bewirken, dass der Anfang in New York City mit einem Generalstreik gemacht

---

[229] Ibid., 28. März 1920.

werden soll, dass die Führer der Roten viel Blutvergießen vorausgesagt haben und dass die russische Sowjetregierung 20.000.000 Dollar für die amerikanische radikale Bewegung bereitgestellt hat.

Die sowjetischen Goldlieferungen an Guaranty Trust Mitte 1920 (540 Kisten zu je drei Pfund) hatten einen Wert von etwa 15.000.000 $ (bei 20 $ pro Feinunze), und andere Goldlieferungen durch Robert Dollar und Olof Aschberg brachten die Gesamtsumme auf fast 20 Millionen $. Die Informationen über sowjetisches Gold für die radikale Bewegung wurden als "äußerst zuverlässig" bezeichnet und "der Regierung übergeben". Die Roten, so wurde behauptet, planten, New York innerhalb von vier Tagen auszuhungern und zu unterwerfen:

In der Zwischenzeit rechnen die Roten mit einer Finanzpanik in den nächsten Wochen, um ihre Sache voranzutreiben. Eine Panik würde die Arbeiter in Bedrängnis bringen und sie so für die Revolutionsdoktrin empfänglicher machen.

Im Bericht der United Americans wird die Zahl der Radikalen in den Vereinigten Staaten stark übertrieben, wobei zunächst Zahlen wie zwei oder fünf Millionen genannt werden und man sich dann auf genau 3.465.000 Mitglieder in vier radikalen Organisationen einigt. Der Bericht schloss mit der Betonung der Möglichkeit eines Blutvergießens und zitierte "Skaczewski, den Präsidenten der International Publishing Association, ansonsten der Kommunistischen Partei, [der] sich damit brüstete, dass die Zeit bald kommen werde, in der die Kommunisten die gegenwärtige Gesellschaftsform völlig zerstören würden."

Kurz gesagt, United Americans hat einen Bericht ohne stichhaltige Beweise veröffentlicht, um die Bürger in Panik zu versetzen: Der entscheidende Punkt ist natürlich, dass es sich um dieselbe Gruppe handelt, die für den Schutz und die Subventionierung, ja die Unterstützung der Sowjets verantwortlich war, damit diese dieselben Pläne durchführen konnten.

Schlussfolgerungen zu den Vereinigten Amerikanern

Ist dies ein Fall, in dem die rechte Hand nicht weiß, was die linke

Hand tut? Wahrscheinlich nicht. Wir sprechen hier von Unternehmensleitern, und zwar von äußerst erfolgreichen Unternehmen. United Americans war also wahrscheinlich ein Trick, um die öffentliche - und offizielle - Aufmerksamkeit von den unterirdischen Bemühungen um den Zugang zum russischen Markt abzulenken.

United Americans ist das einzige dokumentierte Beispiel für eine Organisation, die das sowjetische Regime unterstützte und gleichzeitig an vorderster Front gegen die Sowjets kämpfte, das dem Verfasser bekannt ist. Dies ist keineswegs ein widersprüchliches Vorgehen, und weitere Untersuchungen sollten sich zumindest auf die folgenden Aspekte konzentrieren:

(a) Gibt es weitere Beispiele für die Doppelzüngigkeit einflussreicher Gruppen, die allgemein als Establishment bekannt sind?

(b) Lassen sich diese Beispiele auch auf andere Bereiche übertragen? Gibt es zum Beispiel Beweise dafür, dass Arbeitskämpfe von diesen Gruppen angezettelt worden sind?

(c) Was ist der eigentliche Zweck dieser Zangentaktik? Kann man sie mit dem Marxschen Axiom in Verbindung bringen: These gegen Antithese ergibt Synthese? Es ist rätselhaft, warum die marxistische Bewegung den Kapitalismus frontal angreifen würde, wenn ihr Ziel eine kommunistische Welt wäre und wenn sie die Dialektik wirklich akzeptieren würde. Wenn das Ziel eine kommunistische Welt ist - das heißt, wenn der Kommunismus die gewünschte Synthese ist - und der Kapitalismus die These ist, dann muss etwas anderes als der Kapitalismus oder der Kommunismus die Antithese sein. Könnte also der Kapitalismus die These und der Kommunismus die Antithese sein, wobei das Ziel der revolutionären Gruppen und ihrer Unterstützer eine Synthese dieser beiden Systeme zu einem noch unbeschriebenen Weltsystem ist?

Morgan und Rockefeller helfen Koltschak

Parallel zu diesen Bemühungen, dem sowjetischen Büro und den

Vereinigten Amerikanern zu helfen, leistete die Firma J.P. Morgan, die den Guaranty Trust kontrollierte, einem der Hauptgegner der Bolschewiki, Admiral Aleksandr Koltschak in Sibirien, finanzielle Unterstützung. Am 23. Juni 1919 brachte der Kongressabgeordnete Mason die House Resolution 132 ein, mit der das Außenministerium angewiesen wurde, "alle und einzelne Presseberichte auf ihren Wahrheitsgehalt hin zu untersuchen", in denen behauptet wurde, russische Anleihegläubiger hätten ihren Einfluss geltend gemacht, um die "Zurückhaltung amerikanischer Truppen in Russland" zu erreichen und so die weitere Zahlung von Zinsen auf russische Anleihen zu gewährleisten. Laut einem Aktenvermerk von Basil Miles, einem Mitarbeiter von William F. Sands, beschuldigte der Kongressabgeordnete Mason, dass bestimmte Banken versuchten, die Anerkennung von Admiral Koltschak in Sibirien zu erreichen, um die Zahlung früherer russischer Anleihen zu erhalten.

Im August 1919 erhielt Außenminister Robert Lansing ein Schreiben der von Rockefeller beeinflussten National City Bank of New York, in dem er um eine offizielle Stellungnahme zu einem vorgeschlagenen Darlehen in Höhe von 5 Millionen Dollar an Admiral Koltschak gebeten wurde, sowie ein weiteres Schreiben von J.P. Morgan & Co. und anderen Bankiers, in dem das Ministerium um eine Stellungnahme zu einem weiteren vorgeschlagenen Darlehen in Höhe von 10 Millionen Pfund Sterling an Koltschak durch ein Konsortium britischer und amerikanischer Bankiers gebeten wurde.[230]

Minister Lansing teilte den Bankiers mit, daß die USA Koltschak nicht anerkannt hätten ( ) und daß das Ministerium, obwohl es bereit sei, ihm Hilfe zu leisten, "nicht das Gefühl habe, die Verantwortung für die Förderung solcher Verhandlungen übernehmen zu können, daß es aber nichtsdestoweniger keine Einwände gegen das Darlehen zu haben scheine, sofern die Bankiers es für ratsam hielten, es zu gewähren."[231]

Am 30. September teilte Lansing dem amerikanischen

---

[230] Dezimaldatei des US-Außenministeriums, 861.51/649.

[231] Ebd., 861.51/675

Generalkonsul in Omsk mit, dass der "Kredit inzwischen ordnungsgemäß abgewickelt wurde"[232]. Zwei Fünftel des Kredits wurden von britischen Banken und drei Fünftel von amerikanischen Banken aufgenommen. Zwei Drittel der Gesamtsumme sollten in Großbritannien und den Vereinigten Staaten ausgegeben werden, das verbleibende Drittel sollte nach dem Willen der Regierung Koltschak verwendet werden. Das Darlehen wurde durch russisches Gold (das Koltschak gehörte) gesichert, das nach San Francisco verschifft wurde. Der Zeitpunkt der zuvor beschriebenen sowjetischen Goldexporte deutet darauf hin, dass die Zusammenarbeit mit den Sowjets beim Goldverkauf im Anschluss an das Golddarlehensabkommen mit Koltschak beschlossen wurde.

Die sowjetischen Goldverkäufe und das Koltschak-Darlehen deuten auch darauf hin, dass Carroll Quigleys Feststellung, die Morgan-Interessen hätten die inländische Linke unterwandert, auch für die revolutionären *und* konterrevolutionären Bewegungen in Übersee galt. Der Sommer 1919 war eine Zeit der militärischen Rückschläge der Sowjetunion auf der Krim und in der Ukraine, und dieses düstere Bild könnte die britischen und amerikanischen Bankiers dazu veranlasst haben, ihre Beziehungen zu den antibolschewistischen Kräften zu verbessern. Der offensichtliche Grund dafür wäre, in allen Lagern vertreten zu sein und so in einer günstigen Position zu sein, um über Zugeständnisse und Geschäfte zu verhandeln, nachdem die Revolution oder Konterrevolution erfolgreich war und sich eine neue Regierung stabilisiert hatte. Da der Ausgang eines jeden Konflikts zu Beginn nicht absehbar ist, besteht die Idee darin, auf alle Pferde im revolutionären Rennen zu setzen. So wurde einerseits den Sowjets und andererseits Koltschak geholfen, während die britische Regierung Denikin in der Ukraine unterstützte und die französische Regierung den Polen zu Hilfe eilte.

Im Herbst 1919 beschuldigte die *Berliner Zeitung am Mittak* (8. und 9. Oktober) die Firma Morgan, die westrussische Regierung und die russisch-deutschen Streitkräfte im Baltikum zu finanzieren, die gegen die Bolschewiki kämpften und beide mit Koltschak verbündet waren. Die Firma Morgan wies diese Anschuldigung energisch

---

[232] Ibid., 861.51/656

zurück: "Diese Firma hatte zu keiner Zeit eine Diskussion oder ein Treffen mit der westrussischen Regierung oder mit jemandem, der vorgibt, sie zu vertreten."[233] Doch auch wenn der Finanzierungsvorwurf unzutreffend war, gibt es Beweise für eine Zusammenarbeit. Dokumente, die der lettische Geheimdienst unter den Papieren von Oberst Bermondt, dem Kommandeur der westlichen Freiwilligenarmee, fand, bestätigen "die angeblichen Beziehungen zwischen Koltschaks Londoner Agent und dem deutschen Industriering, der hinter Bermondt stand."[234]

Mit anderen Worten, wir wissen, dass J.P. Morgan, London und New. Yorker Bankiers Koltschak finanzierten. Es gibt auch Beweise, die Koltschak und seine Armee mit anderen antibolschewistischen Armeen in Verbindung bringen. Und es scheint wenig Zweifel daran zu bestehen, dass deutsche Industrie- und Bankenkreise die gesamte russische antibolschewistische Armee im Baltikum finanzierten. Offensichtlich haben die Fonds der Bankiers keine nationale Flagge.

---

[233] Ibid., 861.51/767 - ein Brief von J. P. Morgan an das Außenministerium, 11. November 1919. Die Finanzierung selbst war ein Schwindel (siehe AP-Bericht in den Akten des Außenministeriums im Anschluss an den Morgan-Brief).

[234] Ibid., 861.51/6172 und /6361.

Kapitel XI

Die Allianz von Bankern und Revolution

Der Name Rockefeller bedeutet nicht, dass ich ein Revolutionär bin, und meine Lebensumstände haben eine vorsichtige und vorsichtige Haltung gefördert, die an Konservatismus grenzt. Ich bin nicht auf Abwege geraten...

John D. Rockefeller III, Die zweite amerikanische Revolution (New York: Harper & Row. 1973)

Die vorgelegten Beweise: eine Zusammenfassung

Die bereits von George Katkov, Stefan Possony und Michael Futrell veröffentlichten Beweise belegen, dass die Rückkehr Lenins und seiner Partei der Exil-Bolschewiki nach Russland, der einige Wochen später eine Partei der Menschewiki folgte, von der deutschen Regierung finanziert und organisiert wurde.[235] Die erforderlichen Mittel wurden zum Teil über die Nya Banken in Stockholm, die Olof Aschberg gehörte, überwiesen, und die beiden deutschen Ziele waren: (a) die Entfernung Russlands aus dem Krieg und (b) die Kontrolle über den russischen Nachkriegsmarkt.[236]

Wir sind jetzt über diese Beweise hinausgegangen und haben eine

---

[235] Michael Futrell, *Northern Underground* (London: Faber and Faber, 1963); Stefan Possony, *Lenin: The Compulsive Revolutionary* (London: George Allen & Unwin, 1966); und George Katkov, "German Foreign Office Documents on Financial Support to the Bolsheviks in 1917", *International Affairs* 32 (Royal Institute of International Affairs, 1956).

[236] Ibid., insbesondere Katkov.

kontinuierliche Arbeitsbeziehung zwischen dem bolschewistischen Bankier Olof Aschberg und der von Morgan kontrollierten Guaranty Trust Company in New York vor, während und nach der russischen Revolution nachgewiesen. In der Zarenzeit war Aschberg der Morgan-Agent in Russland und Unterhändler für russische Kredite in den Vereinigten Staaten; während des Jahres 1917 war Aschberg Finanzvermittler für die Revolutionäre; und nach der Revolution wurde Aschberg Leiter der Ruskombank, der ersten sowjetischen internationalen Bank, während Max May, ein Vizepräsident der von Morgan kontrollierten Guaranty Trust, Direktor und Leiter der Auslandsabteilung der Ruskom-Bank wurde. Wir haben dokumentarische Beweise für eine kontinuierliche Arbeitsbeziehung zwischen der Guaranty Trust Company und den Bolschewiki vorgelegt. Die Direktoren von Guaranty Trust im Jahr 1917 sind in Anhang 1 aufgeführt.

Darüber hinaus gibt es Beweise für Geldtransfers von Wall-Street-Bankern an internationale revolutionäre Aktivitäten. Da ist zum Beispiel die (durch ein Telegramm belegte) Aussage von William Boyce Thompson - einem Direktor der Federal Reserve Bank of New York, einem Großaktionär der von Rockefeller kontrollierten Chase Bank und einem Finanzpartner der Guggenheims und der Morgans -, dass er (Thompson) der bolschewistischen Revolution zu Propagandazwecken eine Million Dollar zukommen ließ. Ein weiteres Beispiel ist John Reed, das amerikanische Mitglied des Exekutivkomitees der Dritten Internationale, das von Eugene Boissevain, einem privaten New Yorker Bankier, finanziert und unterstützt wurde und bei der Zeitschrift *Metropolitan* von Harry Payne Whitney beschäftigt war. Whitney war zu dieser Zeit Direktor des Guaranty Trust. Wir haben auch festgestellt, dass Ludwig Martens, der erste sowjetische "Botschafter" in den Vereinigten Staaten, (nach Angaben des britischen Geheimdienstchefs Sir Basil Thompson) mit Mitteln der Guaranty Trust Company unterstützt wurde. Bei der Verfolgung von Trotzkis Finanzierung in den USA stießen wir auf deutsche Quellen in New York, die noch zu identifizieren sind. Und obwohl wir die genauen deutschen Quellen von Trotzkis Geldern nicht kennen, wissen wir, dass von Pavenstedt, der oberste deutsche Spionagezahlmeister in den USA, auch Seniorpartner von Amsinck & Co. war. Amsinck war im Besitz der allgegenwärtigen American International Corporation, die ebenfalls von J.P. Morgan kontrolliert wurde.

Darüber hinaus waren Wall-Street-Firmen, darunter Guaranty Trust, an Carranzas und Villas revolutionären Aktivitäten in Mexiko während des Krieges beteiligt. Wir haben auch Belege für die Finanzierung der Revolution von Sun Yat-sen in China im Jahr 1912 durch ein Wall-Street-Syndikat gefunden, eine Revolution, die heute von den chinesischen Kommunisten als Vorläufer von Maos Revolution in China gefeiert wird. Charles B. Hill, der New Yorker Anwalt, der im Namen dieses Syndikats mit Sun Yat-sen verhandelte, war Direktor von drei Westinghouse-Tochtergesellschaften, und wir haben herausgefunden, dass Charles R. Crane von Westinghouse in Russland an der russischen Revolution beteiligt war.

Abgesehen von den Finanzen haben wir noch andere, möglicherweise noch bedeutendere Beweise für die Beteiligung der Wall Street an der bolschewistischen Sache gefunden. Die Mission des Amerikanischen Roten Kreuzes in Russland war ein privates Unternehmen von William B. Thompson, der den Bolschewiki öffentlich parteiische Unterstützung anbot. Aus den jetzt verfügbaren Papieren des britischen Kriegskabinetts geht hervor, dass die britische Politik durch die persönliche Intervention Thompsons bei Lloyd George im Dezember 1917 auf das Regime von Lenin und Trotzki umgelenkt wurde. Wir haben Erklärungen des Direktors Thompson und des stellvertretenden Vorsitzenden William Lawrence Saunders, beide von der Federal Reserve Bank of New York, wiedergegeben, die die Bolschewisten stark begünstigten. John Reed wurde nicht nur von der Wall Street finanziert, sondern hatte auch durchgängig Unterstützung für seine Aktivitäten, die sogar so weit ging, dass William Franklin Sands, der geschäftsführende Sekretär der American International Corporation, beim Außenministerium intervenierte. Im Fall von Robert Minor gibt es deutliche Hinweise und einige Indizien dafür, dass sich Colonel Edward House für die Freilassung von Minor eingesetzt hat. Die Bedeutung des Falles Minor liegt darin, dass William B. Thompsons Programm für eine bolschewistische Revolution in Deutschland genau das Programm war, das Minor bei seiner Verhaftung in Deutschland umsetzte.

Einige internationale Agenten, z. B. Alexander Gumberg, arbeiteten für die Wall Street *und die* Bolschewiki. 1917 war Gumberg Vertreter einer US-Firma in Petrograd, arbeitete für Thompsons amerikanische Rotkreuz-Mission, wurde Chefagent der Bolschewiki in Skandinavien, bis er aus Norwegen deportiert wurde, und wurde dann vertraulicher Assistent von Reeve Schley von der Chase Bank in New York und später von Floyd Odium von der Atlas Corporation.

Diese Aktivitäten für die Bolschewiki gingen zum großen Teil von einer einzigen Adresse aus: 120 Broadway, New York City. Die Beweise für diese Beobachtung werden skizziert, aber es wird kein schlüssiger Grund für die ungewöhnliche Konzentration der Aktivitäten an einer einzigen Adresse genannt, außer der Feststellung, dass dies das ausländische Gegenstück zu Carroll Quigleys Behauptung zu sein scheint, dass J.P. Morgan die inländische Linke infiltriert hat. Morgan hat auch die internationale Linke infiltriert.

Die Federal Reserve Bank of New York befand sich am 120 Broadway. Das Vehikel für diese pro-bolschewistischen Aktivitäten war die American International Corporation - ebenfalls am 120 Broadway. Nur wenige Wochen nach Beginn der Revolution wurde die AIC von Außenminister Robert Lansing um eine Stellungnahme zum bolschewistischen Regime gebeten, und Sands, geschäftsführender Sekretär der AIC, konnte seine Begeisterung für die bolschewistische Sache kaum zügeln. Ludwig Martens, der erste Botschafter der Sowjetunion, war Vizepräsident von Weinberg & Posner gewesen, die ebenfalls am 120-Broadway ansässig waren. Die Guaranty Trust Company befand sich nebenan am 140 Broadway, aber die Guaranty Securities Co. war am 120 Broadway. Im Jahr 1917 war Hunt, Hill & Betts am 120 Broadway ansässig, und Charles B. Hill von dieser Firma war der Verhandlungsführer bei den Sun-Yat-sen-Geschäften. Die John MacGregor Grant Co, die von Olof Aschberg in Schweden und Guaranty Trust in den Vereinigten Staaten finanziert wurde und auf der schwarzen Liste des Militärgeheimdienstes stand, befand sich am 120 Broadway. Die Guggenheims und das Führungszentrum von General Electric (das auch an American International interessiert war) befanden sich am 120 Broadway. Es ist daher nicht verwunderlich, dass sich der Bankers Club ebenfalls am 120 Broadway befand, und zwar in der obersten Etage (der vierunddreißigsten).

Es ist bezeichnend, dass die Unterstützung für die Bolschewiki mit der Konsolidierung der Revolution nicht aufhörte; daher kann diese Unterstützung nicht ausschließlich mit dem Krieg mit Deutschland erklärt werden. Das amerikanisch-russische Syndikat, das 1918 gebildet wurde, um Konzessionen in Russland zu erhalten, wurde von den Interessengruppen White, Guggenheim und Sinclair unterstützt. Zu den Direktoren der von diesen drei Finanziers kontrollierten Unternehmen gehörten Thomas W. Lamont (Guaranty Trust), William Boyce Thompson (Federal Reserve Bank) und John Reeds Arbeitgeber Harry Payne Whitney (Guaranty Trust). Dies deutet stark darauf hin, dass das Syndikat gegründet wurde, um von der früheren Unterstützung für die bolschewistische Sache in der Revolutionszeit zu profitieren. Und dann fanden wir heraus, dass Guaranty Trust das Sowjetische Büro in New York 1919 finanziell unterstützte.

Das erste wirklich konkrete Signal, dass sich die bisherige politische und finanzielle Unterstützung auszahlte, kam 1923, als die Sowjets ihre erste internationale Bank, die Ruskombank, gründeten. Morgan-Mitarbeiter Olof Aschberg wurde nomineller Leiter dieser sowjetischen Bank; Max May, ein Vizepräsident von Guaranty Trust, wurde Direktor der Ruskombank, und die Ruskombank ernannte umgehend die Guaranty Trust Company zu ihrem US-Vertreter.

Die Erklärung für die unheilige Allianz

Welches Motiv steckt hinter dieser Koalition aus Kapitalisten und Bolschewiken?

Russland war damals - und ist heute - der größte unerschlossene Markt der Welt. Darüber hinaus stellte Russland damals wie heute die größte potenzielle Wettbewerbsbedrohung für die industrielle und finanzielle Vormachtstellung der USA dar. (Ein Blick auf eine Weltkarte genügt, um den geografischen Unterschied zwischen der riesigen Landmasse Russlands und der kleineren der Vereinigten Staaten zu erkennen). Die Wall Street muss eine kalte Gänsehaut bekommen, wenn sie sich Russland als einen zweiten amerikanischen Superindustrieriesen vorstellt.

Aber warum sollte man zulassen, dass Russland zu einem

Konkurrenten und einer Herausforderung für die Vorherrschaft der USA wird? Im späten neunzehnten Jahrhundert hatten Morgan/Rockefeller und Guggenheim ihre monopolistischen Neigungen unter Beweis gestellt. In *Railroads and Regulation 1877-1916* hat Gabriel Kolko gezeigt, wie die Eisenbahnbesitzer, nicht die Landwirte, die staatliche Kontrolle der Eisenbahnen wollten, um ihr Monopol zu erhalten und den Wettbewerb auszuschalten. Die einfachste Erklärung für unsere Beweise ist also, dass ein Syndikat von Wall-Street-Finanziers seine Monopolambitionen ausweitete und den Horizont auf globaler Ebene erweiterte. *Der riesige russische Markt sollte in einen gebundenen Markt und eine technische Kolonie umgewandelt werden, die von einigen wenigen mächtigen amerikanischen Finanziers und den von ihnen kontrollierten Unternehmen ausgebeutet werden sollte.* Was die Interstate Commerce Commission (Zwischenstaatliche Handelskommission) und die Federal Trade Commission (Bundeshandelskommission) unter der Fuchtel der amerikanischen Industrie für diese Industrie im Inland erreichen konnten, konnte eine geplante sozialistische Regierung für sie im Ausland erreichen - bei entsprechender Unterstützung und Anreizen von der Wall Street und Washington, D.C.

Schließlich, damit diese Erklärung nicht zu radikal erscheint, sei daran erinnert, dass es Trotzki war, der zaristische Generäle zur Konsolidierung der Roten Armee ernannte; dass es Trotzki war, der amerikanische Offiziere aufforderte, das revolutionäre Russland zu kontrollieren und zugunsten der Sowjets zu intervenieren; dass es Trotzki war, der zuerst das freiheitliche Element in der Russischen Revolution und dann die Arbeiter und Bauern unterdrückte; und dass die aufgezeichnete Geschichte die 700.000 Mann starke Grüne Armee *völlig* ignoriert, die sich aus ehemaligen Bolschewiken zusammensetzte, die über den Verrat an der Revolution verärgert waren und die Weißen *und* Roten bekämpften. Mit anderen Worten, wir behaupten, dass die bolschewistische Revolution ein Bündnis von Etatisten war: Etatistische Revolutionäre und etatistische Finanziers, die sich gegen die echten revolutionären, libertären

Elemente in Russland verbündeten.[237]

Die Frage, die sich den Lesern nun stellt, lautet: Waren diese Banker auch heimliche Bolschewiken? Nein, natürlich nicht. Die Financiers waren ohne Ideologie. Es wäre eine grobe Fehlinterpretation, anzunehmen, dass die Unterstützung der Bolschewisten in irgendeinem engen Sinne ideologisch motiviert war. Die Finanziers waren *machtmotiviert* und unterstützten daher *jedes* politische Vehikel, das ihnen Zugang zur Macht verschaffte: Trotzki, Lenin, der Zar, Koltschak, Denikin - sie alle erhielten mehr oder weniger Hilfe. Alle, außer denen, die eine wirklich freie individualistische Gesellschaft wollten.

Auch beschränkte sich die Hilfe nicht auf staatsgläubige Bolschewiken und staatsgläubige Gegenbolschewiken. John P. Diggins, in *Mussolini and Fascism: The View from America,*[238] hat in Bezug auf Thomas Lamont von Guaranty Trust festgestellt, dass von allen amerikanischen Wirtschaftsführern Thomas W. Lamont die Sache des Faschismus am energischsten unterstützte. Als Leiter des mächtigen J.P. Morgan-Bankennetzwerks diente Lamont der Regierung des faschistischen Italiens als eine Art Wirtschaftsberater.

Lamont sicherte Mussolini 1926 ein Darlehen in Höhe von 100 Millionen Dollar zu einem für den italienischen Diktator besonders wichtigen Zeitpunkt. Es sei auch daran erinnert, dass der Direktor von Guaranty Trust der Vater von Corliss Lamont war, einem einheimischen Kommunisten. Diese unvoreingenommene Haltung gegenüber den beiden totalitären Systemen, dem Kommunismus und dem Faschismus, war nicht auf die Familie Lamont beschränkt. Otto Kahn zum Beispiel, Direktor der American International Corporation und von Kuhn, Loeb & Co. war sich sicher, dass "amerikanisches Kapital, das in Italien investiert wird, Sicherheit, Ermutigung, Gelegenheit und Belohnung finden wird."[239] Es ist

---

[237] Siehe auch Voline (V.M. Eichenbaum), *Nineteen-Seventeen: The Russian Revolution Betrayed* (New York: Libertarian Book Club, n.d.).

[238] Princeton, N.J.: Princeton University Press, 1972.

[239] Ebd., S. 149.

derselbe Otto Kahn, der 1924 vor der sozialistischen Liga für industrielle Demokratie erklärte, dass *deren* Ziele auch *seine* Ziele seien. Sie unterschieden sich nur - laut Otto Kahn - über die Mittel, um diese Ziele zu erreichen.

Ivy Lee, Rockefellers Mann für Öffentlichkeitsarbeit, gab ähnliche Erklärungen ab und war in den späten 1920er Jahren dafür verantwortlich, der leichtgläubigen amerikanischen Öffentlichkeit das Sowjetregime zu verkaufen. Wir haben auch festgestellt, dass Basil Miles, Leiter der russischen Abteilung im Außenministerium und ehemaliger Mitarbeiter von William Franklin Sands, den Geschäftsleuten, die die bolschewistische Sache unterstützten, ausgesprochen hilfreich war; aber 1923 verfasste derselbe Miles einen profaschistischen Artikel, "Italiens Schwarzhemden und die Wirtschaft".[240] "Der Erfolg der Faschisten ist ein Ausdruck der Jugend Italiens", schrieb Miles, während er die faschistische Bewegung verherrlichte und ihre Wertschätzung für die amerikanische Wirtschaft lobte.

Der Marburger Plan

Der Marburger Plan, der aus dem reichen Erbe Andrew Carnegies finanziert wurde, entstand in den ersten Jahren des zwanzigsten Jahrhunderts. Er suggeriert einen Vorsatz für diese Art von oberflächlicher Schizophrenie, hinter der sich in Wirklichkeit ein integriertes Programm des Machterwerbs verbirgt: "Was wäre, wenn Carnegie und sein unbegrenzter Reichtum, die internationalen Finanziers und die Sozialisten in einer Bewegung organisiert werden könnten, um die Bildung einer Liga zur Durchsetzung des Friedens zu erzwingen."[241]

Die Regierungen der Welt, so der Marburger Plan, sollten sozialisiert werden, während die letzte Macht in den Händen der internationalen Finanziers bleiben sollte, "um ihre Räte zu

---

[240] Nation's Business, Februar 1923, S. 22-23.

[241] Jennings C. Wise, *Woodrow Wilson: Jünger der Revolution* (New York: Paisley Press, 1938), S. 45.

kontrollieren und den Frieden zu erzwingen [und so] ein Spezifikum für alle politischen Übel der Menschheit zu liefern".[242]

Diese Idee wurde mit anderen Elementen mit ähnlichen Zielen verknüpft. Lord Milner in England ist das transatlantische Beispiel für Bankinteressen, die die Vorzüge und Möglichkeiten des Marxismus erkannten. Milner war ein Bankier, einflussreich in der britischen Kriegspolitik und pro- Marxist.[243] In New York wurde 1903 der sozialistische "X"-Club gegründet. Zu seinen Mitgliedern zählten nicht nur der Kommunist Lincoln Steffens, der Sozialist William English Walling und der kommunistische Bankier Morris Hillquit, sondern auch John Dewey, James T. Shotwell, Charles Edward Russell und Rufus Weeks (Vizepräsident der New York Life Insurance Company). Auf der Jahresversammlung des Economic Club im Astor Hotel, New York, traten sozialistische Redner auf. Im Jahr 1908, als A. Barton Hepburn, Präsident der Chase National Bank, Präsident des Economic Club war, war der Hauptredner der bereits erwähnte Morris Hillquit, der "reichlich Gelegenheit hatte, einer Versammlung, die Reichtum und finanzielle Interessen vertrat, den Sozialismus zu predigen."[244]

Aus dieser unwahrscheinlichen Saat wuchs die moderne internationalistische Bewegung, zu der nicht nur die Finanziers Carnegie, Paul Warburg, Otto Kahn, Bernard Baruch und Herbert Hoover gehörten, sondern auch die Carnegie-Stiftung und ihre Nachfolgeorganisation *International Conciliation*. Die Treuhänder von Carnegie waren, wie wir gesehen haben, prominent im Vorstand der American International Corporation vertreten. 1910 stiftete Carnegie 10 Millionen Dollar, um die Carnegie-Stiftung für den internationalen Frieden zu gründen, und zu den Mitgliedern des Kuratoriums gehörten Elihu Root (Root-Mission nach Russland, 1917), Cleveland H. Dodge (ein finanzieller Unterstützer von Präsident Wilson), George W. Perkins (Morgan-Partner), G. J. Balch (AIC und Amsinck), R. F. Herrick (AIC), H. W. Pritchett

---

[242] Ebd., S. 46.

[243] Siehe S. 89.

[244] Morris Hillquit, *Loose Leaves from a Busy Life* (New York: Macmillan, 1934), S. 81.

(AIC) und andere Wall-Street-Persönlichkeiten. Woodrow Wilson geriet unter den starken Einfluss dieser Gruppe von Internationalisten - und war ihnen sogar finanziell verpflichtet. Wie Jennings C. Wise geschrieben hat, "dürfen Historiker niemals vergessen, dass Woodrow Wilson... es Leo Trotzki ermöglichte, mit einem amerikanischen Pass nach Russland einzureisen".[245]

Aber auch Leo Trotzki erklärte sich selbst zum Internationalisten. Wir haben mit einigem Interesse seine hochrangigen internationalistischen Verbindungen oder zumindest Freunde in Kanada bemerkt. Trotzki war also weder pro-russisch noch pro-alliiert noch pro-deutsch, wie viele versucht haben, ihn darzustellen. Trotzki war *für die* Weltrevolution, *für die* Weltdiktatur; er war, mit einem Wort, ein Internationalist.[246] Bolschewisten und Banker haben also diese wichtige Gemeinsamkeit - den Internationalismus. Revolution und internationales Finanzwesen sind keineswegs unvereinbar, wenn das Ergebnis der Revolution darin besteht, mehr zentralisierte Autorität zu schaffen. Die internationale Finanzwelt zieht es vor, mit Zentralregierungen zu verhandeln. Das Letzte, was die Bankengemeinschaft will, ist eine Laissez-faire-Wirtschaft und eine dezentralisierte Macht, denn das würde die Macht zerstreuen.

Dies ist also eine Erklärung, die zu den Beweisen passt. Diese Handvoll von Bankern und Förderern war weder bolschewistisch, noch kommunistisch, noch sozialistisch, noch demokratisch, ja nicht einmal amerikanisch. Diese Männer wollten vor allem Märkte, vorzugsweise gefangene internationale Märkte - und ein Monopol auf den gefangenen Weltmarkt als Endziel. Sie wollten Märkte, die monopolistisch ausgebeutet werden konnten, ohne die Konkurrenz von Russen, Deutschen oder sonst jemandem fürchten zu müssen - einschließlich amerikanischer Geschäftsleute, die nicht zum erlauchten Kreis gehörten. Diese geschlossene Gruppe war unpolitisch und unmoralisch. Im Jahr 1917 verfolgte sie ein einziges Ziel - einen gefangenen Markt in Russland, der unter dem Schutz einer Liga zur Durchsetzung des Friedens präsentiert und

---

[245] Wise, op. cit., S. 647

[246] Leon Trotsky, *The Bolsheviki and World Peace* (New York: Boni & Liveright, 1918).

intellektuell geschützt wurde.

Die Wall Street hat ihr Ziel tatsächlich erreicht. Amerikanische Firmen, die von diesem Syndikat kontrolliert wurden, bauten später die Sowjetunion auf und sind heute auf dem besten Weg, den militärisch-industriellen Komplex der Sowjetunion in das Computerzeitalter zu überführen.

Heute ist das Ziel immer noch lebendig und gut. John D. Rockefeller legt es in seinem Buch *The Second American Revolution* dar, *das* auf der Titelseite einen fünfzackigen Stern trägt.[247] Das Buch enthält ein unverhülltes Plädoyer für den Humanismus, d. h. ein Plädoyer dafür, dass unsere erste Priorität darin besteht, für andere zu arbeiten. Mit anderen Worten: ein Plädoyer für den Kollektivismus. Humanismus ist Kollektivismus. Es ist bemerkenswert, dass die Rockefellers, die diese humanistische Idee seit einem Jahrhundert propagieren, ihr EIGENES Eigentum nicht an andere übergeben haben... Vermutlich ist es implizit in ihrer Empfehlung enthalten, dass *wir* alle *für die* Rockefellers arbeiten. Rockefellers Buch fördert den Kollektivismus unter dem Deckmantel des "vorsichtigen Konservatismus" und des "Gemeinwohls". Es ist in der Tat ein Plädoyer für die Fortsetzung der früheren Morgan-Rockefeller-Unterstützung kollektivistischer Unternehmen und der massenhaften Untergrabung der individuellen Rechte.

Kurz gesagt, das Gemeinwohl wurde und wird heute von einem elitären Kreis, der sich für den Weltfrieden und den menschlichen Anstand einsetzt, als Mittel und Vorwand zur Selbstverherrlichung benutzt. Doch solange der Leser die Weltgeschichte im Sinne eines unerbittlichen Marx'schen Konflikts zwischen Kapitalismus und Kommunismus betrachtet, bleiben die Ziele einer solchen Allianz zwischen der internationalen Finanzwelt und der internationalen Revolution unerreichbar. Das Gleiche gilt für die Lächerlichkeit der Förderung des Gemeinwohls durch Plünderer. Wenn dem Leser diese Allianzen immer noch nicht klar sind, dann sollte er über die offensichtliche Tatsache nachdenken, dass dieselben internationalen

---

[247] Im Mai 1973 eröffnete die Chase Manhattan Bank (Vorsitzender: David Rockefeller) ihre Moskauer Niederlassung am Karl-Marx-Platz 1 in Moskau. Das New Yorker Büro befindet sich in der 1 Chase Manhattan Plaza.

Interessen und Förderer immer bereit sind, zu bestimmen, was *andere* Menschen zu tun haben, aber ganz offensichtlich nicht bereit sind, als Erste ihren eigenen Reichtum und ihre Macht aufzugeben. Ihre Münder sind offen, ihre Taschen sind geschlossen.

Diese Technik, die von den Monopolisten zur Ausbeutung der Gesellschaft eingesetzt wird, wurde Anfang des zwanzigsten Jahrhunderts von Frederick C. Howe in *The Confessions of a Monopolist dargelegt.*[248] Erstens, so Howe, ist die Politik ein notwendiger Bestandteil der Wirtschaft. Um die Industrie zu kontrollieren, muss man den Kongress und die Aufsichtsbehörden kontrollieren und so die Gesellschaft dazu bringen, für einen selbst, den Monopolisten, zu arbeiten. Die beiden Grundsätze eines erfolgreichen Monopolisten lauten also: "Erstens, lass die Gesellschaft für dich arbeiten, und zweitens, mach aus der Politik ein Geschäft."[249] Dies, so schrieb Howe, sind die grundlegenden "Regeln des großen Geschäfts".

Gibt es Beweise dafür, dass dieses großartige und weitreichende Ziel auch dem Kongress und der akademischen Welt bekannt war? Sicherlich war die Möglichkeit bekannt und öffentlich bekannt. Siehe zum Beispiel die Aussage von Albert Rhys Williams, einem scharfsinnigen Kommentator der Revolution, vor dem Overman-Ausschuss des Senats:

... es ist wahrscheinlich wahr, dass sich das industrielle Leben unter der sowjetischen Regierung vielleicht viel langsamer entwickeln wird als unter dem üblichen kapitalistischen System. Aber warum sollte ein großes Industrieland wie Amerika die Schaffung eines weiteren großen industriellen Rivalen und die damit verbundene Konkurrenz wünschen? Stehen die Interessen Amerikas in dieser Hinsicht nicht im Einklang mit dem langsamen Entwicklungstempo, das das sowjetische Russland für sich selbst vorsieht?

SENATOR WOLCOTT: Sie meinen also, dass es im Interesse Amerikas wäre, Russland zu unterdrücken?

---

[248] Chicago: Public Publishing, n.d.

[249] Ebd.

MR. WILLIAMS: Nicht verdrängt...

SENATOR WOLCOTT: Sie sagen. Warum sollte Amerika wünschen, dass Russland ein industrieller Konkurrent wird?

MR. WILLIAMS: Ich spreche hier von einem kapitalistischen Standpunkt aus. Das ganze Interesse Amerikas besteht meiner Meinung nach nicht darin, einen weiteren großen industriellen Rivalen wie Deutschland, England, Frankreich und Italien auf den Markt zu werfen und ihm Konkurrenz zu machen. Ich denke, eine weitere Regierung dort drüben neben der sowjetischen Regierung würde vielleicht das Tempo oder die Geschwindigkeit der Entwicklung Russlands erhöhen, und wir hätten einen weiteren Rivalen. Das ist natürlich eine Argumentation vom kapitalistischen Standpunkt aus.

SENATOR WOLCOTT: Sie bringen hier also ein Argument vor, von dem Sie glauben, dass es das amerikanische Volk ansprechen könnte, nämlich dass wir, wenn wir die sowjetische Regierung Russlands in ihrer jetzigen Form anerkennen, eine Regierung anerkennen würden, die in der Industrie auf viele Jahre hinaus nicht mit uns konkurrieren kann?

MR. WILLIAMS: Das ist eine Tatsache.

SENATOR WOLCOTT: Das ist ein Argument, dass Russland unter der sowjetischen Regierung zumindest für viele Jahre nicht in der Lage ist, sich Amerika industriell anzunähern?

MR. WILLIAMS: Auf jeden Fall.[250]

Und in dieser unverblümten Aussage von Albert Rhys Williams liegt der grundlegende Hinweis auf die revisionistische Interpretation der russischen Geschichte im letzten halben Jahrhundert.

Die Wall Street, oder vielmehr der Morgan-Rockefeller-Komplex, der am 120 Broadway und in der Wall Street 14 vertreten war, hatte

---

[250] U.S., Senat, *Bolschewistische Propaganda*, Anhörungen vor einem Unterausschuss des Committee on the Judiciary, 65. Siehe auch hier S. 107 zur Rolle von Williams in Radeks Pressebüro.

etwas im Sinn, das der Argumentation von Williams sehr nahe kommt. Die Wall Street setzte sich in Washington für die Bolschewiken ein. Sie hatte Erfolg. Das totalitäre Sowjetregime überlebte. In den 1930er Jahren bauten ausländische Firmen, vor allem die Morgan-Rockefeller-Gruppe, die Fünfjahrespläne auf. Sie haben Russland weiter aufgebaut, wirtschaftlich und militärisch.[251] Andererseits hat die Wall Street den Koreakrieg und den Vietnamkrieg vermutlich nicht vorausgesehen - in denen 100.000 Amerikaner und zahllose Verbündete ihr Leben durch sowjetische Rüstungsgüter verloren, die mit eben dieser importierten US-Technologie gebaut wurden. Was für ein Wall-Street-Syndikat eine weitsichtige und zweifellos profitable Politik zu sein schien, wurde für Millionen außerhalb des elitären Machtzirkels und der herrschenden Klasse zum Albtraum.

---

[251] Siehe Antony C. Sutton, *Western Technology and Soviet Economic Development*, 3 Bände (Stanford, Calif.: Hoover Institution, 1968, 1971, 1973); siehe auch *National Suicide: Military Aid to the Soviet Union* (New York: Arlington House, 1973).

Anhang I

Direktoren der wichtigsten Banken, Firmen und Institutionen, die in diesem Buch erwähnt werden (Stand 1917-1918)

AMERICAN INTERNATIONAL CORPORATION (120 Broadway)

J. Ogden Armour	Percy A. Rockefeller
G. J. Baldwin	John D. Ryan
C. A. Coffin	W.L. Saunders
W. E. Corey	J.A. Stillman
Robert Dollar	C.A. Stein
Pierre S. du Pont	T.N. Vail
Philip A. S. Franklin	F.A. Vanderlip
J. P. Grace	E.S. Webster
R. F. Herrick	A.H. Wiggin
Otto H. Kahn	Beckman Winthrop
H. W. Pritchett	William Woodward

CHASE NATIONAL BANK

J. N. Hill	Newcomb Carlton
A. B. Hepburn	D.C. Jackling
S. H. Müller	E.R. Tinker
C. M. Schwab	A.H. Wiggin
H. Bendicott	John J. Mitchell

Guy E. Tripp

EQUITABLE TRUST COMPANY (37-43 Wall Street)

Charles B. Alexander

Albert B. Boardman

Robert C. Clowry

Howard E. Cole

Henry E. Cooper

Paul D. Cravath Jäger

Franklin Wm. Cutcheon

Bertram Cutler

Thomas de Witt Cuyler

Frederick W. Fuller

Robert Goelet

Carl R. Gray

Charles Hayden

Bertram G. Work

Henry E. Huntington

Edward T. Jeffrey

Otto H. Kahn

Alvin W. Krech

James W. Lane

S. Marston

Charles G. Meyer

George Welwood Murray

Henry H. Pierce

Winslow S. Pierce

Lyman Rhoades

Walter C. Teagle

Henry Rogers Winthrop

BUNDESBEIRAT (1916)

Daniel G. Wing, Boston, Bezirk Nr. 1

J. P. Morgan, New York, Bezirk Nr. 2

Levi L. Rue, Philadelphia, Bezirk Nr. 3

W. S. Rowe, Cincinnati, Bezirk Nr. 4

J. W. Norwood, Greenville, S.C., Bezirk Nr. 5

C. A. Lyerly, Chattanooga, Bezirk Nr. 6

J. B. Forgan, Chicago, Vorsitzender, Distrikt Nr. 7

Frank O. Watts, St. Louis, Bezirk Nr. 8

C. T. Jaffray, Minneapolis, Bezirk Nr. 9

E. F. Swinney, Kansas City, Bezirk Nr. 10

T. J. Record, Paris, Bezirk Nr. 11

Herbert Fleishhacker, San Francisco, Bezirk Nr. 12

FEDERAL RESERVE BANK OF NEW YORK (120 Broadway)

William Woodward (1917)

Robert H. Treman (1918)   Klasse A

Franklin D. Locke (1919)

Charles A. Stone (1920)

Wm. B. Thompson (1918)   Klasse B

L. R. Palmer (1919)

Pierre Jay (1917)

George F. Peabody (1919)   Klasse C

William Lawrence Saunders (1920)

FEDERAL RESERVE BOARD

William G. M'Adoo   Adolph C. Miller (1924)

Charles S. Hamlin (1916)   Frederic   A.   Delano
(1920)

Paul M. Warburg (1918)   W.P.G. Harding (1922)

John Skelton Williams

GUARANTY TRUST COMPANY (140 Broadway)

Alexander J. Hemphill (Vorsitzender)

Charles H. Allen   Edgar L. Marston

A. C. Bedford Grayson   M-P Murphy

Edward J. Berwind   Charles A. Peabody

W. Murray Crane	William C. Potter
T. de Witt Cuyler	John S. Runnells
James B. Duke	Thomas F. Ryan
Caleb C. Dula	Charles H. Sabin
Robert W. Goelet	John W. Spoor
Daniel Guggenheim	Albert Straus
W. Averell Harriman	Harry P. Whitney
Albert H. Harris	Thomas E. Wilson
Walter D. Hines	Londoner Ausschuss:
Augustus D. Julliard	Arthur J. Fraser (Vorsitzender)
Thomas W. Lamont	Cecil F. Parr
William C. Lane	Robert Callander

NATIONALE STADTBANK

P. A. S. Franklin	P. A. Rockefeller
J.P. Grace	James Stillman
G. H. Dodge	W. Rockefeller
H. A. C. Taylor	J. O. Rüstung
R. S. Lovett	J.W. Sterling
F. A. Vanderlip	J.A. Stillman
G. H. Miniken	M.T. Pyne
E. P. Swenson	E.D. Bapst
Frank Trumbull	J.H. Post
Edgar Palmer	W.C. Procter

NATIONALBANK FÜR DEUTSCHLAND

(Wie 1914, Hjalmar Schacht trat 1918 in den Vorstand ein)

Emil Wittenberg

Hjalmar Schacht

Martin Schiff

Franz Rintelen

Hans Winterfeldt

Th Marba

Paul Koch

SINCLAIR CONSOLIDATED OIL CORPORATION (120 Broadway)

Harry F. Sinclair

H. P. Whitney

Wm. E. Corey

Wm. B. Thompson

James N. Wallace

Edward H. Clark

Daniel C. Jackling

Albert H. Wiggin

J. G. WHITE ENGINEERING CORPORATION

James Brown

Douglas Campbell

G. C. Clark, Jr.

Bayard Dominick, Jr.

A. G. Hodenpyl

T. W. Lamont

Marion McMillan

J. H. Pardee

G. H. Walbridge

E. N. Chilson

A. N. Connett

C.E. Bailey

J.G. White

Gano Dunn

E.G. Williams

A.S. Crane

H.A. Lardner

G.H. Kinniat

A.F. Kountz

R.B. Marchant

Henry Parsons

Anhang II

Die jüdische Verschwörungstheorie der bolschewistischen Revolution

Es gibt eine umfangreiche Literatur in englischer, französischer und deutscher Sprache, in der die These vertreten wird, die bolschewistische Revolution sei das Ergebnis einer "jüdischen Verschwörung" gewesen, genauer gesagt einer Verschwörung jüdischer Weltbankiers. Die bolschewistische Revolution war nur eine Phase eines umfassenderen Programms, das angeblich einen uralten religiösen Kampf zwischen dem Christentum und den "Mächten der Finsternis" widerspiegelt.

Das Argument und seine Varianten finden sich an den überraschendsten Stellen und von ganz überraschenden Personen. Im Februar 1920 schrieb Winston Churchill einen - heute selten zitierten - Artikel für den *Londoner Illustrated Sunday Herald* mit dem Titel *"Zionism* Versus Bolshevism". In diesem Artikel kam Churchill zu dem Schluss, dass es "besonders wichtig... ist, dass die nationalen Juden in jedem Land, die dem Land ihrer Wahl treu sind, bei jeder Gelegenheit hervortreten... und eine herausragende Rolle bei jeder Maßnahme zur Bekämpfung der bolschewistischen Verschwörung spielen." Churchill unterscheidet zwischen den "nationalen Juden" und den "internationalen Juden", wie er sie nennt. Er argumentiert, dass die "internationalen und zumeist atheistischen Juden" sicherlich eine "sehr große" Rolle bei der Entstehung des Bolschewismus und der Herbeiführung der russischen Revolution gespielt haben. Er behauptet (entgegen den Tatsachen), dass mit Ausnahme von Lenin "die Mehrheit" der führenden Persönlichkeiten der Revolution Juden waren, und fügt (ebenfalls entgegen den Tatsachen) hinzu, dass die Bolschewiki in vielen Fällen jüdische Interessen und jüdische Gotteshäuser von ihrer Beschlagnahmungspolitik ausgenommen haben. Churchill nennt die internationalen Juden eine "finstere Konföderation", die aus den verfolgten Bevölkerungen der Länder hervorgeht, in denen Juden aufgrund ihrer Ethnie verfolgt wurden. Winston Churchill führt diese Bewegung auf Spartakus-Weishaupt zurück, wirft sein literarisches Netz um Trotzki, Bela Kun, Rosa Luxemburg und Emma Goldman, und klagt an: "Diese weltweite Verschwörung zum Umsturz der Zivilisation und zur Wiederherstellung der Gesellschaft auf der Grundlage einer gestoppten Entwicklung, einer neidischen Bosheit und einer unmöglichen Gleichheit ist ständig gewachsen."

Churchill argumentiert dann, dass diese verschwörerische Spartakus-Weishaupt-Gruppe die Triebfeder jeder subversiven Bewegung im neunzehnten Jahrhundert gewesen sei. Während er darauf hinweist, dass Zionismus und Bolschewismus um die Seele des jüdischen Volkes konkurrieren, befasst sich Churchill (1920) mit der Rolle des Juden in der bolschewistischen Revolution und der Existenz einer weltweiten jüdischen Verschwörung.

Ein weiterer bekannter Autor der 1920er Jahre, Henry Wickham Steed, beschreibt im zweiten Band seines Buches *Through 30 Years 1892-1922* (S. 302), wie er versuchte, Colonel Edward M. House und Präsident Woodrow Wilson auf das Konzept der jüdischen Verschwörung aufmerksam zu machen. Eines Tages im März 1919 rief Wickham Steed Colonel House an und fand ihn beunruhigt über Steeds jüngste Kritik an der Anerkennung der Bolschewiki durch die USA. Steed wies House darauf hin, dass Wilson bei den vielen Völkern und Nationen Europas in Misskredit geraten würde, und "bestand darauf, dass, ohne dass er es wusste, die Hauptakteure Jacob Schiff, Warburg und andere internationale Finanziers waren, die vor allem die jüdischen Bolschewisten unterstützen wollten, um ein Feld für die deutsche und jüdische Ausbeutung Russlands zu sichern."[252] Laut Steed plädierte Colonel House für die Aufnahme von Wirtschaftsbeziehungen mit der Sowjetunion.

Die wohl oberflächlichste Sammlung von Dokumenten über die jüdische Verschwörung befindet sich in der Dezimaldatei des State Department (861.00/5339). Das zentrale Dokument trägt den Titel "Bolshevism and Judaism" und ist vom 13. November 1918. Der

---

[252] Siehe Anhang 3 für die tatsächliche Rolle von Schiff.

Text hat die Form eines Berichts, in dem es heißt, dass die Revolution in Russland "im Februar 1916" eingefädelt wurde und "es wurde festgestellt, dass die folgenden Personen und Firmen an diesem zerstörerischen Werk beteiligt waren":

Jacob Schiff	Jude
Kuhn, Loeb & Gesellschaft	Jüdische Firma
Verwaltung: Jacob Schiff	Jude
Felix Warburg	Jude
Otto H. Kahn	Jude
Mortimer L. Schiff	Jude
Jerome J. Hanauer	Jude
Guggenheim	Jude
Max Breitung	Jude
Isaak Seligmann	Jude

In dem Bericht heißt es weiter, dass es keinen Zweifel daran gibt, dass die Russische Revolution von dieser Gruppe begonnen und eingefädelt wurde und dass Jacob Schiff im April 1917 tatsächlich eine öffentliche Erklärung abgab und es seinem finanziellen Einfluss zu verdanken war, dass die Russische Revolution erfolgreich durchgeführt werden konnte, und dass Jacob Schiff im Frühjahr 1917 begann, Trotzki, einen Juden, zu finanzieren, um eine soziale Revolution in Russland durchzuführen.

Der Bericht enthält weitere verschiedene Informationen über die Finanzierung Trotzkis durch Max Warburg, die Rolle des Rheinisch-Westfälischen Syndikats und Olof Aschberg von der Nya Banken (Stockholm) zusammen mit Jivotovsky. Der anonyme Autor (in Wirklichkeit Mitarbeiter des U.S. War Trade Board)[253] erklärt, dass die Verbindungen zwischen diesen Organisationen und

---

[253] Der anonyme Verfasser war ein Russe, der beim U.S. War Trade Board beschäftigt war. Einer der drei Direktoren des U.S. War Trade Board war zu dieser Zeit John Foster Dulles.

ihre Finanzierung der bolschewistischen Revolution zeigen, wie "die Verbindung zwischen jüdischen Multimillionären und jüdischen Proletariern geschmiedet wurde". Der Bericht führt eine große Anzahl von Bolschewiken auf, die ebenfalls Juden waren, und beschreibt dann die Aktionen von Paul Warburg, Judus Magnes, Kuhn, Loeb & Company und Speyer & Company.

Der Bericht endet mit einem Seitenhieb auf das "internationale Judentum" und stellt die Argumentation in den Kontext eines christlich-jüdischen Konflikts, den mit Zitaten aus den Protokollen von Zion untermauert. Diesem Bericht ist eine Reihe von Kabeln zwischen dem Außenministerium in Washington und der amerikanischen Botschaft in London beigefügt, in denen es um das weitere Vorgehen mit diesen Dokumenten geht:[254]

5399 Großbritannien, TEL. 3253 i pm 16. Oktober 1919 In vertraulicher Akte Secret für Winslow von Wright. Finanzielle Unterstützung des Bolschewismus und der bolschewistischen Revolution in Russland durch prominente Am. Juden: Jacob Schiff, Felix Warburg, Otto Kahn, Mendell Schiff, Jerome Hanauer, Max Breitung und einer der Guggenheims. Das Dokument befindet sich im Besitz der britischen Polizeibehörden und stammt aus französischen Quellen.

* * * * *

Okt. 17 Großbritannien TEL. 6084, mittags r c-h 5399 Sehr geheim. Wright von Winslow. Finanzielle Unterstützung der bolschewistischen Revolution in Russland durch prominente Am. Juden. Keine Beweise, aber Ermittlungen. Bittet, die britischen Behörden zu drängen, die Veröffentlichung zumindest bis zum Erhalt des Dokuments durch das Dept.

* * * * *

Nov. 28 Großbritannien TEL. 6223 R 5 pro. 5399

FÜR WRIGHT. Dokument über finanzielle Hilfe für Bolschewiki durch prominente amerikanische Juden. Berichte - identifiziert als französische Übersetzung einer ursprünglich auf Englisch

---

[254] Dezimaldatei des US-Außenministeriums, 861.00/5399.

verfassten Erklärung eines russischen Bürgers in Am. usw. Scheint höchst unklug zu sein, - die Auszeichnung der Öffentlichkeit zu geben.

Man einigte sich darauf, dieses Material zu unterdrücken, und in den Akten heißt es abschließend: "Ich glaube, wir haben die ganze Sache auf Eis gelegt."

Ein weiteres Dokument mit dem Vermerk "Äußerst geheim" ist diesem Stapel von Material beigefügt. Die Herkunft des Dokuments ist nicht bekannt; vielleicht handelt es sich um das FBI oder den militärischen Geheimdienst. Es enthält eine Übersetzung der Protokolle der Zusammenkünfte der Weisen von Zion und schließt mit den Worten:

In diesem Zusammenhang wurde ein Schreiben an Herrn W. gesandt, dem ein Memorandum von uns über bestimmte Informationen des amerikanischen Militärattaches beigefügt war, wonach die britischen Behörden Briefe von verschiedenen Gruppen internationaler Juden abgefangen hatten, in denen ein Plan zur Weltherrschaft dargelegt wurde. Kopien dieses Materials werden für uns sehr nützlich sein.

Diese Informationen wurden offenbar weiterentwickelt, und ein späterer Bericht des britischen Geheimdienstes enthält die gleiche Anschuldigung:

ZUSAMMENFASSUNG: Es gibt jetzt eindeutige Beweise dafür, dass der Bolschewismus eine internationale Bewegung ist, die von Juden kontrolliert wird; zwischen den Führern in Amerika, Frankreich, Russland und England laufen Mitteilungen mit dem Ziel einer konzertierten Aktion.[255]

Keine der obigen Aussagen kann jedoch mit harten empirischen Beweisen belegt werden. Die wichtigste Information ist in dem Absatz enthalten, wonach die britischen Behörden "abgefangene Briefe von verschiedenen Gruppen internationaler Juden besaßen,

---

[255] Großbritannien, Directorate of Intelligence, *A Monthly Review of the Progress of Revolutionary Movements Abroad*, Nr. 9, Juli 16, 1913 (861.99/5067).

in denen ein Plan zur Weltherrschaft dargelegt wurde." Wenn solche Briefe tatsächlich existieren, dann würden sie eine derzeit nicht belegte Hypothese stützen (oder nicht stützen): nämlich dass die bolschewistische Revolution und andere Revolutionen das Werk einer weltweiten jüdischen Verschwörung sind.

Wenn Aussagen und Behauptungen nicht durch handfeste Beweise gestützt werden und wenn Versuche, handfeste Beweise zu finden, im Kreis zurück zum Ausgangspunkt führen - insbesondere wenn jeder jeden zitiert -, dann müssen wir die Geschichte als falsch zurückweisen. *Es gibt keinen konkreten Beweis dafür, dass Juden an der bolschewistischen Revolution beteiligt waren, weil sie Juden waren.* Möglicherweise war tatsächlich ein höherer Anteil von Juden beteiligt, aber angesichts der zaristischen Behandlung von Juden, was sollten wir sonst erwarten? Wahrscheinlich gab es in der amerikanischen Revolution viele Engländer oder Personen englischer Herkunft, die gegen die Rotröcke kämpften. Und wenn schon? Macht das die Amerikanische Revolution zu einer englischen Verschwörung? Winston Churchills Aussage, dass Juden eine "sehr große Rolle" in der bolschewistischen Revolution spielten, wird nur durch verzerrte Beweise gestützt. Die Liste der an der bolschewistischen Revolution beteiligten Juden muss mit den Listen der an der Revolution beteiligten Nicht-Juden abgeglichen werden. Wenn man dieses wissenschaftliche Verfahren anwendet, sinkt der Anteil der beteiligten ausländischen jüdischen Bolschewiki auf weniger als zwanzig Prozent der Gesamtzahl der Revolutionäre - und diese Juden wurden in den folgenden Jahren zumeist deportiert, ermordet oder nach Sibirien geschickt. Das moderne Russland hat in der Tat den zaristischen Antisemitismus beibehalten.

Es ist bezeichnend, dass Dokumente in den Akten des Außenministeriums bestätigen, dass der Investmentbanker Jacob Schiff, der oft als Geldquelle für die bolschewistische Revolution genannt wird, in Wirklichkeit *gegen die* Unterstützung des bolschewistischen Regimes war.[256] Diese Position stand, wie wir sehen werden, in direktem Gegensatz zur Morgan-Rockefeller-

---

[256] Siehe Anhang 3.

Förderung der Bolschewiki.

Die Hartnäckigkeit, mit der der jüdische Verschwörungsmythos vorangetrieben wurde, lässt vermuten, dass es sich dabei möglicherweise um ein absichtliches Mittel handelt, um von den wirklichen Problemen und Ursachen abzulenken. Die Beweise, die in diesem Buch vorlegt, legen nahe, dass die New Yorker Bankiers, die auch Juden waren, eine relativ geringe Rolle bei der Unterstützung der Bolschewiki spielten, während die New Yorker Bankiers, die auch Nichtjuden waren (Morgan, Rockefeller, Thompson), eine große Rolle spielten.

Wie könnte man besser von den *wirklichen* Akteuren ablenken als mit dem mittelalterlichen Schreckgespenst des Antisemitismus?

Anhang III

Ausgewählte Dokumente aus Regierungsakten der Vereinigten Staaten und Großbritanniens

Hinweis: Einige Dokumente umfassen mehrere Dokumente, die eine zusammenhängende Gruppe bilden.

Dokument Nr. 1 Telegramm von Botschafter Francis in Petrograd an das US-Außenministerium und zugehöriges Schreiben von Außenminister Robert Lansing an Präsident Woodrow Wilson (17. März 1917)

Dokument Nr. 2 des britischen Außenministeriums (Oktober 1917), in dem behauptet wird, Kerenski stehe im Sold der deutschen Regierung und unterstütze die Bolschewiki

Dokument Nr. 3 Jacob Schiff von Kuhn, Loeb & Company und seine Haltung zum Kerenski-Regime und zum bolschewistischen Regime (November 1918)

Dokument Nr. 4 Memorandum von William Boyce Thompson, Direktor der Federal Reserve Bank of New York, an den britischen Premierminister David Lloyd George (Dezember 1917)

Dokument Nr. 5 Brief von Felix Frankfurter an den sowjetischen Agenten Santeri Nuorteva (9. Mai 1918)

Dokument Nr. 6 Personal des sowjetischen Büros, New York, 1920; Liste aus den Akten des New York State Lusk Committee

Dokument Nr. 7 Brief der National City Bank an das US-Finanzministerium, der sich auf Ludwig Martens und Dr. Julius Hammer bezieht (15. April 1919)

Dokument Nr. 8 Brief des sowjetischen Agenten William (Bill) Bobroff an Kenneth Durant (3. August 1920)

Dokument Nr. 9 Vermerk über ein Mitglied der Firma J. P. Morgan und den britischen Propagandadirektor Lord Northcliffe (13. April 1918)

Dokument Nr. 10 Memo des Außenministeriums (29. Mai 1922) betreffend General Electric Co.

Dokument Nr. 1

Telegramm von Botschafter Francis in Petrograd an das Außenministerium in Washington, D.C., vom 14. März 1917, das über die erste Phase der russischen Revolution berichtet (861.00/273).

Petrograd Datiert 14. März 1917, Aufgenommen am 15. März, 2:30 Uhr.

Außenministerin, Washington

1287. Seit dem elften Tag konnte ich kein Telegramm mehr senden. Die Revolutionäre haben die absolute Kontrolle in Petrograd und unternehmen große Anstrengungen, um die Ordnung aufrechtzuerhalten, was nur in seltenen Fällen gelingt. Keine Telegramme seit Ihrem 1251 vom neunten, erhalten am elften März. Provisorische Regierung unter der Autorität der Douma organisiert, die sich weigerte, dem Befehl des Kaisers über die Vertagung zu folgen. Rodzianko, Präsident der Douma, gibt Befehle mit seiner eigenen Unterschrift aus. Berichten zufolge ist das Ministerium zurückgetreten. Vorgefundene Minister werden vor die Douma geführt, ebenso viele russische Offiziere und andere hohe Beamte. Die meisten, wenn nicht alle nach Petrograd beorderten Regimenter haben sich nach ihrer Ankunft den Revolutionären angeschlossen. Amerikanische Kolonie sicher. Keine Kenntnis von irgendwelchen Verletzungen amerikanischer Bürger.

FRANCIS,

Amerikanischer Botschafter

Nach Erhalt des vorstehenden Telegramms stellte Außenminister Robert Lansing dessen Inhalt Präsident Wilson zur Verfügung (861.00/273):

PERSÖNLICH UND VERTRAULICH

Mein lieber Herr Präsident:

Ich füge Ihnen ein sehr wichtiges Telegramm bei, das soeben aus Petrograd gekommen ist, sowie einen Ausschnitt aus der New Yorker WORLD von heute morgen, in dem Signor Scialoia, Minister ohne Geschäftsbereich im italienischen Kabinett, eine Erklärung abgibt, die im Hinblick auf den Bericht von Mr. Francis von Bedeutung ist. Ich habe den Eindruck, dass die Alliierten von dieser Angelegenheit wissen und, wie ich annehme, den Revolutionären wohlgesonnen sind, da die Hofpartei während des gesamten Krieges heimlich pro-deutsch war.

Mit freundlichen Grüßen, ROBERT LANSING

Beilage: Der Präsident, Das Weiße Haus

KOMMENTAR

Der bedeutsame Satz im Brief von Lansing und Wilson lautet: "Ich habe den Eindruck, dass die Alliierten über diese Angelegenheit Bescheid wissen und vermutlich den Revolutionären wohlgesonnen sind, da die Hofpartei während des gesamten Krieges heimlich pro-deutsch war." Es sei daran erinnert (Kapitel zwei), dass Botschafter Dodd behauptete, Charles R. Crane von Westinghouse und der Crane Co. in New York, ein Berater von Präsident Wilson, sei an dieser ersten Revolution beteiligt gewesen.

Dokument Nr. 2

Memorandum des britischen Außenministeriums, Akte FO 371/2999 (Der Krieg - Russland), 23. Oktober 1917, Aktenzeichen. 3743.

DOKUMENT

Persönliches (und) Geheimnis.

Aus mehr als einer Quelle haben uns beunruhigende Gerüchte erreicht, daß Kerenski in deutschem Sold steht und daß er und seine Regierung alles tun, um Rußland zu schwächen (und) zu desorganisieren, um eine Situation zu erreichen, in der kein anderer Weg als ein Separatfrieden möglich wäre. Sind Sie der Ansicht, dass solche Andeutungen begründet sind und dass die Regierung, indem sie sich jeder wirksamen Maßnahme enthält, absichtlich das Erstarken der bolschewistischen Elemente zulässt?

Sollte es sich um Bestechung handeln, könnten wir vielleicht erfolgreich konkurrieren, wenn wir wüssten, wie und durch welche Mittel dies geschehen könnte, auch wenn dies kein angenehmer Gedanke ist.

KOMMENTAR

Bezieht sich auf die Information, dass Kerenski in deutschem Sold stand.

Dokument Nr. 3

Besteht aus vier Teilen:

(a)Telegramm von Botschafter Francis, 27. April 1917, in Petrograd an Washington, D.C., mit der Bitte um Übermittlung einer Botschaft prominenter russisch-jüdischer Bankiers an prominente jüdische Bankiers in New York und um deren Zeichnung des Kerenski-Freiheitskredits (861.51/139).

(b)Antwort von Louis Marshall (10. Mai 1917) als Vertreter der amerikanischen Juden; er lehnte die Einladung ab, brachte aber seine Unterstützung für das American Liberty Loan zum Ausdruck (861.51/143).

(c)Brief von Jacob Schiff von Kuhn, Loeb (25. November 1918) an das Außenministerium (Mr. Polk), in dem er eine Nachricht des russisch-jüdischen Bankiers Kamenka weiterleitet, in der er die Alliierten um Hilfe *gegen* die Bolschewiki bittet ("weil die bolschewistische Regierung das russische Volk nicht vertritt").

(d)Kabel von Kamenka, weitergeleitet von Jacob Schiff.

DOKUMENTE

(a) Staatssekretär Washington.

1229, siebenundzwanzigste.

Bitte übermitteln Sie folgendes an Jacob Schiff, Richter Brandies [*sic*], Professor Gottheil, Oscar Strauss [*sic*], Rabbi Wise, Louis Marshall und Morgenthau:

> *"Wir russischen Juden haben immer geglaubt, dass die Befreiung Russlands auch unsere Befreiung bedeutet. Da wir unserem Land zutiefst zugetan sind, haben wir der*

provisorischen Regierung uneingeschränktes Vertrauen geschenkt. Wir kennen die unbegrenzte Wirtschaftskraft Russlands und seine unermesslichen natürlichen Ressourcen, und die von uns erlangte Emanzipation wird es uns ermöglichen, an der Entwicklung des Landes teilzuhaben. Wir glauben fest daran, dass das siegreiche Ende des Krieges dank der Hilfe unserer Verbündeten und der Vereinigten Staaten nahe ist.

Die provisorische Regierung gibt jetzt eine neue öffentliche Anleihe für die Freiheit aus, und wir empfinden es als unsere nationale Pflicht, die für Krieg und Freiheit lebenswichtige Anleihe zu unterstützen. Wir sind sicher, dass Russland eine unerschütterliche Kraft des öffentlichen Kredits hat und leicht alle notwendigen finanziellen Lasten tragen wird. Wir haben ein spezielles Komitee russischer Juden zur Unterstützung des Kredits gebildet, das sich aus Vertretern des Finanzwesens, industrieller Handelskreise und führender öffentlicher Persönlichkeiten zusammensetzt.

Wir informieren Sie hier über und bitten unsere Brüder jenseits der Meere, die Freiheit der Russen zu unterstützen, die nun zum Fall für die Menschheit und die Weltzivilisation geworden ist. Wir schlagen Ihnen vor, ein spezielles Komitee zu bilden und uns über die Schritte zu informieren, die Sie unternehmen können, um den Erfolg der Freiheit zu unterstützen. Boris Kamenka, Vorsitzender, Baron Alexander Gunzburg, Henry Silosberg."

FRANCIS

* * * * *

(b) Sehr geehrter Herr Minister:
Nachdem wir unseren Mitarbeitern das Ergebnis der Unterredung mitgeteilt haben, die Sie freundlicherweise Herrn Morgenthau, Herrn Straus und mir gewährt haben, und zwar in Bezug auf die Zweckmäßigkeit eines Aufrufs zur Zeichnung des russischen Freiheitsdarlehens, wie er in dem Telegramm von Baron Gunzburg und den Herren Kamenka und Silosberg aus Petrograd, das Sie uns kürzlich übermittelt haben,

gefordert wurde, sind wir zu dem Schluss gekommen, streng nach Ihrem Rat zu handeln. Vor einigen Tagen haben wir unseren Freunden in Petrograd eine baldige Antwort auf ihr Hilfeersuchen versprochen. Wir würden daher die Übermittlung des folgenden Telegramms sehr begrüßen, vorausgesetzt, daß der Wortlaut Ihre Zustimmung findet:

"Boris Kamenka,

Don-Azov-Bank, Petrograd.
Unser Außenministerium, das wir konsultiert haben, hält jeden gegenwärtigen Versuch, hier öffentliche Zeichnungen für ausländische Anleihen zu erhalten, für nicht ratsam; die Konzentration aller Bemühungen für den Erfolg amerikanischer Kriegsanleihen ist wesentlich, wodurch unsere Regierung in die Lage versetzt wird, ihren Verbündeten Mittel zu niedrigeren Zinssätzen als sonst möglich zu liefern. Unsere Energien, um der russischen Sache am wirksamsten zu helfen, müssen daher notwendigerweise auf die Ermutigung zur Zeichnung des American Liberty Loan gerichtet sein. Schiff, Marshall, Straus, Morgenthau, Wise, Gonheil."
Es steht Ihnen selbstverständlich frei, die Formulierung dieses vorgeschlagenen Telegramms nach Ihrem Ermessen zu ändern, um zu verdeutlichen, dass unser Versäumnis, auf die an uns gerichtete Anfrage direkt zu antworten, darauf zurückzuführen ist, dass wir bestrebt sind, unsere Tätigkeit so effizient wie möglich zu gestalten.
Darf ich Sie bitten, mir eine Kopie des übermittelten Telegramms zusammen mit einem Vermerk über die Kosten zukommen zu lassen, damit dem Ministerium die Kosten umgehend erstattet werden können.
Hochachtungsvoll, mit freundlichen Grüßen, Louis Marshall. Der Außenminister Washington, D.C.

* * * * *

(c) Sehr geehrter Mr. Polk:

Erlauben Sie mir, Ihnen die Abschrift eines heute Morgen eingegangenen Telegramms zu übermitteln, das meiner Meinung nach aus Gründen der Ordnungsmäßigkeit dem Außenminister oder Ihnen selbst zur Kenntnis gebracht werden sollte, damit er es in Erwägung ziehen kann.

Herr Kamenka, der Absender dieses Telegramms, ist einer der führenden Männer Russlands und war, wie mir mitgeteilt wurde, Finanzberater sowohl der Fürst-Lwoff-Regierung als auch der Kerenski-Regierung. Er ist Präsident der Banque de Commerce de l'Azov Don in Petrograd, einem der wichtigsten Finanzinstitute Russlands, musste aber wahrscheinlich mit dem Aufkommen von Lenin und seinen "Genossen" Russland verlassen.

Ich möchte diese Gelegenheit nutzen, um Ihnen und Frau Polk herzliche Grüße zu übermitteln und der Hoffnung Ausdruck zu verleihen, dass Sie nun wieder vollkommen gesund sind und dass es Frau Polk und den Kindern gut geht.

Mit freundlichen Grüßen, Jacob H. Schiff

Hon. Frank L. Polk Berater des Außenministeriums Washington, D.C.

MM-Encl. [Datiert 25. November 1918]

* * * * *

(d) Übersetzung:

Der vollständige Triumph von Freiheit und Recht gibt mir eine neue Gelegenheit, Ihnen meine tiefe Bewunderung für die edle amerikanische Nation zu wiederholen. Ich hoffe nun auf rasche Fortschritte seitens der Alliierten, um Russland bei der Wiederherstellung der Ordnung zu helfen. Ich mache Sie auch auf die dringende Notwendigkeit aufmerksam, die feindlichen Truppen in der Ukraine im Augenblick ihres Rückzugs zu ersetzen, um eine bolschewistische Verwüstung zu verhindern. Ein freundliches Eingreifen der Alliierten würde überall mit Begeisterung begrüßt und als demokratische Maßnahme angesehen werden, da die bolschewistische Regierung das russische Volk nicht repräsentiert. Ich habe Ihnen am 19. September geschrieben. Herzliche Grüße.

[Kamenka

KOMMENTAR

Dies ist eine wichtige Serie, weil sie die Geschichte einer jüdischen Bankverschwörung hinter der bolschewistischen Revolution widerlegt. Jacob Schiff von Kuhn, Loeb war eindeutig nicht daran interessiert, den Kerenski-Freiheitskredit zu unterstützen, und Schiff machte sich die Mühe, das Außenministerium auf Kamenkas Plädoyers für eine Intervention der Alliierten gegen die Bolschewiki aufmerksam zu machen. Offensichtlich waren Schiff und sein Bankierskollege Kamenka im Gegensatz zu J.P. Morgan und John D. Rockefeller über die Bolschewiki ebenso unglücklich wie über die Zaren.

Dokument Nr. 4

Beschreibung

Memorandum von William Boyce Thompson (Direktor der Federal Reserve Bank of New York) an Lloyd George (Premierminister von Großbritannien), Dezember 1917.

DOKUMENT

ZUERST

Die russische Situation ist verloren, und Russland liegt völlig offen für eine ungehinderte deutsche Ausbeutung, wenn die Alliierten nicht sofort eine radikale Kehrtwende in ihrer Politik vollziehen.

SECOND

Aufgrund ihrer kurzsichtigen Diplomatie haben die Alliierten seit der Revolution nichts Gutes erreicht und ihren eigenen Interessen erheblichen Schaden zugefügt.

DRITTES

Den Vertretern der Alliierten in Petrograd mangelte es an Verständnis für den Wunsch des russischen Volkes nach Demokratie. Unsere Vertreter waren zunächst offiziell mit dem

Zarenregime verbunden. Natürlich sind sie von diesem Umfeld beeinflusst worden.

VIERTE

In der Zwischenzeit haben die Deutschen eine Propaganda betrieben, die ihnen zweifellos bei der Zerstörung der Regierung, der Zerschlagung der Armee und der Zerstörung von Handel und Industrie wesentlich geholfen hat. Wenn dies ungehindert weitergeht, kann es zur vollständigen Ausbeutung des großen Landes durch Deutschland gegen die Alliierten führen.

FÜNFTE

Ich stütze meine Meinung auf ein sorgfältiges und eingehendes Studium der Situation sowohl außerhalb als auch innerhalb der offiziellen Kreise, das ich während meines Aufenthalts in Petrograd zwischen dem 7. August und dem 29. November 1917 durchgeführt habe.

SECHSTENS

"Was kann getan werden, um die Lage der Alliierten in Russland zu verbessern"?

Das diplomatische Personal, sowohl das britische als auch das amerikanische, sollte durch ein demokratisch gesinntes Personal ersetzt werden, das in der Lage ist, demokratische Sympathie zu zeigen.

Es sollte ein mächtiges, inoffizielles Komitee mit Sitz in Petrograd eingerichtet werden, das sozusagen im Hintergrund arbeitet und dessen Einfluss in politischen Fragen von den DIPLOMATISCHEN, KONSULARISCHEN und MILITÄRISCHEN Beamten der Alliierten anerkannt und akzeptiert werden sollte. Ein solches Komitee sollte personell so zusammengesetzt sein, dass ihm ein weiter Ermessensspielraum eingeräumt werden kann. Er würde vermutlich auf verschiedenen Wegen tätig werden. Die Art dieser Arbeit wird im Laufe der Arbeit deutlich werden; sie würde darauf abzielen, allen neuen Bedingungen gerecht zu werden, die sich ergeben könnten.

SEVENTH

Es ist unmöglich, den Aufgabenbereich dieses neuen alliierten

Ausschusses jetzt vollständig zu definieren. Ich kann vielleicht zu einem besseren Verständnis seiner möglichen Nützlichkeit und seines Dienstes beitragen, indem ich kurz auf die Arbeit verweise, die ich begonnen habe und die jetzt in den Händen von Raymond Robins liegt, der Oberst Buchan gut und wohlwollend bekannt ist - eine Arbeit, die in der Zukunft zweifellos etwas verändert und ergänzt werden muss, um neuen Bedingungen gerecht zu werden. Meine Arbeit wurde hauptsächlich von einem russischen "Komitee für staatsbürgerliche Erziehung" geleistet, das von Madame Breshkovsky, der Großmutter der Revolution, unterstützt wurde. Unterstützt wurde sie von Dr. David Soskice, dem Privatsekretär des damaligen Premierministers Kerenski (jetzt in London); Nicholas Basil Tchaikovsky, einst Vorsitzender der Bauerngenossenschaft, und von anderen bedeutenden Sozialrevolutionären, die das rettende Element der Demokratie zwischen der extremen "Rechten" der Beamten- und Besitzerklasse und der extremen "Linken", die die radikalsten Elemente der sozialistischen Parteien verkörperte, bildeten. Das Ziel dieses Komitees, wie es in einem Telegramm von Madame Breshkovsky an Präsident Wilson zum Ausdruck kommt, lässt sich aus diesem Zitat entnehmen: "Um Russland zu einer geordneten Demokratie zu machen, ist eine umfassende Bildung notwendig. Wir planen, diese Bildung dem Soldaten im Lager, dem Arbeiter in der Fabrik und dem Bauern im Dorf zu vermitteln." Diejenigen, die diese Arbeit unterstützten, erkannten, dass die Massen jahrhundertelang unter der Ferse der Autokratie gestanden hatten, die ihnen nicht Schutz, sondern Unterdrückung geboten hatte; dass eine demokratische Regierungsform in Russland nur durch die Niederlage der deutschen Armee, durch den Sturz der deutschen Autokratie aufrechterhalten werden konnte. Könnte ein freies Russland, das auf große Regierungsverantwortung nicht vorbereitet, ungebildet und unausgebildet ist, mit dem kaiserlichen Deutschland als seinem nächsten Nachbarn lange überleben? Sicherlich nicht. Das demokratische Russland würde schnell zur größten Kriegsbeute werden, die die Welt je gesehen hat.

Das Komitee plante, in jedem Regiment der russischen Armee ein Bildungszentrum in Form von Soldatenklubs einzurichten. Diese Klubs wurden so schnell wie möglich organisiert, und es wurden Dozenten eingestellt, die zu den Soldaten sprachen. Die Dozenten waren in Wirklichkeit Lehrer, und man sollte nicht vergessen, dass es unter den russischen Soldaten einen Prozentsatz von 90 gibt, die weder lesen noch schreiben können. Zum Zeitpunkt des bolschewistischen Ausbruchs waren viele dieser Redner im Einsatz und machten einen guten Eindruck und erzielten ausgezeichnete Ergebnisse. Allein in der Stadt Moskau gab es 250 von ihnen. Das Komitee plante, mindestens 5000 dieser Redner zu haben. Wir hatten viele Zeitungen der Klasse "A B C" im Druck, die in einfachstem Stil gedruckt wurden, und unterstützten etwa 100 weitere. Diese Zeitungen trugen den Aufruf zum Patriotismus, zur Einheit und zur gemeinsamen Ordnung in die Häuser der Arbeiter und Bauern.

Nach dem Sturz der letzten Kerenski-Regierung haben wir wesentlich zur Verbreitung der bolschewistischen Literatur beigetragen, indem wir sie durch Agenten und mit Flugzeugen an die deutsche Armee verteilt haben. Wenn der Vorschlag zulässig ist, könnte man überlegen, ob es nicht wünschenswert wäre, dieselbe bolschewistische Literatur über die westliche und italienische Front nach Deutschland und Österreich zu schicken.

ACHTES

Die Anwesenheit einer kleinen Anzahl alliierter Truppen in Petrograd hätte sicherlich viel dazu beigetragen, den Sturz der Regierung Kerenski im November zu verhindern. Ich möchte Ihnen für den Fall, dass die gegenwärtigen Bedingungen anhalten, vorschlagen, alle britischen und französischen Regierungsangestellten in Petrograd zu konzentrieren, und wenn die Notwendigkeit entstehen sollte, könnten sie zu einer ziemlich wirksamen Truppe geformt werden. Es könnte sogar ratsam sein, eine kleine Summe an eine russische Truppe zu zahlen. Es gibt auch eine große Anzahl von Freiwilligen, die in Russland rekrutiert wurden, viele von ihnen sind in der Inteligentzia der "Center"-Klasse enthalten, und diese haben in den Schützengräben hervorragende Arbeit geleistet. Sie könnten angemessen unterstützt werden.

NEUNTE

Wenn Sie nach einem weiteren Programm fragen, muss ich sagen, dass es unmöglich ist, es jetzt zu geben. Ich glaube, daß eine kluge und mutige Arbeit Deutschland noch daran hindern wird, das Feld für sich zu besetzen und damit Rußland auf Kosten der Alliierten auszubeuten. Es wird viele Möglichkeiten geben, wie dieser Dienst geleistet werden kann, die sich im Laufe der Arbeit zeigen werden.

KOMMENTAR

Im Anschluss an dieses Memorandum änderte das britische Kriegskabinett seine Politik in Richtung einer lauwarmen Pro-Bolschewismus-Politik. Man beachte, dass Thompson die Verteilung bolschewistischer Literatur durch seine Agenten einräumt. Die Verwirrung über das Datum, an dem Thompson Russland verließ (er gibt in diesem Dokument den 29. November an), wird durch die Pirnie-Papiere in der Hoover Institution aufgeklärt. Es gab mehrere Änderungen der Reisepläne, und Thompson befand sich Anfang Dezember noch in Russland. Das Memorandum wurde wahrscheinlich Ende November in Petrograd geschrieben.

Dokument Nr. 5

BESCHREIBUNG

Schreiben vom 9. Mai 1918 von Felix Frankfurter (damals Sonderassistent des Kriegsministers) an Santeri Nuorteva (Deckname für Alexander Nyberg), einen bolschewistischen Agenten in den Vereinigten Staaten. Aufgeführt als Dokument Nr. 1544 in den Akten des Lusk Committee, New York:

DOKUMENT

KRIEGSDEPARTMENT WASHINGTON 9. Mai 1918

Mein lieber Herr Nhorteva [*sic*]:

> *Ich danke Ihnen sehr für Ihr Schreiben vom 4. Ich wußte, daß Sie den rein freundschaftlichen und gänzlich inoffiziellen Charakter unseres Gesprächs verstehen würden, und ich weiß es zu schätzen, daß Sie umgehend Schritte unternommen haben, um Ihren Brief an Sirola* zu korrigieren. Seien Sie ganz sicher, dass nichts geschehen ist, was mein Interesse an den von Ihnen aufgeworfenen Fragen schmälert. Ganz im Gegenteil. Ich bin sehr interessiert** an den Überlegungen, die Sie anstellen, und an dem Standpunkt, auf den Sie drängen.*

*Die Fragen***, um die es geht, sind die Interessen, die für die ganze Welt von großer Bedeutung sind. Um ihnen angemessen zu begegnen, brauchen wir alles Wissen und alle Weisheit, die wir bekommen können****.*
Mit freundlichen Grüßen, Felix Frankfurter

Santeri Nuorteva, Esq.

* Yrjo Sirola war ein Bolschewik und Kommissar in Finnland.

** Originaltext: "Ich bin Ihnen stets dankbar für".

*** Originaltext: "Interessen".

**** Im Originaltext wurde "these days" hinzugefügt.

KOMMENTAR

Dieser Brief von Frankfurter wurde an Nuorteva/Nyberg, einen bolschewistischen Agenten in den Vereinigten Staaten, zu einer Zeit geschrieben, als Frankfurter eine offizielle Position als Sonderassistent des Kriegsministers Baker im Kriegsministerium innehatte. Offenbar war Nyberg bereit, einen Brief an Kommissar "Sirola" gemäß Frankfurters Anweisungen zu ändern. Der Lusk-Ausschuss erwarb den Originalentwurf von Frankfurter mit Frankfurters Änderungen und nicht den Brief, den Nyberg erhielt.

DAS SOWJETISCHE BÜRO IM JAHR 1920

Position	Name	Staatsbürgerschaft	Geboren	Ehemalige Beschäftigung
Vertreter der UdSSR	Ludwig C.A.K. MARTENS	Deutsch	Russland	V-P von Weinberg & Posner Engineering (120 Broadway)
Büroleiter	Gregory WEINSTEIN	Russisch	Russland	Journalist
Sekretärin	Santeri NUORTEVA	Finnisch	Russland	Journalist
Stellvertreten de Sekretärin	Kenneth DURANT	U.S.	U.S.	(1) U.S.-Ausschuss für öffentliche Information (2) Ehemaliger Adjutant von Oberst

				House
Privatsekretärin von NUORTEVA	Dorothy KEEN	U.S.	U.S.	Oberschule
Übersetzer	Maria MODELL	Russisch	Russland	Schule in Russland
Sachbearbeiter	Alexander COLEMAN	U.S.	U.S.	Oberschule
Sachbearbeiter am Telefon	Blanche ABUSHEVITZ	Russisch	Russland	Oberschule
Büroangestellte	Nestor KUNTZEVICH	Russisch	Russland	-
Militärexperte	Oberstleutnant Boris Tagueeff Roustam BEK	Russisch	Russland	Militärkritiker im *Daily Express* (London)

Kaufmännische Abteilung

Direktor	A. HELLER	Russisch	U.S.	Internationale Sauerstoffgesellschaft
Sekretärin	Ella TUCH	Russisch	U.S.	U.S. Firmen
Sachbearbeiter	Rose HOLLAND	U.S.	U.S.	Gary School League
Sachbearbeiter	Henrietta MEEROWICH	Russisch	Russland	Sozialarbeiter
Sachbearbeiter	Rose BYERS	Russisch	Russland	Schule
Statistiker	Vladimir OLCHOVSKY	Russisch	Russland	Russische Armee

Abteilung Information

Direktor	Evans CLARK	U.S.	U.S.	Universität Princeton
Sachbearbeiter	Nora G. SMITHMAN	U.S.	U.S.	Ford Peace Expedition
Steno	Etta FOX	U.S.	U.S.	Kriegshandelskammer
-	Wilfred R. HUMPHRIES	U.K.	-	Amerikanisches Rotes Kreuz

Technische Abteilung.

Direktor	Arthur ADAMS	Russisch	U.S.	-

Abteilung für Bildung.

Direktor	William MALISSOFF	Russisch	U.S.	Columbia Universität

Medizinische Abteilung.

Direktor	Leo A. HUEBSCH	Russisch	U.S.	Mediziner
	D. H. DUBROWSKY	Russisch	U.S.	Mediziner

Rechtsabteilung.

Direktor	Morris HILLQUIT	Litauisch	-	-

Beauftragung eines Anwalts:

Karl RECHT

Dudley Field MALONE

	George Cordon BATTLE			

Fachbereich Wirtschaft und Statistik

Direktor	Isaac A. HOURWICH	Russisch	U.S.	U.S. Bureau of Census
	Eva JOFFE	Russisch	U.S.	Nationale Kommission für Kinderarbeit
Steno	Elisabeth GOLDSTEIN	Russisch	U.S.	Studenten

Die Redaktion von Sowjetrussland

Geschäftsfüh render Redakteur	Jakob w. HARTMANN	U.S.	U.S.	College der Stadt New York
Steno	Ray TROTSKY	Russisch	Russland	Studenten
Übersetzer	Theodore BRESLAUER	Russisch	Russland	-
Sachbearbeiter	Völlig IVANOFF	Russisch	Russland	-
Sachbearbeiter	David OLDFIELD	Russisch	Russland	-
Übersetzer	J. BLANKSTEIN	Russisch	Russland	-

QUELLE: U.S., House, *Conditions in Russia* (Committee on Foreign Affairs), 66th Cong., 3rd sess. (Washington, D.C., 1921). Siehe auch die britische Liste in der Dezimaldatei des US-Außenministeriums, 316-22- 656, die ebenfalls den Namen Julius

Hammer enthält.

Dokument Nr. 7

BESCHREIBUNG

Brief der National City Bank of New York an das US-Finanzministerium, 15. April 1919, in Bezug auf Ludwig Martens und seinen Mitarbeiter Dr. Julius Hammer (316-118).

DOKUMENT

Die National City Bank von New York

New York, 15. April 1919

Der ehrenwerte Joel Rathbone,

Stellvertretender Sekretär des Finanzministeriums Washington, D.C.

Lieber Mr. Rathbone:

> *Ich möchte Ihnen hiermit Fotos von zwei Dokumenten zukommen lassen, die wir heute morgen per Einschreiben von einem Herrn L. Martens erhalten haben, der behauptet, der Vertreter der Russischen Sozialistischen Föderativen Sowjetrepublik in den Vereinigten Staaten zu sein, und die von einem Dr. Julius Hammer für den amtierenden Direktor der Finanzabteilung bezeugt sind. Aus diesen Dokumenten können Sie ersehen, dass wir aufgefordert werden, alle Gelder einzufordern, die bei uns im Namen von Herrn Boris Bakhmeteff, dem angeblichen russischen Botschafter in den Vereinigten Staaten, oder im Namen einer Person, eines Komitees oder einer Mission hinterlegt sind, die vorgibt, im Namen der russischen Regierung in Unterordnung zu Herrn Bakhmeteff oder direkt zu handeln.*
> *Wir würden uns sehr freuen, wenn Sie uns in dieser Angelegenheit Ratschläge oder Anweisungen geben könnten.*
> *Mit freundlichen Grüßen, J. H. Carter, Vizepräsident.*

JHC:M-Gehäuse

KOMMENTARE

Die Bedeutung dieses Briefes steht im Zusammenhang mit der langjährigen Verbindung (1917-1974) der Familie Hammer mit den Sowjets.

Dokument Nr. 8

BESCHREIBUNG

Brief vom 3. August 1920 vom sowjetischen Kurier "Bill" Bobroff an Kenneth Durant, ehemaliger Adjutant von Colonel House. Von Bobroff durch das US-Justizministerium entnommen.

DOKUMENT

Department of Justice Bureau of Investigation,

15 Park Row, New York City, N. Y., 10. August 1920

Direktor des Bureau of Investigation

Justizministerium der Vereinigten Staaten, Washington, D.C.

Sehr geehrter Herr: Zur Bestätigung des heutigen Telefongesprächs mit Herrn Ruch übermittle ich Ihnen hiermit Originaldokumente aus dem Nachlass von B. L. Bobroll, Dampfschiff Frederick VIII.

Der an Mr. Kenneth Durant gerichtete und von Bill unterzeichnete Brief vom 3. August 1920 sowie die von Trotzki unterzeichnete Übersetzung aus der "Pravda" vom 1. Juli 1920 und Kopien von Telegrammen befanden sich in einem blauen Umschlag, der an Mr. Kenneth Durant, 228 South Nineteenth Street, Philadelphia, Pa. Dieser blaue Umschlag wurde wiederum in dem beigefügten weißen Umschlag versiegelt.

Der größte Teil des Nachlasses von Herrn Bobroff bestand aus Maschinenkatalogen, Spezifikationen, Korrespondenz über den Versand verschiedener Ausrüstungen usw. in russische Häfen. Herr Bobroff wurde von Agent Davis und den Zollbehörden eingehend befragt, und ein detaillierter Bericht darüber wird nach Washington geschickt.

Mit freundlichen Grüßen,

G. F. Lamb, Abteilungsleiter

BRIEF AN KENNETH DURANT

Lieber Kenneth: Vielen Dank für Deinen höchst willkommenen Brief. Ich habe mich sehr abgeschnitten und eingeengt gefühlt, ein Gefühl, das durch die jüngsten Erfahrungen noch verstärkt wurde. Ich war verzweifelt, weil ich nicht in der Lage war, eine andere Haltung gegenüber dem Büro zu erzwingen und Dir irgendwie Gelder zukommen zu lassen. Ihnen 5.000 Dollar zu überweisen, wie es letzte Woche geschehen ist, ist ein schlechter Scherz. Ich hoffe, dass der Vorschlag, Gold in Amerika zu verkaufen, über den wir kürzlich telegrafiert haben, bald für durchführbar befunden wird. Gestern haben wir telegrafiert und gefragt, ob Sie 5.000.000 Rubel zu einem Mindestpreis von 45 Cents verkaufen könnten, während der gegenwärtige Marktkurs 51,44 Cents beträgt. Das würde mindestens 2.225.000 $ einbringen. L benötigt derzeit 2.000.000 $, um Niels Juul & Co. in Christiania für den ersten Teil der Kohlelieferung von Amerika nach Vardoe, Murmansk und Archangel zu bezahlen. Das erste Schiff nähert sich Vardoe und das zweite hat New York um den 28. Juli verlassen. Alles in allem hat Niels Juul & Co, oder vielmehr die Norges' Bank in Christiania, auf ihre und unsere Rechnung $11.000.000 Goldrubel von uns, die sie selbst von Reval nach Christiania gebracht haben, als Sicherheit für unseren Kohleauftrag und die notwendige Tonnage, aber die Angebote für den Kauf dieses Goldes, die sie bisher bekommen konnten, sind sehr schlecht, das beste ist $575 pro Kilo, während der Kurs, der von der amerikanischen Münzanstalt oder dem Finanzministerium angeboten wird, jetzt $644,42 beträgt, und in Anbetracht der großen Summe, um die es geht, wäre es eine Schande, es mit zu großem Verlust gehen zu lassen. Ich hoffe, dass Sie, bevor Sie dies erhalten, in der Lage sein werden, den Verkauf durchzuführen und damit gleichzeitig eine Viertelmillion Dollar oder mehr für das Büro zu erhalten. Wenn wir die vor vier Tagen fälligen 2.000.000 Dollar in Christiania nicht innerhalb kürzester Zeit bezahlen können, haben

Niels Juul & Co. das Recht, unser Gold, das sie jetzt besitzen, zum besten Preis zu verkaufen, der, wie oben erwähnt, ziemlich niedrig ist.

Wir wissen noch nicht, wie die kanadischen Verhandlungen verlaufen werden. Soweit wir wissen, hat Nuorteva die Fäden an Shoen übergeben, als die Verhaftung von N. unmittelbar bevorzustehen schien. Wir wissen nicht, wo sich Nuorteva derzeit aufhält. Wir vermuten, dass Sir Basil Thomson ihn nach seiner erzwungenen Rückkehr aus dem dänischen Esbjerg nach England auf einen Dampfer nach Reval verfrachtet hat, aber wir haben noch nicht von Reval gehört, dass er dort angekommen ist, und wir würden sicherlich von Goukovski oder von N. selbst hören. Humphries hat Nuorteva in Esbjerg gesehen und ist deswegen selbst in Schwierigkeiten mit der dänischen Polizei. Alle seine Verbindungen werden untersucht, sein Pass wurde ihm abgenommen, er wurde zweimal verhört, und es sieht so aus, als ob er Glück haben wird, wenn er der Abschiebung entgeht. Vor zwei Wochen kam Nuorteva im 300 Meilen entfernten Esbjerg an, doch da er kein dänisches Visum hatte, verweigerten ihm die dänischen Behörden die Landung, und er wurde auf einen Dampfer verfrachtet, der am nächsten Morgen um 8 Uhr auslaufen sollte. Gegen Hinterlegung von 200 Kronen wurde ihm für ein paar Stunden Landgang gewährt. Da er Kopenhagen per Ferngespräch erreichen wollte und praktisch kein Geld mehr hatte, verpfändete er erneut seine Golduhr für 25 Kronen und nahm damit Kontakt zu Humphries auf, der innerhalb einer halben Stunde in den Nachtzug sprang, auf dem Boden schlief und um 7.30 Uhr in Esbjerg ankam. Humphries fand die Nuorteva, erhielt vom Kapitän die Erlaubnis, an Bord zu gehen, hatte 20 Minuten mit N., musste dann an Land gehen und das Schiff fuhr ab. Humphries wurde dann von zwei Männern in Zivil, die das Geschehen beobachtet hatten, ins Polizeibüro gebeten. Er wurde eingehend befragt, seine Adresse wurde aufgenommen, dann wurde er freigelassen und nahm in der Nacht den Zug zurück nach Kopenhagen. Er schickte Telegramme an Ewer vom Daily Herald, Shoen, und an Kliskho in der 128 New Bond Street, in denen er sie aufforderte, Nuortevas Boot abzuholen, damit N. nicht wieder entführt werden könne, aber wir wissen noch nicht, was genau geschah. Die britische Regierung hat energisch bestritten, dass sie die Absicht hatte, ihn nach Finnland zu schicken. Moskau hat mit Repressalien gedroht, sollte ihm etwas zustoßen. In der Zwischenzeit haben die Ermittlungen gegen H. begonnen. Er wurde von der Polizei in seinem Hotel aufgesucht und aufgefordert, sich ins Hauptquartier zu begeben (aber nicht verhaftet), und wir haben gehört, dass sein Fall jetzt dem Justizminister vorliegt. Wie auch immer das Ergebnis ausfallen mag, Humphries kommentiert die angemessene Höflichkeit, die ihm entgegengebracht wurde, und vergleicht sie mit der Grausamkeit der roten Razzien in Amerika.

Er stellte fest, dass man im Hauptquartier der Kriminalpolizei von einigen seiner ausgehenden Briefe und Telegramme wusste.

Ich war an Ihrer positiven Bemerkung über das Krassin-Interview von Tobenken interessiert (Sie erwähnen das von Litvinoff nicht), weil ich mit L. wie ein Dämon kämpfen musste, um die Chancen für Tobenken zu bekommen. Als T. mit einem Brief von Nuorteva ankam, ebenso wie Arthur Ruhl, lehnte L. in weniger als einer Minute den Antrag von T. auf Einreise nach Russland brüsk ab, nahm sich kaum Zeit, ihn anzuhören, und sagte, es sei unmöglich, zwei Korrespondenten derselben Zeitung nach Russland einreisen zu lassen. Er erteilte Ruhl ein Visum, vor allem aufgrund eines Versprechens, das L. Ruhl im letzten Sommer gegeben hatte. Ruhl fuhr dann nach Reval, um dort auf die Erlaubnis zu warten, die L. per Telegramm von Moskau erbeten hatte. Tobenken, ein nervöser, fast gebrochener Mann wegen seiner Ablehnung, blieb hier. Ich erkannte den Fehler, der durch das vorschnelle Urteil gemacht worden war, und machte mich an die Arbeit, es zu ändern. Kurz gesagt, ich brachte ihn mit einem Brief von L. an Goukovsky nach Reval. In der Zwischenzeit lehnte Moskau Ruhl trotz des Visums von L. ab. L. war wütend über den Affront gegen sein Visum und bestand darauf, dass es eingelöst wurde. Dies geschah, und Ruhl bereitete sich auf die Abreise vor. Plötzlich kam eine Nachricht aus Moskau an Ruhl, die die Erlaubnis widerrief, und an Litvinoff, die besagte, dass Moskau die Information erhalten habe, dass Ruhl in Diensten des Außenministeriums stehe. Zum Zeitpunkt der Abfassung dieses Berichts befinden sich sowohl Tobenken als auch Ruhl in Reval und sitzen fest.

Ich erzählte L. heute morgen von der morgigen Abfahrt des Schiffes und von dem verfügbaren Kurier B., fragte ihn, ob er etwas an Martens zu schreiben habe, bot ihm an, es für ihn stenografisch aufzunehmen, aber nein, er sagte, er habe nichts zu schreiben, ich könne vielleicht Abschriften unserer letzten Telegramme an Martens schicken.

Kameneff kam hier auf einem britischen Zerstörer auf dem Weg nach London vorbei und machte hier keinen Zwischenstopp, und Krassin kam direkt aus Stockholm. Von den Verhandlungen, den alliierten und polnischen, und von der allgemeinen Lage wissen Sie ungefähr so viel wie wir hier. Die Verhandlungen von L mit den Italienern haben schließlich zur Einrichtung einer gegenseitigen Vertretung geführt. Unser Vertreter, Vorovsky, ist bereits nach Italien gereist und ihr Vertreter, M. Gravina, ist auf dem Weg nach Russland. Wir haben gerade zwei Schiffsladungen russischen Weizens von Odessa nach Italien geschickt.

Grüßen Sie die Leute aus Ihrem Umfeld, die ich kenne.

Mit allen guten Wünschen für Sie.

Mit freundlichen Grüßen, Bill

Die von Ihnen gesendeten Briefe - 5 Cranbourne Road, Charlton cum Hardy, Manchester - sind noch nicht eingetroffen.

Da M. darum gebeten hat, nach Kanada umzusiedeln, empfiehlt L. Moskau, M. dorthin zu entsenden und N., nachdem er sich einige Wochen in Moskau aus erster Hand informiert hat, zum Vertreter in Amerika zu ernennen.

L. kritisiert das Büro scharf dafür, dass es zu leichtfertig Visas und Empfehlungen ausspricht. Er war offensichtlich überrascht und verärgert, als B. hier mit Verträgen ankam, die in Moskau aufgrund von Briefen, die ihm von M. gegeben wurden, abgeschlossen worden waren. Was L. in dieser Sache zu tun gedenkt, weiß ich nicht. Ich würde vorschlagen, dass M. seine Empfehlung an L. in dieser Angelegenheit verschlüsselt kabelt. L. würde hier nichts mit B. zu tun haben. Es könnte eine unangenehme Situation entstehen.

L. wies auch auf die Rabinoff-Empfehlung hin.

Zwei Umschläge, Mr. Kenneth Durant, 228 South Nineteenth Street, Philadelphia, Pa., U.S.A.

QUELLE: Dezimaldatei des US-Außenministeriums, 316-119-458/64.

HINWEIS: IDENTIFIZIERUNG VON PERSONEN

William (Bill) L. BOBROFF: Sowjetischer Kurier und Agent. Betreibt die Bobroff Foreign Trading and Engineering Company in Milwaukee. Erfand das in der Legislative von Wisconsin verwendete Wahlsystem.

Kenneth DURANT: Adjutant von Colonel House; siehe Text.

SHOEN: Angestellter der International Oxygen Co. im Besitz von Heller, einem bekannten Finanzier und Kommunisten.

EWER: Sowjetischer Agent, Reporter für den *London Daily Herald*.

KLISHKO: Sowjetischer Agent in Skandinavien

NUORTEVA Auch bekannt als Alexander Nyberg, erster sowjetischer Vertreter in den Vereinigten Staaten; siehe Text.

Sir Basil THOMPSON: Chef des britischen Geheimdienstes

"L": LITVINOFF.

"H": Wilfred Humphries, verbunden mit Martens und Litvinoff, Mitglied des Roten Kreuzes in Russland.

KRASSIN: Bolschewistischer Kommissar für Handel und Arbeit, ehemaliger Leiter von Siemens-Schukert in Russland.

KOMMENTARE

Dieser Brief lässt auf enge Beziehungen zwischen Bobroff und Durant schließen.

Dokument Nr. 9

BESCHREIBUNG

Memorandum über eine Anfrage von Davison (Morgan-Partner) an Thomas Thacher (Wall-Street-Anwalt, der mit den Morgans verbunden ist), das an Dwight Morrow (Morgan-Partner) weitergeleitet wurde, 13. April 1918.

DOKUMENT

Das Berkeley Hotel, London

13. April 1918.

Der Ehrenwerte Walter H. Page,

Amerikanischer Botschafter in England, London.

Sehr geehrter Herr:

> *Vor einigen Tagen erhielt ich ein Ersuchen von Herrn H. P. Davison, dem Vorsitzenden des Kriegsrates des Amerikanischen Roten Kreuzes, sich mit Lord Northcliffe über die Lage in Rußland zu beraten und dann zu weiteren Konferenzen nach Paris zu reisen. Wegen der Krankheit von Lord Northcliffe konnte ich mich nicht mit ihm besprechen, aber ich hinterlasse Herrn Dwight W. Morrow, der sich zur Zeit im Berkeley Hotel aufhält, ein Memorandum über die Lage, das Herr Morrow Lord Northcliffe bei dessen Rückkehr nach London vorlegen wird.*
> *Zu Ihrer Information und zur Information des Ministeriums lege ich Ihnen hiermit eine Kopie des Memorandums bei.*
>
> *Mit freundlichen Grüßen,*

(sgd.) Thomas D. Thacher.

KOMMENTAR

Lord Northcliffe war gerade zum Direktor für Propaganda ernannt worden. Dies ist interessant im Hinblick auf die Subventionierung der bolschewistischen Propaganda durch William B. Thompson und seine Verbindung zu den Interessen von Morgan und Rockefeller.

Dokument Nr. 10

BESCHREIBUNG

Bei diesem Dokument handelt es sich um ein Memorandum von D.C. Poole, Abteilung für russische Angelegenheiten im Außenministerium, an den Außenminister über ein Gespräch mit Herrn M. Oudin von General Electric.

DOKUMENT

29. Mai 1922

Herr Minister:

> *Herr Oudin von der General Electric Company teilte mir heute morgen mit, daß seine Firma den Zeitpunkt für gekommen hält, Gespräche mit Krassin über eine Wiederaufnahme der Geschäfte in Rußland aufzunehmen. Ich teilte ihm mit, daß das Ministerium die Auffassung vertritt, daß der von amerikanischen Firmen in dieser Angelegenheit zu verfolgende Kurs eine Frage des geschäftlichen Ermessens ist und daß das Ministerium sicherlich keine Hindernisse für ein amerikanisches Unternehmen bei der Wiederaufnahme von Geschäften in Rußland auf jeder Grundlage, die das Unternehmen für praktikabel hält, aufstellen würde.*
>
> *Er teilte mit, daß derzeit Verhandlungen zwischen der General Electric Company und der Allgemeinen Elektrizitats Gesellschaft über die Wiederaufnahme des vor dem Krieg bestehenden Arbeitsabkommens geführt werden. Er geht davon aus, dass das zu schließende Abkommen eine Bestimmung über die Zusammenarbeit mit Russland enthalten wird.*
>
> *Hochachtungsvoll, DCP D.C. Poole*

KOMMENTAR

Dies ist ein wichtiges Dokument, da es sich auf die bevorstehende Wiederaufnahme der Beziehungen zu Russland durch ein wichtiges amerikanisches Unternehmen bezieht. Es zeigt, dass die Initiative von dem Unternehmen und nicht vom Außenministerium ausging und dass die Auswirkungen des Transfers von General-Electric-Technologie an einen selbsterklärten Feind nicht bedacht wurden. Diese GE-Vereinbarung war der erste Schritt auf dem Weg zu einem umfangreichen Technologietransfer, der direkt zum Tod von

100.000 Amerikanern und unzähligen Verbündeten führte.

Andere Titel

OMNIA VERITAS.
BLUT UND GOLD
DIE GESCHICHTE DES COUNCIL ON FOREIGN RELATIONS
Omnia Veritas Ltd präsentiert:
Ein exklusives und unveröffentlichtes Werk
EUSTACE MULLINS
Der CFR, der von Internationalisten und Bankeninteressen gegründet wurde, hat eine wichtige Rolle bei der Gestaltung der US-Außenpolitik gespielt.
EUSTACE MULLINS
BLUT UND GOLD
DIE GESCHICHTE DES COUNCIL ON FOREIGN RELATIONS
Revolutionen werden nicht von der Mittelschicht gemacht, sondern von der Oligarchie an der Spitze

OMNIA VERITAS.
EUSTACE MULLINS
DER FLUCH VON KANAAN
Eine Dämonologie der Geschichte
EUSTACE MULLINS
DER FLUCH VON KANAAN
Eine Dämonologie der Geschichte
Die große Bewegung der modernen Geschichte bestand darin, die Anwesenheit des Bösen auf der Erde zu verbergen

OMNIA VERITAS.
Omnia Veritas Ltd präsentiert:
Hier sind die einfachen Fakten des großen Verrats...
DIE GEHEIMNISSE DER FEDERAL RESERVE
von
EUSTACE MULLINS
EUSTACE MULLINS
DIE GEHEIMNISSE DER FEDERAL RESERVE
Werden wir weiterhin durch das babylonische Schuldgeldsystem versklavt werden?

OMNIA VERITAS. Omnia Veritas Ltd präsentiert:
EUSTACE MULLINS
DIE WELTORDNUNG
UNSERE GEHEIMEN HERRSCHER
Eine Studie über die Hegemonie des Parasitismus
DIE AGENDA DER WELTORDNUNG: TEILEN UND HERRSCHEN

OMNIA VERITAS. Omnia Veritas Ltd präsentiert:
EUSTACE MULLINS
INJEKTIONSMORD
GEHEIMES NETZWERK DES MEDIZINKARTELLS ENTHÜLLT

OMNIA VERITAS.
OMNIA VERITAS LTD PRÄSENTIERT:
Durch die gesamte
Geschichte der Zivilisation
hindurch hat sich ein
bestimmtes Problem für
die Menschheit als
konstant erwiesen
NEUE GESCHICHTE DER JUDEN
VON
EUSTACE MULLINS
Ein einziges Volk irritierte die Nationen, die es in allen Teilen der zivilisierten Welt willkommen geheißen hatten

OMNIA VERITAS
ALEXANDRE LEBRETON
MK ULTRA
Ritueller Missbrauch und Gedankenkontrolle
Instrumente der Beherrschung der namenlose Religion
Zum ersten Mal wird in einem Buch versucht, die komplexe Thematik des traumatischen rituellen Missbrauchs und der daraus resultierenden Gedankenkontrolle zu erforschen...
Wie ist es möglich, einen Menschen geistig zu programmieren?

OMNIA VERITAS
Henry Makow, Ph.D
Omnia Veritas Ltd präsentiert:
ILLUMINATI 4
KRIEG&VÖLKERMORD
„Wir Juden sind die Zerstörer und wir werden die Zerstörer bleiben. Nichts, was ihr tun könnt, wird unseren Forderungen und Bedürfnissen gerecht werden. Wir werden immer zerstören, weil wir eine Welt wollen, die uns gehört." (Maurice Samuels, You Gentiles, 1924)
ILLUMINATI 4
KRIEG&VÖLKERMORD
Henry Makow, Ph.D
Satanisten lösen Kriege aus, um die Gojim zu töten

OMNIA VERITAS
www.omnia-veritas.com